Christina Horsten
Felix Zeltner

Stadtnomaden

Wie wir in New York
eine Wohnung suchten
und ein neues Leben fanden

1. Auflage
© 2019 Benevento Verlag bei Benevento Publishing,
eine Marke der Red Bull Media House GmbH, Wals bei Salzburg

A Heart In New York
Words & Music by Benny Gallagher & Graham Lyle
© Copyright 1980 Goodsingle Limited.
BMG Rights Management (UK) Limited/Concord Songs Limited.
All Rights Reserved. International Copyright Secured.
Used by permission of Hal Leonard Europe Limited.

Medieninhaber, Verleger und Herausgeber:
Red Bull Media House GmbH
Oberst-Lepperdinger-Straße 11–15
5071 Wals bei Salzburg, Österreich

Satz: MEDIA DESIGN: RIZNER.AT
Umschlaggestaltung: zero-media,net, München
Illustrationen: finepic®
Fotos: © Roderick Aichinger, Christina Horsten, Lousia Marie Summer, Felix Zeltner
Illustrationen im Innenteil: © Claudia Meitert / carolineseidler.com
Printed in Slovakia
ISBN 978-3-7109-0059-4

Inhalt

»There's a heart, a heart that lives in New York.«
Simon & Garfunkel

Für unsere Eltern, Großfamilien und alle,
die ihre Lieben für verrückt halten – und sie trotzdem
ziehen lassen. Und für Emma.

Ein Rausschmiss als Geschenk

East 80th Street, Upper East Side, Manhattan & 11th Street,
Park Slope, Brooklyn

Christina

»Bye«, sagt der alte Mann im zerlöcherten Feinrippunterhemd.
»Viel Glück.« Als er die Tür ins Schloss fallen lässt, zucke ich zusammen. Wir stehen in einer hässlichen Seitenstraße von Brooklyn – und sind obdachlos.

Unsere knapp zwei Jahre alte Tochter Emma halte ich im
Arm. All unsere Habseligkeiten sind in einem Mietauto verpackt,
das auf der gegenüberliegenden Straßenseite parkt. Die Wohnung hatten wir im Internet gemietet, es hätte unsere vierte
New Yorker Bleibe in vier Monaten werden sollen. Drei licht-
durchflutete Räume, 160 Quadratmeter, in Sunset Park, einem
spannenden Industrieviertel in Brooklyn. Aber hier kennt niemand John, unseren angeblichen Gastgeber. Wir sind auf einen
Internetbetrüger hereingefallen – und haben ihm 1400 Dollar
überwiesen. Nach ein paar endlos scheinenden Sekunden drehe
ich mich zu Felix: »Und jetzt?«

Am Anfang war es nur eine absurde Idee, aus der Not geboren: Weil uns der verrückteste Mietmarkt der Welt zu Nomaden

gemacht hat, wollen Felix und ich mit Emma durch New York ziehen, jeden Monat in eine neue Wohnung in einem neuen Stadtviertel. Es wird ein Achterbahnjahr, in dem wir die Stadt, ihre Menschen und uns selbst völlig neu kennenlernen. Aber an diesem Samstag, an dem der Himmel über New York so grau ist wie das Haus vor uns, in dem wir uns so sehr wünschten zu wohnen, erleben wir den absoluten Tiefpunkt unserer Wohnreise. Warum wir uns das alles antun? Dafür muss ich vielleicht am Anfang beginnen, der für mich immer schon New York hieß. An einem Samstag im Februar, mitten in einem Schneesturm, bin ich Anfang der Achtzigerjahre im Lenox Hill Hospital an der 77th Street auf die Welt gekommen. Vor Freude fuhr mein Vater, der damals am deutschen Generalkonsulat arbeitete, mit dem Auto durch das dichte Schneetreiben bis an die Südspitze Manhattans und wieder zurück. So hat er es mir immer wieder erzählt.

Meine ersten Lebensmonate verbrachte ich in New York, dann wurde mein Vater zurück nach Deutschland versetzt. Auf Fotos sehe ich mich später als Baby im Metropolitan Museum oder im Central Park, erinnern kann ich mich daran nicht. Trotzdem blieb New York unterbewusst tief in mein Gehirn eingebrannt, genau wie ein unverkennbarer amerikanischer Akzent, der viele Jahre später in der ersten Englischstunde wiederauftaucht und die Lehrerin für akkurates British English mindestens genauso verwirrte wie mich. Immer wieder kam ich in den folgenden Jahren für Besuche zurück. Wenn ich nicht in New York war, fühlte ich stets irgendwo in mir ein diffuses Fernweh nach der Stadt – oder ist es Heimweh?

Als ich 2012 eine Korrespondentenstelle in New York angeboten bekomme, schießen mir im Gespräch mit dem Personalchef Freudentränen in die Augen. Weil die Versetzung noch nicht offiziell besiegelt ist, darf ich meinen Kollegen nichts sagen und hangele mich, meine Aufregung nur mit größter Mühe verbergend, durch den Rest des Arbeitstages. Als ich endlich Feierabend machen kann, renne ich zu meinem Auto und rufe vom

Handy aus Felix an. »Sie haben mir New York angeboten.« Felix arbeitet damals als freier Journalist und ist in seinem Leben bislang genau einmal umgezogen, von seiner Heimatstadt Nürnberg zum Studium nach München. Die Eltern wohnen bis heute in dem mittelfränkischen Fachwerkhaus seiner Kindheit. »Ich bin dabei!«

Über eine Unterkunftsliste für Praktikanten des deutschen Generalkonsulats finden wir erst mal ein dunkles Kellerzimmer in Chelsea. In der Dusche krabbeln die Kakerlaken, und aus der Nachbarwohnung stinkt es dermaßen nach Katzenpisse, dass man im Hausflur nur durch den Mund atmen kann – aber das Kellerloch ist bezahlbar. Von dort aus suchen wir unsere erste richtige gemeinsame Wohnung.

Überwältigt von den scheinbar unendlichen Möglichkeiten, halte ich mich an Bekanntem fest. Die Upper East Side rund um das Lenox Hill Hospital, eine schicke Gegend östlich des Central Parks, fühlt sich sofort wieder wie zu Hause an – mit der Bäckerei Orwashers, wohin der erste Ausflug meiner Eltern mit mir im Kinderwagen führte, der Hans-Christian-Andersen-Statue im Park, vor der mein Opa mit mir als Baby für Fotos posierte, und dem Eckrestaurant an der 74th Street, das heute ein langweiliges Steakhaus ist, aber mal das Skyline Diner war, wo sich der Kellner bei meinem letzten Besuch als Studentin noch an mich erinnern konnte. »Deine Eltern waren Stammgäste«, sagte er und stellte mir einen Teller Hühnersuppe hin. »Ich sehe euch drei noch vor mir.«

An einem heißen Sommertag ziehen Felix und ich von früh bis spät mit verschiedenen Maklern kreuz und quer durch die Upper East Side. Wir sehen einen Wohnturm, wo Portiers, sogenannte Doormen, mit weißen Handschuhen den Bewohnern wie im Hotel Türen aufhalten und Koffer tragen. Mit einem Makler in Anzug und Krawatte quetschen wir uns in eine der überteuerten und engen Butzen, die er fröhlich »Studio mit Schlafecke« nennt. Er zeigt auf einen eingebauten Wandschrank, dessen Türen sich nur öffnen lassen, wenn man das Bett aus der Schlafecke räumt. »Das ist der Schrank für all die Sachen, die ihr nie braucht!« Wir sehen heruntergekommene Wohngemeinschaften an lauten Avenues mit Studenten, die sich auf Matratzen stapeln, wir sehen Wohnungen, deren Fenster direkt auf die Backsteinwände des Nachbarhauses hinausführen (»the classic New York view«) – und schließlich am Ende eines langen Tages ein Apartment, das unser Budget sprengt, aber in das wir uns sofort verlieben: 66 East 80th Street, Apartment 6A.

»Ich freue mich immer riesig, wenn hier etwas frei wird«, sagt die Maklerin und drückt in einem alten, verspiegelten Aufzug auf den dicken, runden, schwarzen Knopf neben der Nummer 6. »Das Haus ist ein echter Geheimtipp, man denkt es von außen nicht, weil es so schlicht aussieht, aber hier gibt es tolle Wohnungen, und die Lage ist unschlagbar.« Wir betreten 6A und sehen schon vom Eingangsbereich aus zwei große Dreifachfenster, dahinter das Häusermeer der Upper East Side, Wassertürme, andere Wohnungen, Basketballplätze auf Dächern. »Alles andere waren Wohnungen, das hier ist ein Zuhause«, sagt die Maklerin. Wir öffnen eines der Fenster, lehnen uns hinaus und sehen rechts die Park Avenue, links das Südende des Metropolitan Museums, dahinter das Grün des Central Parks. Wir taufen es »the view«.

»Genau die richtige Wohnung für Geschichtenerzähler«, wird ein Freund später sagen.

6A ist unsere erste große Liebe in der Stadt. Das Allerschönste an unserem neuen Zuhause entdecken wir erst ein paar Wochen nach dem Einzug: die von einem roten Alarmriegel und »Nobody Allowed On Roof«-Schild gesicherte Tür zum Dach. Die Kabel sind durchschnitten, und die Verbotsschilder bleiben wie so oft in New York ohne Konsequenzen. Besonders an klebrigheißen Sommerabenden zieht es uns hinauf ins Freie, wir genießen die Weite, die Menschenleere des Daches, das sich bald anfühlt wie unsere Terrasse. Einmal, im Hochsommer, übernachten wir dort oben und versinken im beruhigend gleichmäßigen Rauschen der Klimaanlagen und im Glitzern des Häusermeeres um uns herum.

Bisher haben wir unser bisschen Verdientes und Erspartes als Studenten und Berufsanfänger ins Reisen gesteckt, jetzt stecken wir es ins Wohnen: 2800 Dollar Miete pro Monat. Fünf- bis zehnmal so viel, wie wir für unsere Studentenzimmer in München bezahlt haben. Anfangs kommt uns das astronomisch viel vor, dann lernen wir, dass der durchschnittliche New Yorker 3500 Dollar im Monat für zwei Zimmer bezahlt und weit mehr als die Hälfte seines Einkommens dafür draufgehen. So gesehen ist unsere Bude ein Schnäppchen – und tatsächlich schaffen wir es, mit meinem Einstiegsgehalt und Felix' freiberuflichem Strampeln, jeden Monat zusammenzulegen und den Scheck zum Vermieter zu schicken.

Zwei Jahre nach unserem Einzug kommt dann Emma dazu. Das Mount Sinai Hospital liegt direkt an der Strecke des New York Marathons, sodass am Tag nach ihrer Geburt Tausende Menschen von unten her mit uns jubeln. Aus dem Fenster unseres Einzelzimmers, das meine deutsche Krankenversicherung erstaunlicherweise möglich gemacht hat, schauen wir auf den herbstlich verfärbten Central Park, das Krankenhaus schenkt einen weißen Strampler von Ralph Lauren, und die Schwestern bringen einen rosafarbenen und viel zu süßen Geburtstagskuchen. Einen Tag und keine Komplikation später aber ist klar: Wir müssen raus, das Bett wird gebraucht. »Lass uns doch nach Hause laufen«, sage ich übermütig. »Sind doch nur achtzehn Blocks.« Schon nach der Hälfte sacken mir die Beine zusammen, wir setzen uns in ein Café, das passenderweise »Heavenly Rest«, Himmlische Ruhe, heißt, und blinzeln müde in die Herbstsonne. Nach einer Weile rappeln wir uns wieder auf und schleppen uns die restlichen zehn Blocks nach Hause. Immer abwechselnd trägt einer von uns die schlafende Emma im Arm, deren Kopf gerade so aus dem gefütterten Jeansanzugbündel lugt, in dem meine Eltern schon mich aus dem Krankenhaus nach Hause gebracht haben. Dreißig Jahre zuvor und drei Straßenblocks weiter südlich.

66 East 80th erscheint uns wie eine andere Welt, dabei waren wir nur 48 Stunden weg. Ich hole die Post aus dem Briefkasten, und wir fahren mit dem Aufzug nach oben. In der Wohnung lege ich das immer noch schlafende Jeansanzugbündel auf das durchgesessene helle Sofa, das wir günstig bei einem Secondhandladen um die Ecke gekauft haben, und schaue die Post durch. Rose & Rose steht auf einem dicken Brief als Absender. Attorneys at Law – eine gerichtliche Vorladung. Der Vorwurf: Lärmbelästigung. Wir hätten den Boden unseres Apartments nicht zu hundert Prozent mit Teppichen bedeckt und damit gegen den Mietvertrag verstoßen, weshalb wir die Wohnung nun innerhalb von sechs Wochen räumen müssten. Wortlos drücke ich Felix den Brief in die Hand, lasse mich neben Emma auf das Sofa fallen und fange an zu weinen. In meinem Kopf dreht sich alles, ich bin übermüdet und überemotionalisiert. In sechs Wochen ist Weihnachten, denke ich, und wir haben ein kleines Baby und keine Wohnung. Wie Maria und Josef. Ein Mann, eine Frau, ein Baby, kein Zuhause. Die älteste Geschichte der Welt.

Hinter der Vorladung steckt die Verrückte aus 5A, das wird uns schnell klar. Die geheimnisvoll zurückgezogen lebende, angeblich stinkreiche Frau hatte schon kurz nach unserem Einzug begonnen, uns zu terrorisieren. Manchmal sahen wir sie durch das Haus huschen – das Gesicht gerötet, die Haare fettig, das dreckige Unterhemd über den Bauch gespannt –, aber sie weigerte sich stets, mit uns zu sprechen. Stattdessen schickte sie eine E-Mail nach der anderen an die Hausverwaltung. Unser Wecker sei zu laut, unsere Schritte zu viele, unsere Teppiche zu wenige. Dabei glich unsere Wohnung auf ihren Druck hin längst einem Teppichladen. Freunde lachten, wenn sie knöcheltief in Flokati einsanken.

Die Beschwerden aus 5A waren für uns Alltag, ein kleiner Haken an unserer heiß geliebten Wohnung, so dachten wir. Was wir erst durch die Vorladung erfahren: Der verrückten Frau gehört das ganze Haus. Sie hat es geerbt. Der Hausverwalter erzählt uns die Geschichte, stockend, er ahnt bereits, was kommt. Wir haben keine Chance. Briefwechsel und Gerichtstermine können den Auszug nur noch um ein paar Monate hinauszögern.

Während Emma im Zweistundentakt schläft, suchen wir eine neue Bleibe. Felix steckt mehr Energie in die Suche als ich. Die Vorstellung, meine geliebte Oase auf der Upper East Side zu verlassen, lähmt mich. »Schau mal hier«, sagt Felix und gibt mir sein Handy. »Das könnte doch was für uns sein.« Im *Listings Project*, dem Newsletter einer Künstlerin, über den vor allem Kreative Ateliers und Wohnungen inserieren, hat eine Mary eine Annonce geschaltet: »*Top-floor beauty in prime Park Slope, large 1br+den, amazing light, gorgeous floors.*« Ein angeblich wunderschönes Apartment im obersten Stock eines Gebäudes in Park Slope, drei Zimmer, hell, Parkettboden. »Das ist in Brooklyn«, sage ich und gebe Felix sein Handy zurück. »Ich will nicht nach Brooklyn.«

Felix lässt nicht locker, und so stehen wir wenige Tage später in einer von frühlingshaft sprießenden Bäumen gesäumten Straße vor einem dreistöckigen hellroten Backsteinhaus, dessen dunkelrote Markise über der Eingangstür in der Sonne leuchtet.

»Na?«, fragt Felix. »Was sagst du jetzt?« Ich hebe Emma aus dem Kinderwagen und drücke auf die oberste der drei Klingeln. Nach drei steilen Treppen empfängt uns Angelo, Marys Ehemann, vor der Wohnungstür. »Willkommen! Kommt rein.« Angelo ist New Yorker mit italienischen Wurzeln und pensionierter Polizist. Er ist klein, trägt Brille und wirkt auf den ersten Blick wie ein freundlicher älterer Herr. Auf den zweiten Blick aber blitzt aus seinen Augen hinter den Brillengläsern etwas Angriffslustiges.

Später werden uns die Nachbarn erzählen, dass sie ständig mit Angelo streiten, er sei cholerisch, schnell beleidigt und wolle alles kontrollieren. Bei unserem ersten Besuch aber sind wir einfach nur froh, dass die Wohnung, aus der gerade drei Studentinnen ausziehen, zwar etwas heruntergewirtschaftet, aber einladend hell und zum gleichen Preis deutlich größer als unser Apartment auf der Upper East Side ist. »Mit deutschen Mietern habe ich immer nur gute Erfahrungen gemacht«, sagt Angelo, als wir nach der Wohnungsführung um den Esstisch herumsitzen und er uns erzählt, dass er noch ein weiteres Haus in West Harlem besitzt. Wie das Haus in Park Slope zu einer Zeit gekauft, als die Kriminalitätsraten der Gegenden hoch und die Preise niedrig waren. Von den Mieteinnahmen kann er heute Sohn und Tochter durchs College bringen.

»Ihr erscheint mir sehr sympathisch«, sagt Angelo schließlich. Sein harter Brooklyn-Akzent klingt, noch mehr als es der amerikanische Akzent ohnehin tut, als habe er eine Kartoffel im Mund. Aus coffee wird kuuoffiee, aus family wird feeemili. »I luuove feeemiliies. Ihr werdet euch hier ein Nest bauen und eure Kinder großziehen. Das ist mir viel lieber als diese Studenten, die immer nur ein Jahr bleiben.«

Wir verabschieden uns und schieben Emma im Kinderwagen durch Park Slope, vorbei an reihenweise renovierten dreistöckigen Steinhäusern an baumgesäumten Straßen, an Läden, Restaurants und Cafés. In unserer ganzen New Yorker Zeit waren wir bislang erst einmal in diesem Viertel, für ein Interview mit dem Schriftsteller Paul Auster, der neun Straßenblocks weiter nördlich etwa zur selben Zeit wie Angelo ein Haus gekauft hat. Ewig weit weg von Manhattan kam mir das damals vor, wie ein Tagesausflug mit der U-Bahn.

»Was machen wir, wenn wir eine Zusage für die Wohnung bekommen?«, fragt Felix. Zwei anderen Interessenten zeige er die Wohnung noch und dann wolle er uns bis zum nächsten Tag Bescheid geben, hatte Angelo versprochen. Ich atme tief durch. »Dann machen wir es.«

Zwei Wochen später ist Umzugssonntag. Während Felix mit drei helfenden Freunden die erste Fuhre unserer verpackten Sachen in einem gemieteten Kleinlaster über den East River nach Brooklyn fährt, fangen Emma und ich in der fast leeren Wohnung mit der Abschiedsparty an. Als die Jungs aus Brooklyn zurückkommen, ist die Feier in vollem Gang. »Wie lief's?«, frage ich Felix zur Begrüßung und merke an seinem Blick sofort, dass etwas nicht stimmt. »In der Wohnung ist alles ganz anders.« Verwirrt schaue ich ihn an. »Was? Wie anders?« Aber Felix kommt nicht zum Antworten, die Party um uns herum saugt uns sofort ein und spuckt uns auch so schnell nicht mehr aus.

Erst nachdem wir gemeinsam mit den Gästen einen letzten Sektkorken auf dem Dach knallen lassen haben und wieder alleine in der nun bis auf unsere Matratze völlig leeren Wohnung sind, erfahre ich, was passiert ist: »Ich bin als Erster hochgegangen und kam mit der schwersten Umzugskiste im Arm die Treppe hochgekeucht. Angelo hat mich oben im Handwerkeroutfit begrüßt. Da habe ich mir erst mal nichts bei gedacht, weil er ja angekündigt hatte, dass er noch streichen wollte. Aber dann hat er gesagt: ›Lass mich dir eben schnell eine Tour geben.‹« Verständnislos schaue ich Felix an. »Was für eine Tour denn? Wir haben die Wohnung doch schon besichtigt.« Felix seufzt. »Angelo hat alles umgebaut.«

Am nächsten Tag sehe ich mit eigenen Augen, was Felix mit Umbau beschrieben hatte: Die große gemütliche Küche ist jetzt ein leeres Zimmer. Klaffende Löcher in der Wand verraten, wo die Küchenzeile stand. Die Tür ins Schlafzimmer gibt es nicht mehr. Wo ich mir Emmas Kinderzimmer ausgemalt und im Kopf schon ihre Möbel und Spielsachen ausgebreitet hatte, ist nun die fensterlose Küche samt schlampig versetzter Küchenzeile, deren Schranktüren sich kaum öffnen lassen. Zum Esszimmer ist ein Durchgang schief in die Wand gehämmert. Vorher wirkte die Wohnung charmant, jetzt hat sie etwas Grobschlächtiges an sich.

Zu dem Umbau habe er sich spontan entschlossen, erzählt mir Angelo fröhlich, als er später auf einen kurzen Besuch vorbeischaut. »Aber hättest du uns nicht wenigstens mal fragen können?«, stammele ich. Ich fühle mich überrumpelt und irgendwie auch ein bisschen hintergangen. Angelos Augen blitzen. »Wieso? Das ist doch super für euch, ihr habt jetzt ein Zimmer mehr – und eine Spülmaschine. Ganz fertig ist es natürlich noch nicht, ich muss noch streichen. Das mache ich dann demnächst mal.« Ein Versprechen, das er nie einlösen wird.

Unser Start in Park Slope ist mehr als holprig, und viel besser wird es auch mit der Zeit nicht. Das Viertel ist für mich wie ein fehlgekaufter Kaschmirpulli, der an anderen Menschen flauschig-kuschelig-weich und maßgeschneidert-passend aussieht. An mir aber kratzt und ziept er, die Ärmel zu kurz, der Rollkragen schnürt die Luft ab. Die Häuser wirken auf mich bald klein und provinziell, die Menschen, die in teurer Yogakleidung hippe Kinderwagen durch die Straßen schieben, neugierig und übergriffig. Ständig mäkeln sie herum, wenn Emma ihrer Ansicht nach nicht ausreichend warm angezogen ist oder längst im Bett sein müsste. Manhattan nennen sie nur »the city« und behaupten stolz: »I haven't been to the city in months«, seit Monaten seien sie nicht mehr dort gewesen. Jedes Mal versetzt mir das einen kleinen Stich. Mir fehlt die City, ihre Anonymität, die Selbstverständlichkeit, die alltägliche Freundlichkeit, die Urbanität.

»Wird schon«, sagt Felix anfangs immer noch, wenn ich ihm davon vorjammere. Aber nach und nach, wenn er wieder einmal fast zwei Stunden zu einem Termin in Manhattan gebraucht hat oder am Wochenende die U-Bahn gar nicht gefahren ist, sagt er das nicht mehr. »Wo sollen wir denn sonst hinziehen?«, fragt er stattdessen. »Zurück zu den Superreichen auf die Upper East Side will ich nicht.«

Dass wir in New York bleiben wollen, ist uns beiden intuitiv klar – hier haben wir unsere Arbeit und viele Freunde gefunden, und irgendwie fühle ich, dass wir mit der Stadt noch nicht fertig sind, wenn man das überhaupt jemals sein kann. Aber wir wissen beim besten Willen nicht, wo wir hinziehen sollen. Die Upper East Side schien – zumindest für mich – Herzenssache, Park Slope war Zufall – und jetzt? Ein paar Viertel sind schlichtweg zu teuer. Andere versprechen ähnlich angespannte Langeweile wie das aktuelle. Ein paar erscheinen genau wie Park Slope viel zu weit weg von meinem *dpa*-Büro im UN-Gebäude in Midtown am Ufer des East River. Die meisten aber reizen uns und zwar so sehr, dass eine Auswahl und Festlegung auf ein einziges unmöglich erscheint. Chelsea? Upper West Side? Lower East Side? Jackson Heights? Astoria? Harlem? Wie sollen wir uns da je entscheiden?

»Vielleicht müssen wir uns gar nicht entscheiden«, sagt Felix irgendwann, als wir Emma wieder einmal im Kinderwagen durch die Straßen von Park Slope schieben in der Hoffnung, dass sie einschläft. Die Wohnsituation ist zum Dauerthema geworden, immer wieder diskutieren wir darüber, steigern uns rein, drehen uns im Kreis. »Wie wäre es, wenn wir einfach überall wohnen? Ein Jahr lang, jeden Monat woanders. So können wir alles mal ausprobieren, auch teure Viertel könnten wir uns ja leisten, wenn es nur für einen Monat wäre. Und danach wissen wir dann bestimmt, wo wir hingehören.« Eine Schwachsinnsidee, das ist mir sofort klar. Aber sie elektrisiert mich, flimmert in meinem Kopf, setzt sich fest, macht sich breit und lässt mich nicht mehr los.

Felix scheint es ähnlich zu gehen. Immer wieder bringt einer von uns das Thema auf, und je häufiger wir darüber sprechen, desto greifbarer wird die Idee – allerdings immer noch schwach-sinnig genug, dass wir sie zunächst für uns behalten. Bis Felix eines Tages seinem Freund Amol davon erzählt. »Weißt du, wie Amol reagiert hat?«, fragt er mich, als er am Abend immer noch staunend wieder zu Hause ist. »Er hat gesagt: ›Klingt super. Fangt doch bei mir in Long Island City an. Ich habe da ein Haus gebaut, und eine der Wohnungen steht gerade frei, da zieht ihr ein.‹ Kannst du das glauben?«

»Nein. Meint er das ernst?« Felix zuckt mit den Schultern. »Keine Ahnung. Aber es würde schon zu ihm passen, Amol liebt größenwahnsinnige Ideen.« Ein New Yorker eben. Schnell begeistert, elektrisiert von Neuem und Außergewöhnlichem. Immer darauf aus, andere zu unterstützen, immer auf der Suche, etwas dazuzugewinnen, nie Angst davor, etwas zu verlieren.

Ein paar Tage später erreicht uns folgende E-Mail:

Von: <Angelo>
Betreff: Vertragsverlängerung
Datum: 9. März 2016 um 16:31
»Hallo, Felix, Christina und Emma. Ich hoffe, es geht euch gut. Wie ihr wisst, endet euer Mietvertrag am 31. Mai 2016. Ihr wart gute Mieter, und ich hoffe, ihr entscheidet euch zu verlängern. Solltet ihr euch entschließen zu verlängern, läge die neue Miete allerdings bei 3200 Dollar im Monat. (...) Ich bekomme inzwischen 3700 Dollar für das Erdgeschoss, und auch wenn das ein noch besseres Apartment mit Garten und hochwertig renoviert ist, kann ich es mir nicht leisten, so große Preisunterschiede zwischen Apartments aufrechtzuerhalten. Ich hasse es immer, Mieten zu erhöhen, aber die laufenden Kosten, Steuern und Versicherungen steigen immer weiter an. (...) Nur das Beste, Angelo«

»400 Dollar mehr im Monat«, sagt Felix, nachdem wir die E-Mail zusammen an seinem Computer gelesen haben. Wir hatten schon so eine Vorahnung gehabt, dass Angelo seine grobe Schnellschussrenovierung als Vorwand für eine Mieterhöhung benutzen würde – eine in New York weitverbreitete Taktik. »Das können wir uns nicht leisten.« Als wir das Angelo bemüht sachlich zurückschreiben, kommt nur eine knappe Antwort: »I will start showing next week.« Schon ab der kommenden Woche will er die Wohnung potenziellen Nachmietern zeigen. Kein Verhandeln, keine Kompromisse.

Wir packen Emma in den Kinderwagen und gehen in eine Pizzeria, zwei Straßenblocks entfernt. Emma bekommt ein Stück Margherita und wir erst mal zwei Bier. »Uff«, seufzt Felix und trinkt einen Schluck. »Und jetzt? Was machen wir denn jetzt?« Ich schaue ihn an, und plötzlich wird mir klar: Die E-Mail von Angelo ärgert mich gar nicht. Sie freut mich sogar! Ich will endlich raus aus Park Slope, und Angelos Mieterhöhung ist nun der perfekte Anlass dafür. Und der perfekte Vorwand, unsere Schnapsidee vom Umzugsjahr umzusetzen oder zumindest mal auszuprobieren. Ein Rausschmiss als Geschenk. »Deine Idee mit dem Umziehen ...«, sage ich, »wir machen das jetzt einfach. Was kann uns schon passieren? Ein neues Apartment müssen wir uns ja sowieso suchen. Wenn das Experiment danebengeht, brechen wir eben ab und suchen uns dann eine richtige Wohnung.«

Felix schaut auf sein Bierglas und die Pizza mampfende Emma. »Wo würden wir denn dann überall wohnen?« Langsam hellt sich sein Gesicht auf und bekommt einen vorfreudig-aufgeregten Ausdruck, den ich gut kenne, von den vielen Reisen, die wir schon zusammen ersponnen und geplant haben. »Na ja, also erst mal geht es zu Amol nach Long Island City, wir kommen einfach auf sein Angebot zurück«, fange ich an. »Und dann müssen wir schon in alle fünf Bezirke – Manhattan, Queens, Brooklyn, die Bronx und Staten Island. Die Bronx und Staten Island sind natürlich sehr weit weg, da reicht vielleicht jeweils ein Monat. Vielleicht je zwei in Brooklyn und Queens, dann bleiben sechs in Manhattan?« Wir überlegen, spinnen herum, zählen Dutzende

Bezirke auf und leihen uns schließlich je einen grünen, roten und blauen Buntstift von Emma aus, mit denen sie eifrig eine Kindertischunterlage bemalt. In großen bunten Buchstaben schreiben wir eine grobe Wunschliste auf einen Bieruntersetzer.

1. LIC
2. STATEN ISL.
3. BRONX
4. QUEENS II
   (Ridgewood, Astoria, Jackson Heights, Sunnyside)
5. BROOKLYN I
6. BROOKLYN II (Williamsburg, Gowanus …)
7. HARLEM
8. WSH. HEIGHTS
9. MIDTOWN
10. CHINATOWN
11. SÜDWEST
12. MANHATTAN (FiDi, UWS, LES …)

Aber natürlich kommt alles ganz anders.

Ein Neuanfang in der eigenen Stadt

Jackson Ave, Long Island City, Queens

Felix

Ich stelle den Bohrer auf links und ziehe alle Schrauben heraus. Dann trete ich mit Wucht in die Mittelstrebe, zerre den Lattenrost auf den Flur und lasse ihn das steile Treppenhaus hinunterrutschen. Wir hatten in New York noch nie ein Bett; das höchste der Gefühle war ein Lattenrost mit Matratze. Als wir hier nach Brooklyn zogen und Christinas Vater uns besuchte, hatte er die spontane Idee, uns ein Bett zu zimmern. Wir kauften Bretter, sägten und schraubten, aber leider verrechneten wir uns auch, und als wir dann unseren alten Ikea-Lattenrost auf die frisch verschraubten Bretter legten, ächzte, kreischte und knurrte er wie ein wildes Tier in der Falle. Die Matratze hatte ein wenig Überhang, und ich stieß mich regelmäßig an den scharfen Kanten. Dieses Bett war ein bisschen wie die ganze Wohnung. Die Küchenschränke waren neu, aber man konnte sie kaum öffnen, so schief waren sie eingebaut. Die Spülmaschine war ungewohnter Luxus, aber bald zogen kleine braune Käfer in die Klapptür ein, die wir erst Monate später als Kakerlaken identifizierten.

Ich gehe ins Kinderzimmer. Emmas weißes Kinderbett steht unschuldig herum, mit Blick zur Straße. Im Fenster große alte Plastikbuchstaben E - M - M - A, die früher im Roseland Ballroom hingen, wir hatten sie auf einem Flohmarkt kurz nach der Schließung des legendären Clubs entdeckt. Wie oft habe ich hier zwischen Buchstaben und Bett auf dem Boden gekauert und Emmas Hand gehalten, bis sie einschlief. »Brauchen wir das noch?«, frage ich Christina. Sie schüttelt den Kopf. Ich zögere kurz. Dann trete ich mit dem Fuß in die Stirnseite, das Holz splittert. Die weißen Stücke trage ich die Treppe hinunter und lehne sie an die Hauswand, neben die Latten unseres Ehebetts.

Es tut mir wahnsinnig gut, unsere Wohnung so auszuweiden. Mit jedem Stück, das ich nach draußen trage, fällt etwas von mir ab. Selten habe ich mich so unbeschwert gefühlt wie genau jetzt, beim Anblick dieser Innereien unseres bisherigen New Yorker Lebens, das wir nun hinter uns lassen. Beim Reisen, das habe ich gelernt, sind das Packen und der Aufbruch immer das Schwierigste. Der Rest kommt von selbst. Gerade fühle ich mich, als seien wir schon unterwegs.

Eine Frau mit Kinderwagen bleibt vor unserem Haus stehen, ihr Blick wandert von den Bettgestellen in die schwarze Milchkiste, die wir an den Zaun gehängt haben. Sie wühlt in unserem Hausrat und entscheidet sich für den Handmixer und die kleine Filzpuppe, die an Emmas erstem Kinderwagen baumelte. Beides lässt sie in ihrer Umhängetasche verschwinden. Wenn man hier etwas loswerden möchte, kann man es einfach auf den Gehsteig stellen – alles kommt weg! Sogar der kaputte Stuhl und die alte Vase. Als sei eine heimliche, gut ausgerüstete Sperrmüllgang den ganzen Tag dabei, das Viertel zu observieren. Oder sind es doch nur die Yogamütter, die ihre eigenen Häuser vollstopfen?

Christina zerrt drei blaue Ikea-Taschen heran, schwer und randvoll gepackt mit Klamotten, Haushaltsgeräten, Büchern. Wir verladen sie in den Kofferraum eines VW-Passat, den uns Freunde geliehen haben, und packen Emma in den Kindersitz.

Alles, was in den Tüten steckt, soll zu Housing Works, einem Laden auf der Fifth Avenue im etwas edleren Norden von Park Slope. Die Idee zu Housing Works entstand während der HIV/Aids-Krise, die New York in den Achtzigern wie eine biblische Seuche heimsuchte. Mit dem Verkauf von gespendeten Sachen half die Institution HIV/Aids-Kranken – und hatte von Beginn an echten Anspruch auf Ästhetik. Inzwischen gibt es Housing-Works-Filialen quer über die Stadt verteilt. Als wir den Laden auf der Upper East Side, unserer allerersten Neighborhood, entdeckten, konnten wir kaum fassen, welch großartige Möbel dort herumstanden. Offenbar gaben die vielen reichen Menschen im Viertel gern ihre kaum benutzten, scheckheftgepflegten Designerstücke dort ab. Wir richteten uns quasi komplett bei Housing Works ein.

Und heute geben wir zurück: Wir haben alles Geschmackvolle, was wir haben, in die Tüten gepackt. Mit dabei ist auch der silberne Toaster aus Edelstahl mit den vier Toastfächern und der verchromten Bröselschublade. Eine Leihgabe, die bei uns hängen blieb. Aber: Wer braucht schon einen Toaster, wenn es um die Ecke herrliche, frisch gebackene Croissants und Bagel gibt? Wer braucht Kochlöffel, wenn das Take-away ein paar Blocks weiter günstiger ist als die Zutaten im Supermarkt? Warum überhaupt sollte man immer das essen, was man selbst anrühren kann, wenn draußen die ganze Welt darauf wartet, probiert zu werden?

Mit Christina habe ich mal gewettet, dass wir alle Mahlzeiten eines Tages von unterschiedlichen Kontinenten essen können, ohne den Stadtteil zu wechseln: in Queens, Beiname »the World's Borough«, Heimat von Menschen aus über 190 Ländern, die angeblich sogar Sprachen sprechen, die in ihrer Heimat längst ausgestorben sind. Wir frühstückten in einer uruguayischen Bäckerei, gingen danach in einen indischen Supermarkt, aßen bei einem Hongkong-Chinesen Nudeln zu Mittag, tranken kolumbianischen Kaffee und gönnten uns zum Abendessen polnische Würste. Dazwischen fotografierten wir rätselhafte Schilder wie »Bangladesh Pharmacia«. Die Tatsache, dass in New York Menschen aus allen Ländern der Erde neben- und übereinander leben, mit allen Hautfarben, Sprachen, Konfessionen, Ideologien und sonstigen Unterschieden, ohne sich die Köpfe einzuschlagen, ist eigentlich unmöglich, eine real existierende Utopie. Und dass man sie alle jederzeit in ihrem Alltag besuchen kann, ist bis heute die faszinierendste Eigenschaft dieser Stadt für mich. Auch deswegen gibt es in modernen New Yorker Wohnungen kaum noch eigenständige Küchen. Die Grundrisse sehen große Wohnzimmer vor, mit kleinen Kochnischen, die sich wie Zierpalmen in die Ecke drücken in der Hoffnung, möglichst wenig aufzufallen. Kochen lässt man hier bleiben, so weit möglich, und mein Kochmuskel, nie besonders stark ausgebildet, ist in den letzten Jahren völlig verkümmert. Dafür ist mein Gaumen voll durchgestartet: Er unterscheidet heute mühelos zwischen Pfeffersorten, Blätterteigvarianten und Steakbratstufen und entscheidet rasend schnell über Qualität. Für Instantkaffee hat er nur noch Verachtung übrig. Ein kleiner Snob.

»Wir nehmen keine Babyklamotten, keine Handtücher und keine Bettwäsche«, sagt der Housing-Works-Verkäufer mit Blick auf unsere blauen Taschen. »Alles andere gern.« Ich werfe noch einmal einen Blick auf unseren Besitz, all die Dinge, die wir nie wiedersehen werden. Und mit jedem Gegenstand, den der Verkäufer hinter der Ladentheke verschwinden lässt, fühle ich mich noch ein wenig freier. Der Toaster, die Kochtöpfe, die schweren Coffee Table Books, Kühltaschen, altes Spielzeug.

Wie die meisten stationär wohnenden Menschen sind Christina und ich der schleichenden Versuchung erlegen, unseren Lebensraum mit Krimskrams zu füllen. Warum wir das gemacht haben, warum das so viele Menschen tun, das verstehe ich immer weniger. Wir klagen heute alle über die hektische Welt, über die Sehnsucht nach Einfachheit, Freiheit, Ruhe, Übersicht. Warum verstopfen wir dann den einzigen Raum, über den wir wirklich Kontrolle haben – unseren Wohnraum?

»Das eherne Idyll der Wohnzimmer und Vorgärten, die Rehe und Zwerge und tränenden Clowns der einen. Und die Peace-Runen und Erich-Fromm-Schmöker und die Poster mit den auslaufenden Dalí-Uhren der anderen«, schreibt Wolfgang Büscher in seinem Buch *Deutschland, eine Reise.* »Die Unterschiede zwischen beiden waren gering. Alle meinten dasselbe. Alles, alles, nur kein Krieg.« Wir Deutsche wollen also Frieden. Sanftmut. Aber warum besitzen die Amis dann neunzig Prozent des Kinderspielzeugs weltweit? Warum gibt es den Ausdruck »drunk online shopping«, um zu beschreiben, wie Menschen hierzulande angeheitert Amazon-Streifzüge unternehmen? In diesem Moment, in dem wir uns von unserem Besitz lösen, kommt mir unser bisheriger Konsum vor wie eine Ersatzhandlung.

Der nächste Morgen, unser letzter in Brooklyn, empfängt uns mit brüllendem Lärm. Unsere Nachbarn, die Feuerwehrmänner der FDNY Engine 220 / Ladder 122, folgen ihrem strengen Protokoll. Jeden Tag müssen die jüngsten Männer der Wache morgens wie abends drei Kettensägen auf den Gehsteig heraustragen, sie jaulend anwerfen und dann für zehn Sekunden die stille, gemütliche, zarte Luft unserer Straße zerschneiden. Schon klar, dass eine Feuerwehr ihre Ausrüstung testen muss – aber täglich zweimal? Arbeiteten wir von zu Hause, rahmten sie unseren Arbeitstag mit ihren Sägen ein. Wie oft war ich gerade hochkonzentriert, als das Homm, Hoooommm, HOOOOOMMMMMM plötzlich durch meine Gehörgänge pflügte. Oft zerrissen die Kettensägen nicht nur meine Arbeit, sondern auch Emmas Babyschlaf.

Ich beobachtete die Feuerwehrmänner dann passiv-aggressiv vom Fenster aus. Wie die Älteren, wenn die Jungen ihre Sägen weggepackt hatten, wieder aus der roten Tür traten und sich vor die Wache stellten. Small Talk führend, unsicher tänzelnd, mit verschränkten Armen und herausgestreckter Brust, durchtrainiert und immer auf Hochglanz poliert. Ein unifomierter Boys Club in Lauerstellung. Immer so lange, bis plötzlich die

Alarmklingel läutete und eine blecherne Durchsage aus dem Lautsprecher den Schweregrad des Einsatzes bekannt gab. Alle verschwanden durch die Tür, und nur Sekunden später öffneten sich die Tore. Das »BRRÖÖÖÖÖÖT« der Hupe des ausrückenden Löschwagens klang jedes Mal, als würde ein wütender Riesenfrosch über das Viertel hinwegtrampeln.

Schadenfreude kam in mir hoch, wenn ich dann vom Schreibtisch aus hörte, wie das Feuerwehrauto schon nach ein paar Minuten wieder um die Ecke bog und rückwärts ins Haus rangierte, um das Spiel von vorne zu beginnen. Fehlalarm war der Normalfall und natürlich trotzdem jedes Mal ein potenzieller Ernstfall. Insgeheim bewunderte ich sie für ihre Disziplin, für die Fähigkeit zu professionellem Warten. Seit dem 11. September ist jedem klar, dass New Yorker Feuerwehrmänner ihr Leben geben, wenn es darauf ankommt. Auch an unserer Wache hängt eine Plakette mit Namen, die damals nicht mehr mit um die Ecke bogen.

Dennoch: Das Gegockel war unerträglich. Zur Weihnachtsfeier hatte sich ein besonders muskulöser Feuerwehrler als »Grinch« verkleidet, ein grüner Weihnachtsgnom, den amerikanische Kinder seit Generationen als Comicfigur kennen. Das Tor der Wache stand weit offen, darin ein Plastikweihnachtsbaum, um den er singend herumtanzte und dabei kleine Geschenke verteilte. Die Kinder der Feuerwehrmänner saßen brav auf dem Boden, die Frauen standen lässig und überschminkt dahinter, sie ähnelten Fußballspielerfrauen. Ich brachte Emma rüber, sie war vor allem von den verchromten Stoßstangen des Löschwagens beeindruckt, in denen sie sich spiegeln konnte.

Ein paar Tage später kam es zum Showdown zwischen den übermotivierten Nachbarn und mir. Emma und ich waren zu zweit zu Hause und hatten Streit – wie fast immer aus irgendeinem nichtigen Anlass. Sich mit Kindern zu streiten ist ebenso notwendig wie absurd, denn während man selbst völlig aus der Bahn fliegt – ich saß in grimmiges Selbstmitleid getaucht auf dem Sofa –, sind Kinder bereits zwei Sekunden später an völlig anderen Dingen interessiert. Emma war zum Wohnzimmerfenster gewatschelt und schaute nun hinaus auf unsere nächtliche Straße. Das Fenster war hochgeschoben, aber wie gesetzlich vorgeschrieben mit einer Absperrung gesichert. Ich ließ sie also gewähren und tat mir selbst leid. Plötzlich sah ich Taschenlampenkegel durch den Fensterrahmen über Emma wandern und hörte Stimmengewirr vor dem Haus. Es klingelte. Ich war zu faul, das schwere Fenster hochzuschieben, also schob ich Emma beiseite und streckte meinen Kopf durch den schmalen Spalt zwischen Fenstergitter und Fenster hindurch nach draußen, um meiner Wut Luft zu machen. Leider verhakte sich dabei meine Brille, rutschte mir von der Nase und fiel hinunter. Unscharf blinzelnd konnte ich erkennen, dass die Männer, die sich vor unserem Haus aufgebaut hatten und mir nun ins Gesicht leuchteten, blaue Uniformen trugen.

»Ist bei Ihnen alles in Ordnung?«, rief der Anführer der Feuerwehrmänner hinauf. »Das Baby steht da so alleine. Am offenen Fenster! Wir haben das jetzt eine ganze Weile beobachtet.«

Ich lief rot an, zog meinen Kopf mit einem schmerzhaften Ruck zurück, nahm Emma auf den Arm, öffnete die Haustür und hörte mir einen Vortrag des Wachhabenden über Kindersicherheit und offene Fenster an, bevor er sich kopfschüttelnd mit seiner Mannschaft zurückzog. Elende Spießer, hätte ich ihnen am liebsten nachgerufen, während ich meine Brille aufhob. Fehlalarmfetischisten! Eines Tages lege ich eure Kettensägen lahm!

Viele Menschen ziehen nach Park Slope, weil es als das sicherste Viertel der Stadt gilt. Mich kann das sicherste Viertel mal. Ich habe kein Trauma von einem gefährlichen New York, dem Moloch der Beschaffungsdiebe und Mobster, an das sich einige hier noch erinnern. Ich bin dafür einfach zu spät hergekommen – als die Stadt bereits eine der sichersten der Welt war. Ich vertraue den Menschen hier, und bisher hatte ich zu keiner Sekunde Grund, meine Haltung zu ändern. Die vielen Umzüge sollten meine etwas naive Haltung noch ordentlich durchrütteln.

Ich swipe die letzten Fotos auf meinem Handy durch: der zertretene Lattenrost. Unsere Auszugsparty. Und die Kakerlake, die über die Anrichte in der Küche krabbelt. Das Foto habe ich unserem Vermieter Angelo geschickt. Wie er dem jungen Paar, das vor ein paar Tagen vorbeikam, um die Wände auszumessen, das wohl beibringen wird, bei 3200 Dollar Monatsmiete?

Vor einem Jahr, als wir unser Zuhause auf der Upper East Side verlassen mussten, hätten wir beinahe geheult. Jetzt drehen Christina und ich unserer Bude grinsend den Rücken zu und machen ein Selfie. Ein wenig zerzaust und aufgeregt sehen wir aus, wie vor unserer ersten Rucksackreise als Studenten.

Mit einem kleinen Umzugswagen rumpeln wir wenig später los in unser neues Leben. Die Ladefläche in unserem Rücken ist nicht mal halbvoll. Wir haben nur unser geliebtes blaues Sofa von Housing Works, den weiß überstrichenen Ikea-Schreibtisch, die drei weißen Stühle, die wir mal auf der Straße fanden, und unsere Fahrräder behalten; dazu eine kleine Kiste mit Spielsachen für Emma. Unsere Bücher haben wir in ein Dutzend rote Plastikkisten gepackt, die uns ein Start-up ausgeliehen hat. Immer weniger New Yorker wollen mit Pappkartons umziehen, die Firma nutzt das aus und liefert wiederverwendbare Plastikkisten nach Hause, die nach dem Umzug wieder abgeholt werden. Sie sind kleiner als Umzugskartons, werden also nicht zu schwer und lassen sich leichter öffnen und schließen. Ich hatte die Firma angeschrieben und gefragt, ob sie uns nicht bei unserem Wohnexperiment helfen könnten. Erstaunlicherweise sagten sie sofort zu! Anstatt in einer Woche müssen wir die Kisten nun erst in einem Jahr zurückgeben.

Wir fahren über die Pulaski Bridge, die Brooklyn mit Queens verbindet. Aus dem Fahrerfenster sehe ich die Hausboote, die unter uns im Newtown Creek schaukeln. Er mündet in den mächtigen East River, hinter dem sich die Skyline erhebt: Chrysler Building und Empire State Building leuchten herüber. »Endlich wohnen wir wieder in der City«, sagt Christina. Tatsächlich fühlt es sich auch für mich an, als kämen wir vom Dorf zurück in die Stadt. Vor uns erstreckt sich die Jackson Avenue, die Hauptader von Long Island City. Taxis, Lastwagen und Pendler schieben sich in Kolonnen in Richtung Queensboro Bridge, eine wichtige Verbindung hinüber nach Manhattan. Die Gebäude an der Avenue sind unspektakulär, manche modern und aus Glas, andere alt und windschief.

Mittendrin steht ein seltsamer, achtstöckiger Bau mit rostbrauner Fassade, die gewürfelte Fenster freilegt und aussieht wie ein abstraktes Gemälde. Hier werden wir wohnen. Mein Kumpel Amol hat sein Angebot tatsächlich ernst gemeint und überlässt uns eine der Wohnungen in seinem Haus. Wir parken den Wagen direkt vor der Tür. Schwere Trucks donnern über Schlaglöcher an uns vorbei. Der Horizont ist mit Baukränen verstellt.

Christina und ich blicken uns an und schnaufen durch. Noch heute Abend fliegt sie mit Emma für ein paar Tage nach Deutschland. Wir sind es inzwischen gewöhnt, als Familie oft auf zwei Kontinente verteilt zu sein. Seit Jahren gehört für uns das Pendeln über den Atlantik dazu, um unsere Familien zu sehen und für mich auch, um Geld zu verdienen. Aber wie wird das jetzt, ohne home base, ohne festen Rückzugsort? Wie werden unsere Eltern reagieren, wenn sie von Christina erfahren, dass wir tatsächlich angefangen haben, jeden Monat umzuziehen? Bereits die Verkündung der Idee via Facetime vor ein paar Tagen führte zu eindeutigen Reaktionen: »ihr spinnt« (Christinas Vater) und »was wird nur aus dem Kind?« (meine Mutter).

Ich drücke die Klingel der Penthousewohnung, in der Amol mit seiner Familie lebt. Er kommt uns mit Kaffeekanne in der einen und Tasse in der anderen Hand entgegen. »Willkommen! Ich will gleich weiter frühstücken, aber ich zeige euch noch die Wohnung.« Mit seiner hohen Stirn, dem langsam weiß werdenden Bart und seinen bunten Shirts und Schuhen erinnert er mich immer ein wenig an einen Guru. Dabei ist Amol eigentlich Internetunternehmer – ein sehr erfolgreicher. Seine Familie kam aus Mumbai nach New York, er wuchs hier auf und besuchte die besten Schulen, bevor er ein Smartphone für Entwicklungsländer erfand und viele weitere Startups mit aufbaute. Mitten in der Finanzkrise 2008 begann er dann dieses Haus zu bauen. Es hat einen eigenen Namen und – klar – eine eigene Website: »East of East«.

In einem geräumigen Aufzug fahren wir in den vierten Stock. Die Aufzugtür öffnet sich direkt in die Wohnung, in einen gigantisch hellen Raum mit moderner Wohnküche. Es gibt zwei Balkone, Spül- und Waschmaschine und einen Kühlschrank, der selbstständig Eiswürfel produziert! Christina strahlt über das ganze Gesicht. Emma probiert sofort ihr Bobbycar aus und saust durch die Wohnung.

Amol lässt uns alleine. Wer weiß, ob wir das Umziehen ohne ihn überhaupt begonnen hätten. Mehrfach habe ich ihn gefragt, wie viel Miete er möchte, und jedes Mal tat er so, als hätte er die Frage nicht gehört. Wir leben nun mietfrei in einem Luxusapartment, das wir uns sonst nie hätten leisten können.

Dank Aufzug haben wir die paar Möbel schnell eingeräumt. Mit dem Umzugswagen fahre ich Christina und Emma zum JFK-Flughafen. Es ist ein seltsamer Abschied. Nach so viel gemeinsamer Euphorie muss ich nun versuchen, mich erst einmal allein einzugewöhnen. Als ich den Wagen zurück in die Stadt lenke, nehme ich den nördlichen Highway 495, der sich mitten in Queens in die Höhe schraubt und hinter einer Kurve die Skyline freigibt. Sie taucht aus der Tiefe auf, breiter als die Windschutzscheibe, als das eigene Sichtfeld. New York, die Stadt der Ambitionen. Die Stadt, in die man es »schafft«.

»Up for a beer?«, textet Amol, als ich nach meiner Rückkehr am Schreibtisch sitze und durch das Balkonfenster auf die in der Abendsonne leuchtende Skyline schaue, die nun noch näher glitzert als vorhin im Auto. Wie sind wir nur in diesem Paradies gelandet? Haben wir wirklich gerade noch zwischen Kakerlaken in einer halb renovierten Butze in Brooklyn gewohnt? Kann man so einfach neu anfangen, in seiner eigenen Stadt?

Amol holt mich mit dem Aufzug ab, und wir laufen los, hinein ins alte Zentrum von Long Island City mit Kirchen, schiefen Holzhäusern und schunkeligen Bars. An einer dunklen Ladenfront bleibt er stehen. »Das ist das Oracle«, sagt Amol, »meine Auszeit von der Stadt.« Er holt einen Schlüssel aus der Tasche und führt mich in einen Salon, der aussieht wie ein Filmset von James Bond. Mondäne Ledersessel, überbordende Pflanzen, ein schwarzes Piano und eine gut sortierte Bar. Eine Wendeltreppe führt ins Untergeschoss, wo halb fertige Statuen und Pastelle stehen. Zischend öffnet Amol eine Bierdose und erklärt, dass das Oracle von Bildhauern, Schriftstellern und Musikern gemeinsam finanziert werde. Das Betreiberpaar, beide Künstler, wohne im Obergeschoss. Es gebe fast täglich Poetry Nights, Konzerte und Lesungen. Als altes Industrieviertel sei Long Island City seit Langem eine Künstlerenklave. Viele Kreative, denen das East Village zu teuer wurde, hätten zwischen den Lagerhallen auf dieser Seite des East River neuen Raum zum Leben und Arbeiten gefunden.

Amol erzählt, dass er LIC, wie die Bewohner des Viertels Long Island City abkürzen, als Kind nur als U-Bahn-Umstieg auf dem Schulweg nach Manhattan kannte. Seine Eltern wohnen bis heute in Long Island, dem eigentlichen Hauptteil der Insel, auf der Queens liegt – eine Ansammlung von Suburbs, die mit Long Island City nur den Namen teilt. Das Viertel betrat er so richtig zum ersten Mal, als er mit seiner Frau nach einigen Jahren im Ausland nach New York zurückkam und eine Wohnung suchte: »Als Ursula und ich hier aus der U-Bahn stiegen, sind uns fast die Augen aus dem Kopf gefallen. Hier müssen wir wohnen, haben wir uns gesagt. Das ist es. Eine vergessene Ecke von New York, mitten im Herzen der Stadt. Wir könnten einen Stein in die Luft schmeißen, und er würde in Manhattan landen.«

Die beiden kauften ein kleines Haus in einer Seitenstraße und bekamen zwei Kinder. Dann entdeckte Amol einen leeren Parkplatz an der Jackson Avenue und fand Investoren für den Hausbau. Die Finanzkrise kam dazwischen und ruinierte ihn fast. Ganze Handwerksfirmen verschwanden über Nacht, vier lange Jahre dauerte die Fertigstellung. Seit 2012 lebt er mit seiner Frau und den zwei Töchtern nun ganz oben, im selbst geplanten Penthouse von »East of East«. Die Apartments unter ihm, darunter unsere aktuelle Bleibe, sind inzwischen Millionen wert.

Auf dem Heimweg vom Oracle laufen wir an einem großen weißen Outdoor-Plastiksofa vorbei. Es hat einen Riss in der Lehne und wurde in bewährter Manier auf den Gehsteig entsorgt. »Perfekt für unsere Terrasse«, sagt Amol. Wir heben es an. Es ist verflucht schwer, und die vielen Biere lassen unsere Beine schlackern. Ächzend schaukeln wir die Straße hinunter und schaffen es gerade so in den Heizungskeller seines Hauses. Zum zweiten Mal an diesem Tag habe ich ein Sofa umgezogen.

Die Nacht verbringe ich auf der Yogamatte im Wohnzimmer. Ich liege genau im richtigen Winkel, um durch unser kleines Küchenfenster auf das Empire State Building zu schauen. Es ist schwül, und durch die offenen Balkontüren, die ich in der Hoffnung auf einen Luftzug geöffnet habe, kommen Moskitos zu Besuch. Welcome to LIC, summen sie.

Am nächsten Morgen brauche ich einen guten Iced Coffee und lande im Café Sweetleaf, ein paar Häuserblocks die Jackson Avenue hinunter. Sweetleaf erinnert ein bisschen an das Oracle: Statuen, Leder, ein Hinterzimmer zum stillen Arbeiten. Die Betreiber backen selbst, in einem von der Theke abgetrennten, schmalen Raum kneten sie Teig und holen knusprige Croissants aus dem Ofen. Der Iced Latte, ein Getränk, das durch seine Zusammensetzung – viele Eiswürfel, wenig Kaffee, hoher Preis – einige New Yorker Cafés quasi im Alleingang finanziert, schmeckt hervorragend. In Park Slope hatte sich unser morgendliches Kaffeeholen schon zur Routine eingeschliffen. Jetzt ist es plötzlich wieder aufregend. Ein wohliger Schauer läuft mir über den Rücken. Vor uns liegt eine weiße Landkarte: New York. Fünfzig »Neighborhoods«, also eigene Stadtviertel, habe ich neulich in einer Liste des *Time Out*-Magazins allein in Manhattan gezählt. Und mindestens noch einmal so viele in den vier anderen Bezirken. Wo werden wir wohl überall landen? Die Stadt ist jedenfalls eine Lebensaufgabe.

Ich laufe hinunter zum East River. Ein großes altes Pepsi-Logo auf Stelzen und die Verladedocks des ehemaligen Hafens erinnern an die Vergangenheit des Flussufers. Sie werden von nagelneuen Glastürmen überragt. Vor mir legt die Fähre sanft schaukelnd an der neu gebauten Haltestelle an, und Dutzende dehnen auf den warmen Holzbrettern der Piers ihre Beine beim Yoga. Das begrünte Ufer vermittelt Ferienstimmung, die Skyline gegenüber harte Arbeit. Es ist nur eine einzige Haltestelle mit der U-Bahn-Linie 7 von hier auf die andere Seite, zum Hauptbahnhof Grand Central. Und trotzdem fühlt es sich an wie eine andere Welt.

Am nächsten Morgen ziehe ich mir die Laufschuhe an. In Park Slope hatte ich Grün vor der Haustür, aber hier? Ich renne suchend nach Westen, auf einer anderen Straße Richtung Fluss.

Die ersten fünfzehn Minuten nur Beton, Garagen und Baracken. Plötzlich öffnet sich die Häuserfront für einen kleinen Kanal. Darin wiegen sich Segelboote. Eins könnte von Björk sein, der isländischen Popsängerin. Ihr Exfreund, der Künstler Matthew Barney, habe direkt hier am Wasser sein gigantisches Atelier, hat mir Amol erzählt, und sie hätte bei ihm geankert. Jedenfalls nicht die schlechteste Art, um mit Blick auf Wasser und Skyline aufzuwachen.

Der Wind bläst aus dem Süden den East River hinauf und mir direkt ins Gesicht. Das Holz der Bohlen schwingt unter meinen Füßen, während ich am Wasser entlanglaufe und die Wellen gegen das Ufer klatschen höre. In einer langen Kurve ducke ich mich unter den Ästen dreier Trauerweiden hindurch und schrecke ein Liebespaar auf. Ich könnte mir keinen besseren Platz zum Knutschen vorstellen. Als ich in »East of East« in den Aufzug steige, liegen zwei in blaue Plastikfolie verpackte *New York Times* auf dem Boden. Auf der einen steht »7«, Amols Apartment. Auf der anderen »4E« und Christinas Name. Wir sind offiziell angekommen!

Kurz darauf nehme ich mit Amol die Fähre von Long Island City hinüber zur Wall Street. Zum ersten Mal arbeiten wir zusammen und organisieren gemeinsam eine Konferenz zur Zukunft der Arbeit. Wir sind nun nicht mehr nur Freunde, sondern auch Wohn- und Geschäftspartner. Amol hatte die Idee, Konferenzen in New York zu organisieren; ich hatte die Idee, die Zukunft der Arbeit als Thema einzubringen. Für mich ist es Journalismus in einem neuen Gewand; für Amol ist es eine weitere Art, sein Imperium zu erweitern. Er trägt eine gelb-rot-blau gemusterte Jacke. Wie der Kapitän eines Paradiesdampfers steht er am Bug und schaut nicht nach Manhattan, sondern auf die andere Seite, nach Brooklyn. »Da ist noch so viel Platz!«, ruft er und deutet auf Brachen und zerbrochene Landestege, Reste des Hurrikans Sandy, der 2012 über die Stadt hinwegfegte und die Küstenlinie von New York für immer veränderte. Amol ist begeistert. Überall sieht er Chancen für neue Projekte, neue Gebäude, neue Firmen. Ich sehe überall Stadtviertel, in denen ich gerne wohnen würde.

Als ich Christina und Emma am Flughafen abhole, ist die Konferenz mit Amol gut gelaufen, im Gegensatz zu einem übermütigen Friseurbesuch. Christina und Emma sehen mich und meine fehlende Haarpracht fragend an. »Ich war beim Barbier...«, brumme ich verlegen. »Es wächst ja zum Glück wieder nach«, sagt Christina. Sie mag mich mit langen Haaren lieber, aber ich hatte die Kontrolle verloren. Tags zuvor war ich mit dem Fahrrad aus Manhattan über die mächtige Queensboro Bridge zurück nach Long Island City gefahren und in eine kleine Seitenstraße in einen Barbershop geraten. »Queens y'all!« stand auf dem Schild, was so viel heißt wie »Leute, in Queens geht die Post ab!«

Schneller, als ich »Queens y'all« sagen kann, hat mir ein Typ die Tür geöffnet und hält mir ein Glas Whiskey hin. »Hi, ich bin Shawn. Magst du Bourbon? Das ist Fred.« Er deutet auf einen älteren Barbier mit Lederschürze, aus der scharfe Klingen ragen. Fred drückt mich sanft in einen Rasierstuhl, kippt mich leicht nach hinten und fährt über meine Gesichts- und Kopfbehaarung. Ich bin hingerissen von so viel geschäftstüchtiger Gastfreundschaft. »Aber nicht zu viel abschneiden«, sage ich noch, aber Fred lächelt nur und zückt die Schere, der Bourbon wärmt, und Shawn plaudert los. Er sei bis vor Kurzem Anwalt mit sechsstelligem Gehalt und großem Büro in Manhattan gewesen. Er wohne im Nachbarviertel Astoria, und die berühmten Sommerpartys des Kunstmuseums MoMA PS1 hätten ihn vor Jahren zum ersten Mal nach Long Island City geführt. »Ich bin damals hier rumgelaufen, und es gab nichts außer ein paar Sexshops«, sagt er. »Es war kein schöner Spaziergang. Aber ich sah das Potenzial.«

Als ein Anwaltsfreund eine Wohnung in einem der Glastürme am Ufer kauft und Shawn zum ersten Mal über den East River auf die Skyline schaut, begreift er: Dieser Blick wird viele reiche Menschen anziehen. Er sieht die Chance für seinen Lebenstraum gekommen: einen eigenen Barbershop. Sein Lebenspartner ist praktischerweise Barbier und hilft bei der Planung. Schließlich kündigt Shawn seinen Job, mietet eine aufgelassene Taxigarage und baut sie zum Friseursalon um. Sein Freund und er nennen den Laden Otis & Finn, nach ihren beiden Hunden. Und Shawn, der ursprünglich aus dem Whiskeystaat Kentucky stammt, macht Bourbon zum offiziellen Begrüßungsgetränk.

Heute, nur zwei Jahre später, hat er sieben Angestellte und eröffnet gerade einen zweiten Laden. »Es ging alles viel schneller, als ich dachte. Das Viertel verändert sich rasend, und wir müssen mitwachsen. Hier werden 15 000 neue Apartments gebaut.« Fred brummt dazwischen, während seine Schere fröhlich weiter schnippelt. »Nein, 22 000. Es werden 22 000 neue Apartments.«

Zweiundzwanzigtausend. Ich träume der Zahl hinterher und schließe die Augen. Die Wärme des Bourbons kriecht weiter durch meinen Körper. Ich weiß nicht genau, wie lange ich so im Stuhl gelegen habe, als Fred mich sanft aufweckt: »So recht?« Als ich die Augen aufschlage, schaut mich im Handspiegel ein glattrasierter Mann mit Armeefrisur an. Zwischen meiner Kopfhaut und völliger Kahlheit sind nur ein paar flimsige Millimeter Haar stehen geblieben.

Fred ist so stolz auf sein Werk und ich so voller Bourbon, dass ich nur gemächlich nicke. Als ich aus dem Laden trete und der Wind über meinen geschorenen Kopf fährt, schauert es mich, mitten im Sommer. Auch haarmäßig bedeutet dieses Projekt einen Neuanfang.

»Ich will eigentlich gar nicht mehr aus LIC weg«, sage ich am Abend zu Christina. »Vielleicht können wir mit Amol ja noch etwas aushandeln und einfach hierbleiben.« Sie schüttelt skeptisch den Kopf. »Aber wir wollten doch nie hierbleiben.« »Aber wir haben auch noch keine Wohnung für unsere zweite Station«, wende ich ein. Wir werden uns nicht einig, und tags darauf holt mich die Realität ein. In einer Konditorei in SoHo will ich ein Sandwich kaufen. Die Verkäuferin zieht meine Kreditkarte durch: Abgelehnt. Ich reiche ihr meine Ersatzkarte: dasselbe. Auch meine EC-Karte weigert sich.

Wenn ich außerhalb von Deutschland mit irgendwas Probleme hatte, lag es fast immer am Geld. Anfangs sperrte mich meine Bank nach jedem Flug in die USA aufs Neue, es war fast ein wenig entwürdigend, immer wieder die eigene Bank um Geld anbetteln zu müssen. Aber diesmal ist es anders. Diesmal sagt man mir an der Hotline in etwas gepresstem Tonfall, meine Konten seien gnadenlos überzogen. Ich sei nicht mehr kreditwürdig. Meine Karten seien nicht gesperrt, sondern annulliert.

Mir wird heiß und kalt. Im Umzugsrausch habe ich vergessen, Rechnungen für zwei große Projekte zu stellen, und gleichzeitig munter Geld ausgegeben. Hungrig Entschuldigungen murmelnd verlasse ich den Laden. Es ist Freitagnachmittag. Ich habe keinen Cent in der Tasche und ein gigantisches Minus auf dem Konto. Christina seufzt, als ich ihr abends davon erzähle. Sie erinnert mich daran, wie ich auf unserer ersten gemeinsamen Reise gleich zweimal meinen Geldbeutel verloren habe. Irgendwie haben wir es immer hingekriegt.

Am Samstagmorgen radeln wir in den Nachbarbezirk Astoria, zum kostenlosen Yoga im Socrates Sculpture Park, einer kleinen grünen Oase am Wasser. Danach stürzen wir uns mit Emma in den öffentlichen Pool, der wie alle städtischen Schwimmbäder New Yorks kostenlosen Eintritt bietet. Unsere Stimmung bessert sich. Um auf dem Heimweg noch etwas zum Abendessen zu besorgen, suche ich Christinas Kreditkarte, aber ihr Portemonnaie ist wie vom Erdboden verschluckt. Dreimal drehen wir ihre Handtasche und all unser Gepäck auf den Kopf. Wir suchen die gesamte Wegstrecke des Tages ab. Die graue lederne Börse mit Troddel muss irgendwo aus ihrer Handtasche und schließlich aus dem Fahrradkorb gekullert sein. Oder hat sie jemand geklaut? Wir rufen die Polizei an. Alles ist weg.

Nun hängen wir beide am Telefon. Ich versuche, von Auftraggebern Geld einzutreiben, Christina lässt ihre Bankkarten sperren und bestellt neue. Aber es wird alles mehrere Tage dauern. Und wir haben nur noch ein paar Dollarscheine. Panisch kramen wir unser Gepäck durch. Christina erinnert sich an eine Notfallkreditkarte, die ihr ihre Mutter einmal zugesteckt hat. Nach langem Suchen finden wir zwischen alten Reiseunterlagen das rechteckige Stück Plastik mit dem VISA-Schriftzug. Und ganz langsam wandelt sich unsere Verzweiflung in fatalistischen Zweckoptimismus: Wir fangen mit unserem Umzugsprojekt also wirklich bei null an – ich ohne Geld, Christina ohne Geldbeutel. Aber: jetzt erst recht!

Christinas Mutter erlaubt uns per Telefon, auf ihre Kosten Abendessen zu gehen, und so landen wir im Lokal gleich gegenüber von unserer Wohnung. Es ist in einem windschiefen Eckhaus untergebracht, die Fenster sind mit grauen Gardinen verhängt, eine Neonröhre mit dem Wort »Manducatis« lässt auf einen Italiener schließen. Amol hat es uns empfohlen: »Dort gehen die Stars hin«, hat er gesagt. Wahrscheinlich ein schlechter Witz: Der Gastraum sieht aus wie das Wohnzimmer eines Rentnerpaares. Ein alter Esstisch mit Steppdecke, dahinter eine Anrichte, aus dem Fernseher, der von der Decke hängt, plärrt der italienische Sender RAI. Ein älterer Mann in Anzug und Krawatte biegt um die Ecke. »Willkommen!«, ruft er mit einer rauen Stimme, die direkt aus dem »Paten« stammen könnte. Er begrüßt uns herzlich und bittet uns an den Tisch mit Steppdecke. Kurze Zeit später bekommen wir Tagliatelle mit getrockneten Tomaten aufgetischt, die so unfassbar gut sind, dass wir unseren Ärger vergessen.

»Heißen Sie Manducatis?«, frage ich. »Manducatis heißt ›ihr esst‹ auf Latein«, sagt er. Ich denke an meinen Lehrer im Leistungskurs Latein und wie er sich gerade im Schlaf wälzt, wenn er noch lebt. »Mein Name ist Cerbone, Vincenzo«, sagt er und zieht einen alten Lappen aus dem Geldbeutel. »Ich war früher Polizist, Carabinieri. Dann bin ich hierhergekommen, 1953, direkt aus Sizilien.« »Wir sind gerade gegenüber eingezogen«, antworte ich. »Ich erinnere mich noch, wie das Haus gebaut wurde«, erzählt er. »Ich wollte das Grundstück auch kaufen. Aber da war jemand schneller. Früher war das hier wie ein Dorf mitten in der Stadt. Man ging in die Kirche oder die Zeitung kaufen und kannte jeden. Heute gibt es viele Spekulanten, viele Neubauten. Es wird anonymer. Aber man kann den Lauf der Dinge nicht aufhalten.«

Cerbones Verwandte lebten bereits in Long Island City, als er in den Fünfzigerjahren ankam. »Ich stand am Wasser, sah das

UN-Gebäude und dachte: ›Hier will ich bleiben.‹« In der Gastronomie fand er ein neues Zuhause – und seine Frau Ida, der er 1957 in der Küche den Heiratsantrag machte. 1975 eröffneten sie gemeinsam das Manducatis.

Und Amol hat tatsächlich recht: Cerbone erzählt, wie Frank Sinatra und seine Gang bei ihm Hof hielten, der Boxer Rocky Graziano Stammgast wurde und bald die gesamte Mafia New Yorks ein und aus ging. Er steht auf und imitiert den bulligen Cowboygang von Rocky Graziano. »Er saß immer hier«, sagt er und lässt sich auf einen Stuhl gegenüber dem Fernseher fallen. »Meine Freunde?« Cerbone pfeift durch die Zähne. »Alles top dogs!«

Ida Cerbone kommt aus der Küche dazu. Sie sieht jünger aus als ihr Mann, wie eine italienische Madonna. »Wir haben seit 1975 jeden Tag miteinander verbracht«, sagt sie. »Nie einander verlassen, sind nie ohne den anderen verreist. Nie haben wir auch nur eine Mahlzeit alleine eingenommen.« Als wir die hausgemachten Tagliatelle aufgegessen haben – Notfallkreditkarte sei Dank –, kommt auf dem Teller ein Foto zum Vorschein. Ein kleines Mädchen, in Schwarz-Weiß. »Das ist das einzige Kinderfoto von mir, das überlebt hat« sagt Ida. »Als mein Mann es fand, hat er mir dieses Porzellan machen lassen.« Zum 40. Hochzeitstag sei das gewesen, erinnert sich Vincenzo und lacht. »Nach vierzig Jahren habe ich meine Frau auf den Teller gelegt.«

Kopfschüttelnd laufen wir zurück nach Hause. Was für eine Ehe! Was für eine Neighborhood! Wir beschließen, die Notfallkarte noch einmal für Essen auszugeben: für ein Neighborhood-Dinner. Von Anfang an hatte ich den Traum, in jedem Viertel unsere Nachbarn zum Essen einzuladen. Letztendlich würden wir in einem Monat immer nur an der Oberfläche kratzen. Aber vielleicht könnten wir so, durch Menschen, die das Viertel gut kennen, ein wenig mehr erfahren.

Eine Woche vor unserem Auszug erstellen wir eine Liste mit Ladeninhabern, Journalisten, Lokalpolitikern und Freunden aus Vierteln um Long Island City herum. Amol, der von der Idee begeistert ist, stellt seine Dachterrasse zur Verfügung. Wir kaufen Antipastiplatten und Bier und begrüßen zum Sonnenuntergang ein Dutzend Gäste auf Amols Dach. Die Cerbones haben abgesagt – sie verlassen ihr Restaurant nie vor Mitternacht, haben sie gesagt –, aber der Direktor einer örtlichen Highschool mit seiner Frau, ein Jazzpianist und die Chefredakteurin einer Immobilienwebsite sind gekommen. Dazu ein paar Freunde aus Greenpoint, dem Viertel südlich von LIC, und Amols Familie.

Etwas ungelenk stellen wir uns vor und bitten jeden, ein bisschen etwas zu erzählen über das Viertel. Schnell merken wir, dass unsere Freunde höchstens zum Autoreparieren hier vorbeikommen, aber die »Einheimischen« packen aus. Sie verraten uns, welche alte Eisenbahnbrücke man illegal beklettern kann, wer insgeheim die Hälfte des Viertels besitzt (eine Industriellenfamilie namens Quigley) und dass sich um die Ecke des Hausboots, in dem tatsächlich Björk übernachtet haben soll, ein wunderbarer kleiner Biergarten versteckt.

Die Chefredakteurin interessiert sich sehr für unsere Umzugsidee. »Wir versuchen gerade unsere Immobilienplattform mit menschlicheren Geschichten auszubauen«, sagt sie. »Vielleicht wollt ihr ja für uns schreiben? Immer wenn ihr in ein neues Viertel umgezogen seid?« Ohne lange zu überlegen, wie wir das hinbekommen sollen – noch dazu auf Englisch –, sagen wir begeistert zu. »Auf ins Oracle!«, ruft Amol schließlich. Wir lassen Emma mit gutem Gefühl in der fürsorglichen Obhut von Amols Familie zurück; sie schlummert friedlich auf der Penthousecouch.

Im Oracle angekommen plündert Amol die Bar, und der Jazzpianist setzt sich sofort ans Klavier. Bald komponieren wir gemeinsam die Hymne »LIC – the place to be«. Wie viele im Suff erdachte Hymnen ist sie nicht hitverdächtig, aber wir singen sie gemeinsam – und fragen uns, warum wir nicht schon früher Nachbarn und Freunde zusammen eingeladen haben. Wir erkennen aber auch: Um wirklich etwas Tiefergehendes über das

Viertel zu erfahren, in dem wir leben, müssen wir dem ganzen einen intimeren Rahmen geben, also weniger Leute einladen, und zwar ein paar richtige Locals.

Ein Gast kommt am Tag nach dem Dinner vorbei: Die Long-Island-City-Korrespondentin des New Yorker Online-Magazins *dnainfo*. Sie hatte uns abgesagt, wollte aber unbedingt mit uns sprechen. Genau wie die Chefredakteurin am Abend vorher will sie, bevor wir unser Projekt überhaupt richtig gestartet haben, alles darüber wissen. Wir antworten fantasiereich, und ich lege noch schnell eine Website für unser Projekt an. Die URL ist etwas seltsam, aber die beste, die mir im Moment einfällt: nyc12x12.com. Zwölf Monate mal zwölf Viertel. Ich schicke sie der Journalistin, damit uns Menschen kontaktieren können, die ihren Artikel lesen.

Am nächsten Morgen wachen wir zu Dutzenden E-Mails auf:

»Schön, euch in der Neighborhood zu haben, wenn auch nur für einen flüchtigen Moment«, schreibt Jake aus Long Island City.

»Ich hoffe, eure Reise führt euch auch nach Uptown«, schreibt Jenna. »Ich lebe in der Washington Heights Neighborhood von Manhattan, und wir werden von vielen Leuten übersehen! Dabei haben wir hier einige der besten Aussichten, Parks, Aktivitäten und Kulturevents in der ganzen Stadt! Und das Essen ist unfassbar gut! Alles Gute und viel Glück.«

»Bitte besucht unsere wunderschöne, jahrhundertealte Neighborhood – wenige Wohnungen, dafür alte, graziöse Häuser mit zauberhaften Gärten und von Bäumen gesäumte Straßen – eine lebenslustige und heterogene Gemeinschaft mit viel Auswahl an Schulen, Kirchen, Parks und Geschäften«, schreibt Maria aus Flushing im hintersten Queens.

Und von der Upper West Side erreicht uns von Margot ein unwirklich erscheinendes Angebot:

»Wir leben auf der Upper West Side. Wir sind im März auf Reisen. Was haltet ihr von Housesitting, zusammen mit einem Hund und einer Katze?«

44

Wir kommen kaum nach mit den Dankesschreiben. Bei den New Yorkern haben wir anscheinend einen Nerv getroffen. Außerdem steht es nun da, im Internet, für jeden lesbar, schwarz auf weiß, beängstigend klar und verbindlich: eine Familie, zwölf Monate, zwölf Wohnungen. Es gibt kein Zurück mehr.

Logistik eines Nomadenlebens
Bowery, Chinatown, Manhattan

Christina

»Vorsicht!«, ruft eine junge Frau aus dem Fenster im dritten Stock über dem chinesischen Laden für Restaurantbedarf. Dann landet ein Knäuel zusammengerollter Socken vor uns auf dem Bürgersteig. Darin steckt der Hausschlüssel.

Wir waren noch nie in einer Wohnung in Chinatown. Ich kann mich noch nicht einmal erinnern, überhaupt schon einmal in dieser Ecke von Chinatown, rund um den südlichen Teil der Bowery-Straße, gewesen zu sein. Aber ich erinnere mich gut daran, was eine Freundin mir mal von der Wohnung einer Bekannten in dem Viertel erzählt hat: »Überall waren Ratten, die haben sich sogar durch die Wände gefressen.« Die Chinatown-Klischees sitzen tief bei den New Yorkern: Billig, ramschig, dreckig.

Mit dem schweren Schlüssel aus dem Sockenknäuel öffnet Felix die dicke Lagerhauseisentür. Dahinter ist es angenehm kühl, trotz der Sommerhitze. Wir laufen die schmalen, steilen Treppen hinauf. »Dieses Stockwerk hält neunzig Pfund pro Square Foot sicher aus«, steht auf einem Schild an der Wand. Das hier ist ein Lagerhaus, zum Wohnen eigentlich überhaupt nicht gedacht, aber der Industrie-Schick mit der Aura des Verbotenen hat längst ein eigenes Lebensgefühl geprägt, seit in den Siebzigerjahren Künstler die heruntergekommenen Lofts in Downtown Manhattan zu neuem Leben erweckten.

Im dritten Stock steht Ana im Türeingang. Sie ist groß und schlank, hat braune lange Haare und trägt ein weißes Kleid aus Seide. Als sie Emma sieht, zieht sie sofort ihr Handy aus der Tasche und filmt, wie sie in die Wohnung hineinstolpert und gegen einen Fußball mit serbischer Flagge tritt. Ana stammt aus Serbien, wohnt aber schon seit einigen Jahren in New York und arbeitet als Model, Möbeldesignerin und Fotografin. Felix hat sie gegoogelt, bevor wir hergekommen sind, so wie er das fast immer macht, bevor er jemanden trifft, von dem er nur den Namen kennt. Weit oben unter den Suchergebnissen erschien ein Artikel der New York Times: »At Home with New Yorks Design Star of the Moment«. Auf Instagram hat sie Zehntausende Fans. Ich hatte vorher noch nie von ihr gehört. Aber Roderick, ein Freund von uns und professioneller Fotograf, wird uns später erzählen, dass er sie schon mal für eine Auftragsarbeit fotografiert hat. Und eine Bekannte wird davon schwärmen, dass sie Ana und ihren Rapperfreund im Flugzeug gesehen habe.

Anas Wohnung haben wir auf Listings Project gefunden, dem Newsletter, über den wir damals auch unser Apartment in Park Slope bekommen hatten. Die Fotos des großen Warehouse Loft mit den Holzdielen hatten uns fasziniert. Solche Wohnungen kannten wir bislang nur aus Legenden der Siebziger- und Achtzigerjahre. Dutzende E-Mails und SMS hatte Felix, der ziemlich hartnäckig sein kann, Ana geschrieben. Zunächst vergeblich.

Amols Wohnung in Long Island City ist uns in den Schoß gefallen, aber nun sind wir das erste Mal auf uns alleine und den freien Markt gestellt – und machen erste Erfahrungen mit den logistischen Herausforderungen unseres Umzugsprojekts. Jeden Mittwochmorgen warten wir auf die neue Ausgabe des Listings Pro-

jects, durchsuchen die Angebote zur Untermiete und antworten sofort auf alle, die auch nur annähernd zu passen scheinen. Das Angebot ist reichlich, im heißen August verlassen viele New Yorker nur zu gerne die Stadt. Aber trotzdem scheint irgendwie immer etwas nicht zu klappen: Die genauen Ein- und Auszugstermine passen nicht, der Preis ist unbezahlbar, die Wohnung ist längst vergeben oder der Vermieter meldet sich einfach nicht zurück.

Ursprünglich hatten wir mal den naiven Gedanken, dass wir das ganze Jahr noch vor Beginn des Projekts entspannt auf Airbnb vorbuchen könnten. Aber ein Blick auf das eher mäßige Angebot und die überteuerten Preise in New York hat uns davon schnell wieder abkommen lassen. Airbnb steht in der Metropole wie auch in vielen anderen Städten der Welt massiv unter Druck. New York ist inzwischen der wichtigste Markt für das milliardenschwere Start-up aus San Francisco, aber auch Schauplatz des heftigsten Rechtsstreits mit örtlichen Behörden. Die Airbnb-Gegner argumentieren, dass die Plattform den Wohnungsmangel noch verschärfe, weil immer mehr professionelle Vermieter Privatwohnungen lukrativ darüber vermieten und damit vom allgemein zugänglichen Mietmarkt nehmen würden. Darüber hinaus wird Airbnb immer wieder vorgeworfen, ganzen Neighborhoods ihren Charakter zu entziehen, weil in touristischen Gegenden teils Häuser oder ganze Straßenzüge darüber vermietet werden und Einheimische keine Gemeinschaft mehr vorfinden. Inzwischen ist es Vermietern in New York offiziell verboten, via Airbnb für mehr als dreißig Tage unterzuvermieten, wenn man nicht selbst gleichzeitig in der Wohnung lebt. Viele Nutzer in der Stadt wurden im Zuge des Rechtsstreits von der Plattform verbannt, was das Angebot ab- und die Preise zunehmen ließ. Für uns macht es das fast unmöglich, in der Plattform mehr als eine Notlösung zu sehen. Also hoffen wir nun vor allem auf *Listings Project* – und auf Ana, die sich nach vielen weiteren Kontaktversuchen endlich meldet und uns zu einer Besichtigung in ihr Loft auf der Bowery einlädt.

Anas Wohnung besteht hauptsächlich aus einem Raum, etwa 25 Meter lang, mit hohen Decken. Am Rand hat jemand illegal einen kleinen fensterlosen Verschlag als Schlafzimmer, eine Küchenzeile und ein Badezimmer abgetrennt, nach hinten raus ist eine Holzterrasse angebaut, von der aus man die Klimaanlagen der Nachbarhäuser rauschen hört wie einen fernen Wasserfall. »Ich bin gerade erst hier eingezogen«, sagt Ana. »Ein Freund hat mir die Wohnung vermittelt. Ist sie nicht toll? So etwas bekommt man sonst ja gar nicht.« Mitten im Loft steht ein schwarzer Flügel, auf dem Emma gleich herumklimpert. An den Wänden hängen großformatige Zeichnungen, ohne Rahmen, einfach mit Tesafilm an die unverputzten Backsteine geklebt. Im vorderen Teil der Wohnung hat Ana ihre Arbeitsutensilien ausgebreitet: mehrere Tische mit Schnittmustern, Stiften, Scheren, Kleber, Linealen und Wollknäuel. Im hinteren Teil stehen elegante graue Möbel mit klaren Linien und mit Wolle umwickelte Lampen. »Das ist mein Design. Sind alles Prototypen. Die kommen bald in eine Ausstellung, also bitte vorsichtig behandeln.«

5000 Dollar zahlt Ana ihrem chinesischen Vermieter, der den Laden für Restaurantbedarf im Erdgeschoss führt und das Haus besitzt, pro Monat. Jetzt muss sie für ein paar Wochen nach Kopenhagen, um eine Ausstellung vorzubereiten. Danach will sie auch noch bei ihrer Familie in Serbien vorbeischauen. Das alles wird ein bisschen weniger als einen ganzen Monat dauern, also einigen wir uns per Handschlag auf 4000 Dollar. Deutlich mehr, als wir früher an Miete gezahlt haben, aber die kostenfreie Zeit bei Amol in Long Island City hat uns Geld gespart – und jetzt, wo wir das Loft gesehen haben, wollen wir unbedingt dort einziehen.

Als wir zurück auf die heiße und vielbefahrene Bowery hinaustreten, liegt ein quietschender Klang in der Luft. An der Straßenecke spielt ein Musiker auf einer chinesischen Geige. Daneben verkauft ein Händler Stinkfrüchte – in vielen asiatischen Ländern eine Delikatesse, wie wir lernen werden. Gegenüber ist ein Gemüseladen mit großen Körben voll Brokkoli, Senfkohl und Ingwer in der Auslage. Im Fischladen daneben krabbeln halblebendige Krebse und Hummer in Aquarien übereinander, tote Fische liegen auf Eis gekühlt. Die Kulisse aus Geräuschen und Gerüchen wirkt betäubend. »Ich liebe Chinatown«, hat Ana zu uns gesagt. »Ich habe wirklich schon in vielen Ecken der Stadt gewohnt, aber das hier ist mein absolutes Lieblingsviertel. Die Chinesen sind einfach ehrlich, sie machen dir nichts vor. Sie interessieren sich nicht für dich, sie lassen dich in Ruhe und machen ihr Ding.« Felix schaut die Bowery hoch, wo sie am Horizont dem Empire State Building entgegenläuft, dann runter, wo sie in die Auffahrt zur Manhattan Bridge übergeht. »Wow. Hier wollte ich schon immer mal wohnen – und dann noch in so einem Loft!« Ich denke kurz nach und verdränge die Bilder von Ratten, die sich durch Wände fressen, aus meinem Kopf. »Auf jeden Fall!« Das Projekt scheint plötzlich fast mühelos einfach.

Einige Tage später ist also wieder Umzug angesagt – und diesmal geht es wirklich um die Logistik eines Nomadenlebens. Der

Auszug aus Park Slope war pures und befreiendes Ausmisten mit Sicherheitsnetz, denn die Wohnung in Long Island City war ja leer. Wir konnten weggeben, was wir nicht mehr brauchten, und mitnehmen, wovon wir uns nicht trennen konnten. Und auch wenn wir stolz darauf sind, wie viel wir weggegeben haben – wenn wir ehrlich zu uns selbst sind, ist schon auch immer noch ziemlich viel da. Bei diesem Umzug soll nun fast der ganze Rest in Long Island City bleiben. Wir haben Amol versprochen, die Wohnung in eine sofort beziehbare Airbnb-Unterkunft zu verwandeln. Der Markt für Wohnungsverkäufe lahmt immer noch, und er will mit dieser Zwischenlösung etwas Geld verdienen. Also arrangieren wir unsere für die große Wohnung viel zu wenigen Möbel einigermaßen präsentabel und verstecken unseren Kleinkram in den roten Plastikkisten in eingebauten Wandschränken.

Die Adresse unserer Wohnung bei Amol haben wir in den vergangenen Wochen auch für Post verwendet, aber jetzt, wo es richtig losgeht, wird uns klar, dass das keinen Sinn mehr machen wird. Wir mieten ein Schließfach in einer Postfiliale am Hauptbahnhof Grand Central, ganz in der Nähe von meinem Büro. Das ist viel günstiger, als ich gedacht hätte, und der Poststopp auf dem Weg zur Arbeit gehört bald zu meinen Lieblingsmomenten im Alltag. Der Art-déco-Bau des Postgebäudes ist eine kühle ruhige Oase im Gewusel von Midtown Manhattan, und mit dem eigenen Schlüssel zu dem silbernen Schließfach mit Schlangenmuster und spitzem Stern um das Schlüsselloch herum komme ich mir fast vor wie ein Mitglied in einem exklusiven Insiderclub nur für PO-Box-Mieter. Zu gerne wüsste ich, wer die anderen Clubmitglieder um unsere Nummer 4253 herum sind und welche Geschichten hinter ihren Entscheidungen für ein Schließfach stecken. Aber die Nachbarn begegnen mir nie, und auf meine Vorstellungskarten, die ich kurz darauf an alle Schließfächer rund um unseres schicke, quasi die PO-Box-Version von Brot und Salz, bekomme ich nicht eine einzige Antwort. Nur unsere

Post erscheint von nun an zuverlässig und regelmäßig in PO Box 4253 – und mit ihr ein kleines bisschen Beständigkeit und Ordnung in all unserem Chaos.

Nach Chinatown und überhaupt auf unser Umzugsprojekt wollen wir von nun an nur das Nötigste mitnehmen. Aber was ist das Nötigste? Was brauchen wir wirklich, worauf können wir auf keinen Fall verzichten? Ist das allgemeingültig – oder für jeden Menschen individuell anders? Und wie entscheiden wir für Emma? Brauchen wir Winterklamotten, auch wenn gerade Hochsommer ist? Brauchen wir sportliche Klamotten, Alltagsklamotten und schicke Klamotten? Wie viele Paar Schuhe? Brauchen wir Handtücher und Bettwäsche?

Auf jeden Fall mit müssen: Pass, Portemonnaie, Handy, Laptop, Brille und Zahnbürste. Aber welche Bücher nehmen wir mit – und welche nicht? Wie packt man, wenn man ein Jahr lang durch seine eigene Stadt reist? Wie für eine Reise? Oder wie für einen Umzug?

Auch wenn ich in meinem Leben schon viel umgezogen und gereist bin, war ich nie eine gute Packerin. Immer habe ich Menschen beneidet, die mit ihren winzigen Rollköfferchen durch Flughäfen sausen, während ich erst einen dicken Koffer aufgebe, nervös angespannt hoffend, dass er das Maximalgewicht nicht überschreitet, und dann meine schwere Handgepäcktasche auf der Schulter durch den Terminal schleppe – aber Hauptsache, mir gehen auf einem innerdeutschen Kurzflug die dicken Bücher nicht aus. Wenn mir wieder einmal jemand vorschwärmte, wie einfach und angenehm doch das Reisen mit leichtem Gepäck sei, wollte ich immer schreien: »Aber wie? Wie geht das denn?« Vielleicht, so denke ich, braucht es die harte Schule eines völlig durchgeknallten Umzugsprojekts, um mich zur guten Packerin zu machen.

Jeder einen Koffer, geben wir uns selbst ehrgeizig als Ziel vor – und scheitern krachend: Mehrere Koffer, Taschen und Kisten räumen wir an einem schwülwarmen Sonntagabend in ein Taxi, dazu Kindersitz, Kinderwagen und einen Pappkarton voll mit Windeln und Feuchttüchern. Felix packt sogar seinen großen Computerbildschirm und die Lautsprecherboxen ein. Das Nötigste vom weniger Nötigen und vor allem vom völlig Unnötigen zu trennen, das merken wir schnell, ist ein Lernprozess. Aber wir merken auch: Wir brauchen wahrscheinlich weniger, als wir denken.

Auch unser Au-pair-Mädchen Pia, die noch für eine knappe Woche mit nach Chinatown kommt, räumt ihre Sachen ins Taxi. Pia ist die Tochter von Freunden von Felix' Eltern. Sie hat vor Kurzem Abitur gemacht und hilft uns nun seit ein paar Wochen mit Emma. Vor Pia wohnte Lucia, ebenfalls Tochter von Freunden von Felix' Eltern, ein knappes halbes Jahr bei uns in Park Slope, nahm Schauspielunterricht und kümmerte sich um Emma. Die Idee zu einem Au-pair-Mädchen war aus Verzweiflung entstanden. Mutterschutz und Elternzeit sind in den USA gesetzlich nicht garantiert und in vielen Firmen immer noch ein Fremdwort. Mein Arbeitgeber ließ mir zum Glück etwas mehr Flexibilität, und ich entschied mich für sechs Wochen Auszeit nach der Geburt. Kitaplätze sind in New York allerdings nicht nur umkämpft, sondern auch extrem teuer. 2000 Dollar oder mehr im Monat für Kinderbetreuung auszugeben gilt als völlig normal. Für uns unerschwinglich. Bis Emma ein Jahr alt war, behielten wir sie deswegen einfach bei uns und arbeiteten gleichzeitig beide Vollzeit, meistens von zu Hause aus. Das hatte am Anfang, solange Emma viel schlief, beinahe etwas Gemütlich-Romantisches, wurde dann schnell nervig und artete schließlich in Chaos, Stress und Verzweiflung aus. Bis uns auffiel: 2000 Dollar im Monat haben wir nicht übrig, aber ein Extrazimmer und zumindest ein bisschen Geld. So kamen erst Lucia und dann Pia in unser Leben. Emma machte mit Lucia im Prospect Park die ersten Gehversuche, tobte mit Pia über die Spielplätze am Ufer von Long Island City, und wir konnten endlich wieder für einige Stunden am Tag ungestört arbeiten. Aber Lucia musste zurück nach Deutschland, wo Schauspielengagements auf sie warteten, und auch Pia bleibt nur noch ein paar Tage bei uns in Chinatown, dann fängt ihr Studium in Jena an. Wie es mit Emma und unserer Arbeit weitergehen soll, wissen wir nicht. Aber als wir uns an diesem schwülen Sommerabend zwischen all unsere Sachen in ein Taxi quetschen und durch die Dunkelheit dem Funkeln der Lichter in Manhattan entgegenfahren, da fahren wir, ohne es zu wissen, auch der Lösung all unserer Kinderbetreuungsprobleme entgegen.

Auf der Bowery tragen wir unsere vielen Sachen schnaufend über die engen und steilen Treppen in den dritten Stock und merken: So funktioniert die Logistik unseres Nomadenlebens nicht besonders gut. Wir müssen weiter reduzieren, um die vielen Umzüge künftig angenehmer zu machen. Aber erst mal ankommen. Wir geben Pia den abgetrennten Schlafverschlag und fallen erschöpft auf eine Luftmatratze neben der Küchenzeile. Der Schein der chinesischen Leuchtreklamen der gegenüberliegenden Häuser schimmert auf den Dielen des Lofts, durch die Fenster klingt das Grundsummen Manhattans, und plötzlich muss ich trotz aller Erschöpfung grinsen. »Mir ist gerade aufgefallen, dass wir jetzt zum ersten Mal seit mehr als einem Jahr wieder in Manhattan schlafen«, sage ich zu Felix, dem schon die Augen zugefallen sind und der nur noch müde nickt. »Endlich zurück auf der Insel.«

Chinatown stellt sich als eigener Planet heraus, der alle meine Vorurteile von billig, ramschig und dreckig hartnäckig widerlegt. Ich laufe kreuz und quer durch das Viertel und entdecke

Straßenzüge und U-Bahn-Stationen, in denen ich noch nie war. Ständig bin ich umgeben von Sprache, Schrift, Anweisungen und Verhaltensmustern, die ich nicht verstehe. In Aufzügen hängen zwanzig verschiedene Schilder neben den Stockwerksangaben, und kein einziges ist auf Englisch. Im YMCA, einer Fitnessstudio- und Gemeindezentrumskette, wo ich nun dank unserer neu erworbenen stadtweiten Mitgliedschaft hingehen kann, bitten Schilder die Besucher auf Chinesisch und Englisch, nicht zu spucken. Um mich herum sporteln hauptsächlich ältere chinesische Frauen, die sich im Pool und in der Sauna lautstark in ihren Sprachen unterhalten und in den Yoga- und Pilatesstunden beeindruckend unangepasst das machen, was sie wollen – schlafen, quatschen, mal wieder mitturnen, dann einfach gehen.

Ich ziehe, wann immer ich Zeit finde, durch die Läden und Restaurants von Chinatown, probiere aus, so viel ich kann, und frage jeden, den ich treffe, nach Tipps. Im günstigen Massagestudio Renew Day Spa, das uns eine chinesischstämmige Freundin empfiehlt, steht groß an der Wand: »No Hanky Panky« – um Kunden mit weiterführenden Wünschen von vorne herein einzuordnen. Für Emma kaufe ich in einem Laden nur für Essstäbchen eigene Kinderstäbchen, die oben zusammengebunden sind, mit Micky Maus drauf. Ich bin völlig fasziniert. Einmal waren Felix und ich für einige Tage in China, aber das ist schon fast zehn Jahre her und erlaubte uns nur einen ersten, oberflächlichen Einblick. Das hier fühlt sich an wie die Fortsetzung mit anderen Mitteln, eine Fernreise in der eigenen Stadt.

Mitten in der Urbanität Manhattans wird mir auch klar, was mir in Park Slope und manchmal auch in Long Island City so gefehlt hat: Durchgangsverkehr. Menschen zu beobachten, die nicht hier wohnen, aber trotzdem vorbeikommen – weil sie hier zu tun haben, weil sie gerne hier sind, oder auch einfach nur, weil es auf ihrem Weg nach ganz anderswo liegt. Park Slope – und unter anderem das macht es so vorstädtisch – liegt auf keinem Weg. Niemand kommt dort einfach so vorbei. Der allergrößte Teil der Menschen dort wohnt auch dort. Es herrscht die Abwesenheit jeglicher anregenden Abwechslung.

Chinatown dagegen besteht gefühlt nur aus Abwechslung: Am schönsten finde ich das Viertel früh am Morgen, wenn die Luft noch klar ist und die Sonne es noch nicht über die Häuserdächer der Bowery geschafft hat. Dann machen die älteren Chinesen in den Parks Tai Chi, Schwertkämpfe, tanzen oder lüften ihre Vogelkäfige. Buddhistische Mönche verbrennen in religiösen Ritualen Papier in Öfen auf der Straße. An Ständen wird mit Paketband in Bananenblätter eingepackter Reis verkauft, die kleinen Päckchen sehen aus wie Kunstwerke. In den chinesischen Bäckereien, die mir früher nie aufgefallen sind, gibt es für wenige Dollar Kaffee und dazu süße Brötchen mit Schweinefleisch oder einer knusprigen Eierglasur, die so knallgelb ist, dass sie Ananasbrötchen heißen.

Zwischen all dem Chinesischen fällt mir aber auch immer häufiger etwas anderes auf: Schicke Hipster in ständig neu eröffnenden Bars, Klamottenläden, Galerien oder Cafés. Chinatown liegt irgendwo zwischen dem East Village, der Lower East Side, Little Italy, SoHo und Tribeca. Die Grenzen zwischen all diesen angesagten Vierteln und dem traditionell-chinesischen Kosmos verschwimmen immer mehr. Einerseits durch Außenseiter wie unsere Vermieterin Ana, andererseits aber auch durch junge Chinesen selbst. »Viele junge Menschen, die in Chinatown aufgewachsen sind, kommen jetzt zurück und ziehen hier Geschäfte hoch«, erklärt uns

Cynthia. »All diese hippen Läden mit Eis oder süßen Desserts? Das sind Chinatown-Kids.« Cynthia ist selbst ein Chinatown-Kid. Über das Internet verkauft sie sehr erfolgreich niedliche Zeichnungen von Teigtaschen mit kugeligen Augen und spitzen Mündern, zu denen sie sich lustige Sprüche ausdenkt. Das alles lässt sie unter dem Namen »Wonton in a Million« zum Beispiel auf Hefte oder Sticker drucken. »Es gibt eine ganze Generation junger Chinesen hier, denen ihr Viertel wichtig ist und die hier etwas wiederbeleben oder aufbauen wollen. Wir kennen uns auch alle und helfen uns gegenseitig.«

Ich habe Cynthia im Internet entdeckt und spontan zu unserem Nachbarschaftsdinner eingeladen. Sie sagt nicht nur zu, sondern bringt auch noch Eis von einer lokalen Manufaktur und ihren Freund Valentino mit, ebenfalls ein Chinatown-Kid. »Mein Vater leitet ein Restaurant um die Ecke«, erzählt Cynthia. »Es tut mir ein bisschen weh zu sehen, dass sein Restaurant so schlecht läuft. Er kam aus China, hat als Küchenhilfe angefangen und sich hochgearbeitet. Jede Familienfete haben wir in diesem Restaurant gefeiert. Aber mein Vater muss lernen, sich an die neuen Gäste zu gewöhnen – Touristen und jüngere Menschen. Das ist schwierig für ihn, denn er spricht nicht wirklich gut Englisch, und er weiß nicht, wie man Social Media nutzt.«

Die Geschichte ihres Vaters sei typisch für Chinatown, sagt Cynthia. Chinesische Einwanderer kamen ab Mitte des 19. Jahrhunderts nach New York, wurden zunächst aber jahrzehntelang per Gesetz unterdrückt und durften beispielsweise keine Immobilien erwerben. Als sich das Mitte des 20. Jahrhunderts änderte, kauften die Einwanderer die damals heruntergekommenen und billigen Straßenzüge der Gegend des heutigen Chinatowns im Südosten Manhattans auf. Noch heute sind viele dieser Immobilien fest in chinesischer Hand – wohl der Hauptgrund dafür, dass sich das Viertel zumindest in seinem Kern halten kann, aber vielleicht auch ein Grund dafür, dass man sich ohne chinesische Vorfahren auch jenseits der Sprachbarrieren in dieses Viertel wohl nie so ganz integrieren kann.»Die Chinesen betrachten sich hier immer noch stark als eine Gruppe und halten fest zusammen«, sagt Cynthia. »Das ist tief in uns drin und stammt aus der Zeit, als unsere Vorfahren hierherkamen, es erst mal sehr schwer gemacht bekamen und nur wenige Jobs ausüben konnten. Deswegen haben so viele Chinesen Restaurants eröffnet – nicht unbedingt, weil sie es wollten oder so gut kochen konnten, sondern weil irgendwie Geld herangeschafft werden musste und das für viele die einzige Möglichkeit war. Das hat die Gruppe der Einwanderer zusammengeschweißt, aber auch abgeschottet und vielleicht ein bisschen misstrauisch gegenüber ›Fremden‹ gemacht. Selbst wenn ein Amerikaner hier Chinesisch lernt und versucht, sich einzufügen, wird er wohl immer auf zurückhaltende oder ein wenig misstrauische Reaktionen treffen. Wenn man nicht Teil der dominanten Kultur in einem Land ist, ist es einfach immer ein bisschen merkwürdig, wenn jemand einen nachahmt.«

Cynthia ist in Chinatown aufgewachsen, hat zu Hause Mandarin gesprochen und chinesische Cartoons im Fernsehen geschaut. Ihre Eltern sind, sobald sie genug Geld angespart hatten, dem American Dream von Besitz und Statussymbolen gefolgt und haben sich ein eigenes Haus in Brooklyn gekauft, aber Cynthia ist zu ihrem Freund Valentino zurück nach Chinatown gezogen. »Es fühlt sich hier einfach wie zu Hause an.« Längst gibt es auch zahlreiche andere Chinatowns in Brooklyn oder Queens, aber dort zieht es hauptsächlich die neuen jungen Einwanderer hin. Das Chinatown in Manhattan ist und bleibt das Original.

»Meine Familie lebt und arbeitet seit drei Generationen hier«, erzählt Paul, noch so ein Chinatown-Kid. Felix hat ihn über eine Freundin kennengelernt, und er ist gemeinsam mit seiner Frau Marina und den zwei kleinen Töchtern zum Nachbarschaftsdinner in unser Loft gekommen. »Wir machen Tofu. Unser Laden ist auf der Mott Street, seit ewigen Zeiten. Aber das Geschäft läuft schlecht. Wir haben nie über Chinatown hinaus expandiert, wir machen den Tofu immer noch jeden Tag frisch. ›Du willst eine Portion? Hier ist eine Schachtel, oder ein Eimer.‹ Mein Vater hat das Geschäft aufgemacht, meine Eltern haben es ausgebaut. Ich wollte mit all dem nichts zu tun haben und war zehn Jahre lang Fotograf in Russland. Vor drei Jahren kam ich zurück, und seitdem geht es nur noch um Tofu. Was soll ich machen? Das ist die Altersvorsorge meiner Familie – der Laden und die Häuser, die sie gekauft haben. Aber der Laden läuft nicht, ich werde ihn schließen müssen. Die Frage ist nur: Kann ich ihn irgendwie anders und besser wieder aufmachen?«

Am nächsten Tag schaue ich bei Fong Inn Too auf der Mott Street vorbei. In dem kleinen Laden mit der roten Markise spricht niemand Englisch, aber der Mann hinter dem Tresen greift, als er mich sieht, wie automatisch zur Schöpfkelle, füllt etwas weichen weißen Tofu aus einem Eimer in eine Plastikschachtel und schüttet süßen Sirup darüber. Dann zeigt er mir seinen in die Höhe gestreckten Zeigefinger. Einen Dollar, bitte. Der Tofu schmeckt wie eine süßliche Wolke und zerschmilzt auf der Zunge. Als ich ein paar Tage später wieder über die Mott Street laufe, ist der Laden geschlossen. Wie Paul es angekündigt hatte.

Mit Frau und Kindern lebt Paul in einem anderen Haus aus dem Besitz seiner Familie ein paar Straßen weiter. Während unseres Dinners komme ich mit seiner Frau Marina ins Gespräch. Ihre beiden Töchter toben gerade mit Emma um den kleinen Plastikpool herum, den wir auf der Terrasse aufgestellt haben. »Wie um alles in der Welt schafft ihr es mit zwei kleinen Kindern in dieser Stadt?«, frage ich sie. »Wir verzweifeln gerade schon daran, uns die Betreuung für eines leisten zu können.« Marina schaut mich überrascht an. »Das ist in Chinatown kein Problem. Hier gibt es noch bezahlbare Kindertagesstätten.« Ich kann nicht glauben, was ich da gerade gehört habe. »Was? Hier? In Manhattan?« Marina schreibt mir eine Adresse auf einen Zettel. »Geh doch da einfach mal hin.«

Am nächsten Tag stehe ich in der Division Street vor einem Haus, das von außen nicht als Kindergarten erkennbar ist. Drinnen empfängt mich eine freundlich lächelnde Frau, die nur wenige Brocken Englisch spricht. Umständlich versuche ich ihr zu erklären, weswegen ich da bin, und sie gibt mir einen Zettel. Auch darauf stehen nur einige wenige englische Sätze, der Rest sind chinesische Schriftzeichen, aber ich verstehe, dass der Kindergarten pro Monat 600 Dollar kostet und ich mich auf eine Warteliste eintragen kann. Das tue ich, aber gleichzeitig ist mir klar, dass das hier nicht der Kindergarten für Emma ist. 600 Dollar im Monat sind zwar im Vergleich unfassbar wenig – weniger als die Hälfte von allem, was ich bisher gefunden habe –, aber zumindest kommunizieren muss ich mit Emmas Betreuern wohl schon können.

Ich frage und google mich weiter durch Chinatown und stehe schließlich ein paar Tage später vor einem hellblauen Gebäude auf der Grand Street. »Wir haben noch einen Platz frei«, hatte mir eine Ms. Anna von der Victoria Children's Group vorher schon per Mail geschrieben, auf Englisch. »Das Programm geht jeden Tag von acht bis achtzehn Uhr und kostet 800 Dollar im Monat.« Im Kindergarten empfängt sie mich und erklärt mir ebenfalls in perfektem Englisch, dass die Einrichtung bilingual ist. Sie zeigt mir die verschiedenen bunt dekorierten Stockwerke mit Kindergruppen unterschiedlichster Hautfarben. Der Kindergarten werde seit rund zehn Jahren von einer chinesischstämmigen Familie betrieben, sagt Ms. Anna. Rund neunzig Prozent der Mitarbeiter seien ebenfalls chinesischstämmig und etwa die Hälfte der Kinder. Nur die wenigsten lebten allerdings in Chinatown selbst, die meisten Lehrer und Kinder pendelten aus anderen Vierteln, sie selbst beispielsweise aus Bay Ridge in Brooklyn. »Ich bin am Rand von Chinatown aufgewachsen, hier in den Kindergarten und zur Schule gegangen und habe gesehen, wie die Gegend sich drastisch verändert hat. Früher fühlte es sich wie ein Ort an, an dem jeder jeden kennt. Inzwischen sind viele Chinesen weggegangen. Ich mag Chinatown, aber ich kenne niemanden, der noch hier lebt.«

Dass der Kindergarten vergleichsweise bezahlbar sei, liege auch an der chinesischen Kultur, erklärt Anna. »Als chinesische Amerikaner wissen wir, was die Familien brauchen, die hier leben und hierhin pendeln. In der chinesischen Kultur ist es eigentlich üblich, dass sich Familienmitglieder um die Kleinen kümmern, bis die Schule losgeht. Wenn der Kindergarten dann auch noch teuer wäre, dann wäre das noch ein Grund, die Kleinen zu Hause zu behalten.« Ich bin fasziniert und völlig hin und weg. Acht bis achtzehn Uhr? 800 Dollar? Englisch? Und Chinesisch von mir aus auch gleich noch dazu, was soll's. Das ist unsere Rettung!

Viele Monate später spreche ich Anna, die wir nun jeden Tag im Kindergarten sehen und die uns längst eng ans Herz gewachsen ist, noch einmal auf unser erstes Treffen an. »Was hast du dir damals gedacht, als ich dir von unserem Umzugsprojekt erzählt habe? Hast du uns für völlig bekloppt gehalten? Und hast du eigentlich jemals irgendwelche Auswirkungen an Emma bemerkt?« Anna lächelt. »Ich erinnere mich noch gut daran, wie aufregend ich das alles fand! Bis heute freue ich mich immer, wenn ihr mir Neues von eurem Abenteuer erzählt. Und was Emma angeht – da habe ich nichts bemerkt, denn ihr beide kümmert euch ja sehr um sie und seid immer an ihrer Seite. Emma hat so viele gute Freunde hier gefunden. Auch wenn sie sich immer wieder an neue Umgebungen anpassen musste, wusste sie gleichzeitig, dass sie hier bei uns immer zu den gleichen Freunden zurückkommt.«

Als ich Felix davon erzähle, ist er genauso gerührt wie ich. »Allein für diesen Kindergarten hat sich das ganze Umzugsprojekt schon gelohnt«, sagt er. »Wenn mir jemand gesagt hätte, dass ich zwölfmal umziehen muss, um diesen Kindergarten zu finden – ich hätte es sofort gemacht.«

Die Unruhe vor dem Sturm
Malcolm X Blvd, Harlem, Manhattan

Felix

Jahrelang habe ich meinen Bruder und seine Frau bekniet, uns doch mal in New York zu besuchen. Mit Kindern, bitte! Ich wollte beweisen, dass New York die beste Stadt für Familien ist, besser als jede andere. Jetzt sind sie da, zu viert, in den Sommerferien – aber auch kurz nach dem Start unseres Wohnexperiments. Die ersten Nächte schlafen wir im heißen Loft in Chinatown. Die Sirenen, die Gerüche, die Energie, die Höhe der Häuser, die U-Bahn – die vier sind total geflasht. Dann ist es Ende August, und damit endet auch unsere Wohnzeit in Chinatown. Wir wollen ein Wohnmobil mieten und die Ostküste hochfahren und nach dem Rückweg gemeinsam in eine neue Wohnung einziehen.

Nur, die Wohnung fehlt noch. *Listings Project*, unser Lieblingsnewsletter, ist gerade wie leer gefegt. Also sause ich jeden Morgen auf dem Handy durch die Airbnb-App, und kurz vor der Abreise in den Urlaub finde ich das rettende Angebot auf dem Malcolm X Boulevard, Ecke 121. Straße, mittendrin in Central Harlem. Der Vermieter heißt Maxim, ist ein kanadisches Männermodel und verbringt seine Zeit, wie er mir schreibt, am liebsten mit seiner brasilianischen Freundin in der Wildnis der Nationalparks seiner Heimat. Seine Wohnung überlässt er deswegen regelmäßig anderen. Auf seine Gelassenheit und Großzügigkeit, die er bereits beim Anmieten und Bezahlen zeigt – »vergiss Airbnb, wir regeln das so« –, werden wir noch zurückkommen.

Aber der Reihe nach. Wir schaffen ein paar völlig überflüssige Trümmer, zum Beispiel meinen riesigen Computermonitor und die Lautsprecherboxen, nach Long Island City, wo wir Gott sei Dank weiter Zugang zu Amols Wohnung haben, und packen Koffer, Taschen und Spielzeugkiste in das Wohnmobil, das wir weit draußen vor den Toren Manhattans, in New Jersey, anmieten. Es ist so groß, dass der Verkäufer auf eine fahrbare Leiter steigt, wie sie sonst an Flugzeuge angelegt wird, um uns das Dach inklusive Satellitenantenne zu zeigen. Innen ist das Mobil ein kleines Haus mit Wohnzimmer, Schlafkojen, Küche, Bad und Essnische. Letztere kann hydraulisch ausgefahren werden. Von außen wirkt das Mobil wie ein sandfarbener Riese. Fahren wir in eine Tankstelle, ist dort kein Platz mehr. Kommen wir an einen Campingplatz, fragen die Betreiber zuerst nach der Länge: etwa elf Meter.

So gut die Tage an den Küsten von Maine und Massachusetts tun, wo ein Hummerrekordfang uns ständig neue frische Krustentiere auf die Teller wirft, die größte Frage bleibt unbeantwortet: Wie ziehen wir eigentlich am Ende nach Harlem um? Christina und ich entscheiden schließlich, unsere Sachen mit dem Wohnmobil in der neuen Bude vorbeizubringen, dann auf einem Campingplatz in New Jersey die letzte Nacht des Urlaubs zu verbringen und am nächsten Tag das Wohnmobil zurückzugeben. Die Entscheidung ist nicht ohne Risiko, denn sie bedeutet, dass wir mit unserem Elefantenmobil durch die engen Straßen von Harlem fahren müssen.

Auf der Rückfahrt nach New York übernehme ich das Steuer und gebe damit an, dass ich bereits einmal mit einem Lastwagen durch die engen Gassen des Financial Districts gekreuzt bin und mich deswegen als Einziger dazu befähigt sehe, die elf Meter Blech und Plastik mit sieben Passagieren sicher vor unserer neuen Haustür zu parken. In der Bronx biege ich auf den Bronx Parkway ab, der uns laut Google Maps quer durch den Stadtteil und dann hinunter nach Manhattan führen wird. Die Lichthupen im Rückspiegel und hupenden und blinkenden Autos auf der Gegenspur beziehe ich erst mal nicht auf mich. Als mehrere Menschen an uns vorbeifahren und hektisch aus dem Fenster winken, wird mir aber mulmig. Was ist denn nur los mit unserem Wohnmobil?

Eines der hupenden Autos hält jetzt neben uns die Geschwindigkeit, der Beifahrer gestikuliert wild. Er will, dass ich das Fenster herunterlasse. »Was hat er denn?«, frage ich irritiert und zunehmend nervös meinen Bruder auf dem Beifahrersitz. Er zuckt mit den Schultern. Langsam öffne ich das Fahrerfenster. »Leave, leave!!! Get off!!!«, brüllt er herüber. Er sieht sehr besorgt aus. Ich verstehe nicht. »You're too big!!! Get off!!!« Warum soll ich hier nicht weiterfahren können? In diesem Moment sehe ich hinter der nächsten Kurve die Autobahnüberführung. Sie ist viel zu niedrig für uns. Und sie kommt schnell näher. Sie wird unser Dach rasieren, und wir bleiben mit Kind und Kegel in der Unterführung stecken, wenn jetzt nicht ein Wunder passiert. Ich bremse scharf ab und altere um ein halbes Jahr, als ich kapiere, was auf dem Spiel steht: in unserem Ungetüm auf einer der meistbefahrenen Straßen New Yorks, mitten im Berufsverkehr stecken zu bleiben.

Zu unserem unfassbaren Glück taucht vor uns eine kleine Abfahrt auf, vielleicht dreißig Meter vor der Brücke. Unser Retter hat sein Auto bereits vor unseres gesetzt und deutet mithilfe des Blinkers und des Arms seines Beifahrers nach rechts. Gerade noch kriege ich die Kurve und lenke das Schiff weg vom Eisberg. Was hätten wir ansonsten ...? Ich will gar nicht daran denken. Vielleicht hätte ich anhalten können, aber dann – ja was, eigentlich? Als ich mir vorstelle, wie uns die Polizei auf dem Standstreifen rückwärts zur letzten Ausfahrt eskortiert, altere ich am Steuer um weitere Monate.

Unser Helfer bedeutet uns an der nächsten Kurve stehen zu bleiben. »That was close!«, ruft er aus dem Fenster, das war knapp. Er scheint selbst ein wenig mitgenommen zu sein. Ich danke ihm so laut ich kann und versuche, mir vor den anderen im Wohnmobil nicht zu viel von meinem Schock anmerken zu lassen. »War doch völlig unklar, dass man da nicht drauffahren kann mit dem Ding, da war kein Schild«, brummle ich zerknirscht und trotzig zugleich.

Und wie kommen wir jetzt in die Stadt? Ich finde im Internet eine Lastwagenkarte. Sie macht klar: Wir dürfen nur bestimmte Avenues und Querstraßen in New York benutzen – der Bronx Parkway ist nicht darunter. Verschwitzt lenke ich das Wohnschiff weiter. Streng der Karte folgend, schaffen wir es schließlich nach Manhattan. Das Wohnmobil wirkt in der engen Stadt wie ein aufgedunsener automobiler Fremdkörper, selbst die Lastwagen auf den Straßen erscheinen schnittig gegen uns. Als ich endlich auf unser Haus zurolle, haben wir noch einmal Glück: Ein Lieferwagen hinterlässt eine fünfzehn Meter lange Parklücke. Teilweise gehört sie einem Hydranten, den man eigentlich nicht zustellen darf, aber das erscheint mir im Vergleich dazu, wie dringend ich eine Pause brauche, höchst vertretbar.

Als ich das Wohnmobil abstelle, bildet sich auf dem Gehsteig ein Spalier aus Neugierigen. Das sandfarbene Riesending vor den sandsteinernen Brownstones, die Gigantomanie amerikanischen Komforts mitten im Westafrika Manhattans, das lässt viele ihr Handy zücken. Wie Filmstars steigen wir einer nach dem anderen aus der Tür und schleppen vor den Zuschauern Koffer und Hausrat in den dritten Stock. Ich spüre immer noch, dass gerade ein, wenn nicht zwei Jahre meines Lebens im Zeitraffer durch mich hindurchgerauscht sind. Ich weiß nicht, ob ich mich ärgern soll über meine Naivität, die uns beinahe in Lebensgefahr gebracht hätte, oder freuen soll über die unglaubliche Hilfsbereitschaft der aufmerksamen New Yorker, die uns so zahlreich gewarnt und dann sogar eskortiert haben.

Das Wohnmobil nach New Jersey zu kutschieren, wo wir die Nacht vor der Rückgabe auf einem Lkw-Parkplatz direkt gegenüber der Skyline von Midtown verbringen, ist dagegen ein Kinderspiel. Sobald wir die Insel Manhattan verlassen, passen wir wieder in die Landschaft und können uns breitmachen. Einige auf dem Schotterplatz haben sogar noch größere Tanker, verchromte schwarze Ungetüme mit Fernsehern, die in die Außenwand eingebaut sind und sich zum Open-Air-Kino hydraulisch in Stellung bringen lassen.

Die Dachwohnung in Harlem besteht aus einem angenehm zurückhaltend eingerichteten großen Zimmer mit Wohnküche, in dem wir unsere Luftmatratzen ausbreiten. Emma bearbeitet mit ihren Cousins Maxims große Bongotrommeln, die ein Eck der Wohnung füllen. Als wir wenig später an den Flughafen fahren, frage ich meinen Bruder und seine Frau, was sie eigentlich von unserem Umzugsprojekt halten. »Ich fand das erst mal sehr verwirrend«, gibt meine Schwägerin Ulrike zu. »Für uns ist so etwas ja überhaupt nicht denkbar. Alleine schon die Spielsachen der Kinder jeden Monat umzuziehen wäre unmöglich. Aber wenn man das aus eurer Sicht sieht, macht es schon Sinn.« Die vier wohnen in einem großen Haus mit Garten in Nürnberg. Mein Bruder wird noch deutlicher. »Ich dachte zuerst: die spinnen«, sagt er. »Aber jetzt finde ich es ganz cool. Weil man darauf zurückgeworfen wird, mit wenig auszukommen, sich ständig auf neue Abenteuer einzulassen, und weil man New York, oder eigentlich jede Stadt, in der man das macht, sehr gut kennenlernt. Wo zieht ihr denn nach Harlem eigentlich hin?«

Leider weiß ich keine Antwort. Long Island City war Glück, Chinatown teure Hartnäckigkeit, Harlem ein Last-Minute-Lottogewinn – aber jetzt? Als wir uns am Flughafen voneinander verabschieden, ist der 7. September. Es bleiben drei Wochen für ein neues Dach über dem Kopf, und vor uns liegt eine Stadt im Ausnahmezustand. Alle New Yorker kommen im September erholt aus dem Sommerurlaub zurück und arbeiten wie verrückt. Parallel wird die Stadt mit Großevents überschüttet, allen voran die UN-Generalversammlung und die New York Fashion Week. Hotels, Restaurants und ganze Straßenzüge von Manhattan sind blockiert.

Für Christina bedeutet das üblicherweise die arbeitsreichste Zeit des Jahres – und ich weiß nicht, wie ich mein Leben jetzt sortieren soll: zuerst eine neue Wohnung finden? Oder mich in die liegen gebliebene Arbeit stürzen und Geld für unseren Lebensunterhalt verdienen? Mir fällt zum ersten Mal auf, dass wir, wenn auch irgendwie im privilegiertesten Sinn, homeless sind, obdachlos. Wenn wir in den nächsten zwei Wochen nichts finden, wird es mit zwei Vollzeitjobs und Kind eng.

Das sommerliche Harlem tut aber erst einmal alles, um mich von existenziellen Fragen abzulenken. Unser Bett steht unter dem Fenster zur Straße, und so zieht schon im Morgengrauen der Duft von gebratenem Speck aus dem Il Café Latte im Nachbarhaus in unsere Nasen. Schlaftrunken tapse ich hinunter und besorge uns zwei Cappuccino, manchmal dazu noch einen Blutorangensaft, den sie hier täglich frisch pressen. Aus unserem Nest beobachten wir dann mit Emma das Erwachen des Viertels. Wo es in Chinatown auf der Straße tagtäglich um Business, ums Geschäftemachen, ging, geht es hier vor allem um Style. Die scheinbar mühelose Grazie der Harlemites, die in sagenhaften Farben, Frisuren und Schnitten in der Morgensonne unter unserem Fenster vorbeischreiten, ist atemberaubend. Sogar diejenigen, die auf Bänken oder Treppenstufen sitzen, wirken wie von Bildhauern geschaffen.

Nach ein paar Tagen auf dem »Laufsteg« des Malcolm X Boulevards fühle ich mich underdressed und uncool. Ich besitze nur noch meine praktischsten Klamotten, aber selbst mit einer ausgesucht eleganten Garderobe hätte ich es schwer, hier mitzuhalten. Weiße Menschen mögen viel Mode erfunden haben, aber sie sehen definitiv nicht besser darin aus.

Was mir in unserem neuen Zuhause auch sofort auffällt, ist das pausenlose Miteinander. Während in Chinatown gegenseitige Nichtbeachtung den Alltag prägt – was durchaus angenehm sein kann –, ist hier auf dem Gehsteig ständiger Austausch gefragt. Alex, ein mürrischer alter Mann, der im Souterrain wohnt, verbringt die meiste Zeit des Tages auf dem Stoop, der Steintreppe zum Haus, und redet oder kifft mit jedem, der vorbeikommt. Auch uns Neulingen brummt er ein Hallo zu. Sobald wir mit Emma auf dem Gehsteig stehen, wird sie von irgendwem gegrüßt, gelobt, angefrotzelt, mit Aufmerksamkeit bedacht. Abends finden vor dem Spirituosenladen gleich nebenan Hiphop-Partys statt. Der jeweilige DJ parkt sein Auto in Hörweite oder er fährt eine Boombox auf einem Sackkarren heran. Ständig versammeln sich Menschen irgendwo, mal für Tratsch, mal für Flirts, mal für Familienkrach.

Am ersten Wochenende hole ich unsere Fahrräder, die wir noch im Treppenhaus in Chinatown geparkt haben, nach Harlem. Es ist ein schweißtreibender Akt, sie durch die U-Bahn zu zerren. Ich schließe sie am Zaun vor unserem Haus an, mitten auf dem Gehsteig. Am selben Tag begegnen wir im Treppenhaus den Nachbarn. Sie heißen Neal und Daniel, sind ein Paar und wohnen genau unter uns. »Wir haben uns so über die Trippelschritte von oben gefreut«, sagt Daniel. »So wunderbar, wenn kleine Kinder herumrennen!« Meint er das ernst? In den meisten Mietshäusern gibt es wegen herumrennender Kindern, keine

Glückwünsche, sondern Streit. Aber die beiden wirken einfach nur freundlich, und während Gary und Ace, ihre beiden wuscheligen weißen Terrier, um unsere Beine herumwuseln und Emma zum Kreischen bringen, kommen wir ins Reden, und die beiden geben uns ein spontanes Harlem-Einführungsseminar.

Neal und Daniel erzählen, dass nicht alle Nachbarn, die ihnen täglich begegnen – Neal geht morgens, Daniel spätabends Gassi –, freundlich auf die Hundehipster reagieren. Zu sehr verkörpern sie die Gentrifizierung und die rapide Veränderung im Viertel, in dem sich gerade auch der Gourmetsupermarkt Whole Foods angekündigt hat, meist Vorbote massiver Verteuerung. »Wenn ich mit Harlemites rede, versuche ich die Frage nach der Miete immer zu vermeiden«, erzählt Neal. »Wenn die hören, was wir bezahlen, rufen sie ›Du bezahlst WIE VIEL?‹ Für die Alteingesessenen hier ist unsere Miete völlig irre – sie können hier nur leben, weil sie alte Mietverträge innerhalb ihrer Familien übernehmen.«

Vom ursprünglichen Harlem sei in unserem Haus wenig übrig. Kein einziger Afroamerikaner oder Afrikaner wohne auf den drei Stockwerken. Der Letzte, ein wilder Schlagzeuger, der eines Nachts betrunken das Gas anließ und fast das Haus in die Luft jagte, sei durch brave koreanische Studentinnen ersetzt worden. »Als wir vor zehn Jahren hierherkamen, war es noch viel dreckiger und ein bisschen unheimlicher«, sagt Daniel. »Aber jetzt wird Harlem jede Minute weißer. Wir wissen, dass wir Teil davon sind. Aber es wird auch für uns eng. Der neue Vermieter, der das Haus gekauft hat, kam vor Kurzem vorbei und wollte unsere Miete um 700 Dollar erhöhen. Wir konnten das abwehren, übrigens gemeinsam mit Maxim, der in eurer Wohnung wohnt. Aber wie lange wird das gut gehen?«

Daniel, stets ganz in Schwarz gekleidet, ist freiberuflicher Designer. Neal, mit Buddy-Holly-Brille und Elvis-Tolle, arbeitet als Backgroundsänger am Broadway und bei den TV-Shows *Saturday Night Live* und *Jimmy Fallon*. Viel mehr als die 2500

Dollar Miete, die sie bereits bezahlen, ist nicht drin, sagen sie ganz offen. »Bald«, sagt Neal, «werden wir diejenigen sein, die Neuankömmlinge fragen ›Du bezahlst WIE VIEL?‹«

Daniel erzählt von dem alten, versifften Waschsalon Maurice ein paar Häuser weiter, zu dem er jahrelang seine Wäsche trug. Maurice sei ein älterer Local, der zusätzlich zum Waschsalon einen Burgerkarren betreibe, den er jahrelang jeden Tag vor seine Wäscherei stellte. Heute stünde dort ein verglastes Wohnhaus mit Eigentumswohnungen für Millionen Dollar, und über dem Eingang hinge ein Schild: The Maurice. »Der Typ ist jetzt Multimillionär«, sagt Daniel, »aber er schiebt immer noch jeden Tag seinen Burgerkarren vor das Haus und verkauft Burger vom Grill. Maurice eben.«

Auch von Alex, dem Alten auf der Außentreppe, wissen die beiden Erstaunliches zu berichten. Ihre Stimmen werden ein wenig leiser, während wir im Treppenhaus stehen. Alex habe bis vor Kurzem unser Haus gehört, raunt Neal. Vor ein paar Monaten habe er es für über vier Millionen Dollar verkauft. Seine Frau sei pflegebedürftig, deswegen sei er fast immer zu Hause oder im Il Café Latte nebenan. Außerdem sei er ein ehemals hochrangiges Mitglied von Scientology. Der Stapel Bücher des Scientology-Gründers L. Ron Hubbard unten vor den Briefkästen sei eine Lieferung für ihn. Aber die meiste Zeit des Tages sitze er draußen auf der Treppe und drehe Joints.

Die beiden müssen weiter. »Ach ja, wenn ihr mal ein richtig krasses Frühstück wollt, holt euch die Cookies von Levain«, sagt Daniel noch. Wir bedanken uns und bleiben verwirrt zurück. Unten wohnt also ein Millionär, der Scientologe ist? Und ein paar Häuser weiter verkauft ein anderer Millionär Burger vom Grill?

Viele Touristen und selbst manche New Yorker haben immer noch ein mulmiges Gefühl, wenn sie in Harlem aus der U-Bahn steigen, dabei ist das Viertel seit mindestens zwei Jahrzehnten von Unruhen, Ganggewalt und gelegten Bränden, für die es einst berüchtigt war, verschont geblieben. Stattdessen scheinen die Immobilienhaie jetzt hier ungestört ihre steinerne Beute zu jagen. Aber wie viel werden wir naiven Neubewohner in den wenigen Wochen, die uns bleiben, überhaupt von dieser komplizierten Welt verstehen? Wird es uns durch dieses Projekt und die kurze Wohnzeit überhaupt gelingen, jemals anzukommen in einem Viertel und zu verstehen, was abgeht? So langsam wird mir klar, dass wir uns hier auf etwas eingelassen haben, das viel größer ist, als ich dachte.

Als wir uns auf den Weg zu den Cookies machen, fällt mein Blick auf die L.-Ron-Hubbard-Bücher im Hausflur. Mindestens hundert Stück, eine ganze Palette. Alex nickt uns von seinem Treppenposten aus mürrisch zu. Ich beschließe, ihn nicht darauf anzusprechen. Als wir auf die Straße treten, fällt mir die Leuchttafel der Atlah World Missionary Church auf, die gegenüber von unserem Haus zum Gottesdienst einlädt. Bisher standen die Uhrzeiten für die nächste Messe in großen schmalen Lettern auf dem Schild. Heute hat jemand dort einen Satz zusammengesteckt: »Donald Trump hat mich angelogen. Ich ziehe daher meine Unterstützung für ihn zurück. Er ist ein Lügner und Betrüger.« Die in wenigen Wochen anstehende US-Präsidentschaftswahl wirft ihre Schatten voraus.

Ich brauche dringend eine Verschnaufpause von Hubbard und Trump. Als wir durch die Tür der Levain Bakery kommen, empfängt uns der Duft von warmen, frisch gebackenen Plätzchen. Tatsächlich gleicht der Laden einem Fabrikverkauf, direkt vom Backblech. Die Cookies, so ist in den Zeitungsartikeln an der Wand zu lesen, haben die beiden sehr sportlichen Gründerinnen einst entwickelt, um für den Ultra-Triathlon Iron Man zu trainieren. Sie nahmen ein normales Cookierezept und plusterten es auf die etwa sechsfache Größe auf. Die Cookies, die wir frisch dampfend über die Ladentheke gereicht bekommen, sind so groß wie Pfannkuchen und schmecken himmlisch. Emma nimmt ein Gesichtsbad in der warmen Schokolade und sieht glücklich aus. Wir kaufen ein paar extra Cookies für Neal und Daniel und stellen sie bei den beiden auf die Türschwelle, als kleines Dankeschön.

Schon in unserer ersten Wohnung in New York hatten wir den Nachbarn selbst gebackene Plätzchen in Papiertüten vor die Tür gestellt. Es war ein Experiment, um zu sehen, was passiert, wenn in einem anonymen Mietshaus auf der Upper East Side plötzlich jemand Kontakt aufnimmt. Manche Packungen verschwanden, ohne ein Wort. Manche standen wochenlang auf der Schwelle, bis wir sie selbst wegräumten. Und eine Familie sprach uns an. Sie gehören heute zu unseren besten Freunden in der Stadt.

Doch was die Kekse für Neal und Daniel bewirken, hätten wir nie zu träumen gewagt. Am nächsten Morgen öffnen wir die Tür und finden drei säuberlich beschriebene Briefseiten auf unserer Schwelle, auf denen ein gelbes Post-it klebt. »Hi, Felix und Christina«, steht darauf. »Hier eine Liste mit ein paar Empfehlungen in Harlem. Wir hoffen, ihr entdeckt ein paar Juwelen – viele davon kennt ihr wahrscheinlich schon. Genießt das Erkunden! – Neal und Daniel.« Unsere neuen Nachbarn hatten sich offenbar noch gestern Nacht an den Computer gesetzt und aufgeschrieben, was sie in einem Jahrzehnt Wohnen in Harlem gelernt haben, unterteilt in drei Kategorien: »Essen«, »Spaziergänge« und »lokale Merkwürdigkeiten«.

Wir beginnen mit jamaikanischem Hühnchen in einem Pop-up-Restaurant, gelegen in einer kleinen Seitengasse zwischen dem ehrwürdigen afrikanischen Malcolm Shabazz Market und dem neu gebauten Harlem Art Center. Wir sehen das Triptychon von Keith Haring in der Kathedrale St. John the Divine und die wunderschönen Architekturdenkmäler der Wohnhäuser auf Astor Row und Strivers' Row. Wir landen im House of Candles, in dem man für Geld, Glück und Erfolg, aber auch für Eifersucht, Affären und Voodoozauber die richtige Wunderkerze kaufen kann. Alles dank unserer »gaybors« – eine liebevolle Bezeichnung für LGBTQ-Nachbarn hierzulande –, die uns mit ihrer Liste einen Schlüssel zu ihrem Viertel gegeben haben.

Am nächsten Sonntag, als die Kirchgänger ihre besten Klamotten aus dem Schrank holen und die Lenox Avenue zu einer High Fashion Show mutiert, traue ich mich kaum raus. Schon der Anblick des Mannes, der in weißem Anzug und weißem Zylinder am Hydrant vor unserem Haus lehnt, macht mich fertig. Er sieht aus wie per Zeitmaschine aus der Harlem Renaissance vor unser Haus katapultiert, der Wiedergeburt afroamerikanischer Kultur, die vor hundert Jahren hier im Viertel begann und via Paris die ganze Welt erreichte. Gerne würde ich ihn fragen, wo man solche Anzüge findet, aber als wir in Sportklamotten ins YMCA flüchten, ist er schon weg. Wahrscheinlich sitzt er in einer der 400 Kirchen von Harlem. Ein Kabarettist witzelte mal zutreffend, in Harlem gingen die Leute selbst auf dem Weg in die Kirche noch in die Kirche. Tatsächlich ist es unmöglich, all die Messen in unserem direkten Umkreis mitzubekommen, aber jetzt, auf dem Weg in die 135. Straße, sehen wir auch, wer die leeren Bänke auffüllt: Busladungen von Deutschen und Italienern werden an Straßenecken abgesetzt und an den Toren der großen Baptistenkirchen mit ihren berühmten Gospelchören abkassiert, bevor sie wie ein Sondereinsatzkommando hineindrängen, um den Bands und den stimmgewaltigen Call-and-Response-Predigten zuzuhören.

Selbst das Sport- und Gemeindezentrum YMCA bietet in Harlem einen eigenen Gottesdienst. Das Gebäude, eher eine Burg als ein Sportcenter, beeindruckt mit Türmen, gigantischen Indoorplätzen, einem Großaufgebot an Kursen und Gästezimmern, in denen einst Malcolm X und Co. lebten. Wir sind zum Pilates hier und geben Emma bei der Kinderbetreuung ab. Das Kinderbetreuungsangebot des YMCA hatten wir in Brooklyn entdeckt – bis zu zwei Stunden kann man sein Kind in manchen YMCAs abgeben, kostenlos. Ein unerhört gutes Angebot in einer Stadt, in der viele Familien mindestens einen Gehaltsscheck direkt an die Nanny weitergeben. Eigentlich als kleiner Zusatzservice entwickelt, ist »Childwatch« in manchen kinderreichen

Vierteln so beliebt, dass man sein Kind schon eine Woche vorher anmelden muss. Nicht so in Harlem. Der Kinderraum ist zwar brechend voll, aber die Betreuerinnen, zwei tiefenentspannte Ladys aus dem Viertel, sitzen seelenruhig mittendrin. Wir erklären, dass Emma zwar noch nie in dieser, aber schon in einigen anderen Y's gewesen sei. Sie winken lächelnd ab. »Hi, Emma!« ist ihr einziger Kommentar. Emma schnappt sich einen Stift und setzt sich an den Maltisch.

Christina und ich gehen in den Gymnastikraum für eine Pilatesstunde, die wir uns vorher ausgesucht haben. Der Trainer, ein kleiner Mann mit schwarzer Hornbrille und roten Locken, stellt sich als Mike vor. Er würde zweimal die Woche Pilates unterrichten und sonst Theaterstücke schreiben. »Ich erkläre jetzt mal, wie das hier abläuft«, beginnt er. »Ich rede sehr viel, und ich stelle sehr viele Fragen. Bloß weil ich rede, heißt das nicht, dass ihr die Übung unterbrechen oder euch nicht auf euren Körper konzentrieren sollt. Wenn ich etwas frage, will ich, dass ihr antwortet. Erstens, weil ich dann weiß, dass ihr noch lebt – immer gut beim Pilates. Zweitens, ihr müsst dann atmen, was ihr höchstwahrscheinlich gerade nicht tut. Und drittens, es zeigt euch, wo ihr steht. Jedes Mal, wenn ihr hierherkommt, ist euer Körper anders drauf, und ich passe unsere Geschwindigkeit daran an. Ich werde euch auch anfassen. Wenn ihr das nicht wollt oder kitzlig seid, meldet euch jetzt. Geschrei während der Stunde bringt uns alle raus. Außerdem werde ich gewisse Körperteile beim Namen nennen. Ich entschuldige mich im Voraus, falls das eure Gefühle verletzt oder euch Unwohlsein bereitet, aber es gibt Muskeln an Stellen, über die wir reden müssen. Yeah, wir machen hier tantrisches Pilates! Wusstet ihr nicht?« Die älteren Damen, die in der ersten und zweiten Reihe auf ihren Matten liegen, kichern. »War nur ein Scherz«, sagt Mike, und der Raum lacht. Es wirkt, als seien wir zu Besuch bei einem eingeschworenen Clan, wie ihn manche Fitnesstrainer um sich scharen, aber hier sind es keine elfenartigen Desperate Housewives aus Penthäusern, sondern gestandene Frauen im fortgeschrittenen Alter. Wir sind die Jüngsten und mit Trainer Mike fast die einzigen Weißen im Raum. Bei der ersten Hebeübung mit beiden Beinen stimmt Mike »Ave Maria« im Falsett an. Die Wirbelsäule von Kim Kardashian, lächelnde Hinterbacken oder Michael Jacksons Baby-aus-dem-Fenster-Halten –»Sir, Sie töten das Baby!«, ruft er mir zu – sind bei ihm ebenso selbstverständliche Bilder für Übungen wie absurde Satire: »Alle Kinderlieder wurden von bösen Menschen gemacht.«

Bei Sit-ups lässt Mike uns »Huha!« rufen, wenn wir »unser persönliches Huha« sehen können, wie Mike den Intimbereich nennt. »Blutet schon jemand aus den Augen?«, fragt er, bevor wir im Stütz zusammen bis hundert zählen. Immer wieder taucht er bei besonders anstrengenden Positionen direkt über mir auf. »Atmest du?« Mühsam presse ich ein »Ja« heraus, und wieder müssen alle kichern. Bei der härtesten Übung, bei der wir mit ausgestreckten Armen und Beinen in Sit-up-Position verharren müssen, singt Mike uns Gloria Gaynors »I will Survive« Zeile für Zeile vor, und wir singen zurück, als wäre er ein Baptistenprediger und wir seine Gemeinde.

Bei der letzten Bodenübung lässt uns Mike auf dem Rücken vor- und zurückrollen, die Füße aneinanderschlagen wie Robben ihre Flossen und entsprechende Heulgesänge abgeben. Er macht selbst mit. »Nicht schlecht, Newbies!«, ruft er uns zum Abschied zu. Wir sind völlig erschöpft und begeistert – als hätten wir in einem Musical mitgespielt. Die ständige Konversation, die gemeinsame Anstrengung ohne jede Peinlichkeit, die Vermischung von Entertainment und harter Arbeit, die wir hier erleben, kennen wir so nicht vom Rest der Stadt. Es ist unser Harlem-Gefühl.

Der Morgen des 15. September markiert Emmas ersten Tag im Kindergarten. Ich wache im Morgengrauen auf und gehe, während Emma und Christina noch schlafen, eine Runde laufen. Ich habe mir vorgenommen, in jedem Viertel eine Laufstrecke zu finden. In Long Island City führte sie zum Wasser, in Chinatown durch die Abgase auf die Manhattan Bridge, und hier habe ich mir den Marcus Garvey Park ausgesucht. Als ich aus der Tür trete, liegt die Malcolm X Avenue noch im Schatten, nur der gigantisch hohe, nadelspitze Kirchturm der New York Ephesus Seventh-day Adventist Church ist in goldenes Licht getaucht.

Der Marcus Garvey Park ist um einen hohen Felsen herum gebaut, hat die Fläche von acht Häuserblocks und ist überraschend unübersichtlich und steil. Ich laufe durch kleine Wiesen und Wäldchen bis zum höchsten Punkt, einem eingefassten Felsplateau, wo ich einige junge Männer aufschrecke, die dort auffallend unauffällig herumstehen, wahrscheinlich um Gras oder Härteres zu verticken. Ich grüße freundlich, aber sie nehmen Reißaus.

Ich muss an Maxim denken, unseren durchtrainierten Vermieter, der regelmäßig das Freiluftfitnessstudio hier im Park nutzt und erzählte, dass die anderen Besucher ihn, den einzigen Weißen, immer skeptisch beäugen würden, als würde er gleich von der Reckstange ablassen und seinen Polizeiausweis aus der Sporthose ziehen. Auch ich habe offensichtlich gerade unterschätzt, wie viel Angst weiße Männer in den schwarzen Vierteln New Yorks immer noch auslösen können. Zu tief sitzt das Trauma von Polizeigewalt und systemischem ethnischem Rassismus gegenüber der schwarzen Bevölkerung.

Von meinem Aussichtspunkt auf der Spitze des Felsens schaue ich die 5th Avenue hinunter, die am Südende des Parks entspringt und schnurgerade nach Manhattan hinunterläuft. Irgendwo da unten, über hundert Blocks weit entfernt, beginnt heute eine neue Lebensphase für Emma. Neue Freunde, neue Autoritäten, und eine neue Sprache: Mandarin. Wie in unser Umzugsabenteuer bin ich auch in das Abenteuer Kind ohne viel Vorahnung hineingesteuert. Ich habe keine Bücher gelesen und einfach meiner Intuition vertraut. Bisher bin ich damit nicht schlecht gefahren, aber manchmal denke ich darüber nach, wie sehr sich Emmas Kindheit von meiner unterscheidet. Mein Aufwachsen war wie der Fischbach, der sich durch die Wiesen meines Heimatorts schlängelt: beschaulich, unkompliziert, behütet. Meine Eltern wohnen noch heute dort, in dem Fachwerkhaus, in dem ich mein Kinderzimmer habe, seit ich denken kann. Zwischen meinem 1. und meinem 24. Lebensjahr bin ich genau nullmal umgezogen. Emma in den knapp 24 Monaten seit ihrer Geburt viermal, in einer Acht-Millionen-Stadt. In der *New York Times* schrieb eine weise Autorin und Mutter einmal: »You won't screw up your kids in the ways you expect; you'll do it in ways you hadn't even considered.« – Als Eltern macht man nicht die Fehler, vor denen man Angst hat; man macht Fehler, von denen man selbst noch überhaupt nichts weiß. Was wird Emma uns also später vorwerfen? Wahrscheinlich zieht sie in ein Reihenhaus am Stadtrand, lehnt Fernreisen ab und trifft uns, die sie »völlig verklärte Hipster, hängen geblieben im Insta-Age« nennt, nur, wenn es sein muss.

Als ich zurückkomme, bemerke ich, dass an meinem Fahrrad, das wie immer vor dem Haus angeschlossen ist, der Kindersitz fehlt. Wer stiehlt ernsthaft einen Kindersitz?, frage ich mich. Dann denke ich: selbst schuld! Unsere Fahrräder stehen auf einem Gehsteig, der Tag und Nacht Theaterbühne, Laufsteg und Partyfloor ist. Außerdem müssen wir jetzt los, mit Emma nach Chinatown.

Schnell wird klar, dass das Pendeln aus Harlem kein Zuckerschlecken ist. Insgesamt brauchen wir zwei U-Bahn-Linien und fast eine Stunde von Tür zu Tür und müssen den Kinderwagen samt Kind über so viele Treppen zerren, dass der Weg einem Fitnessparcours gleicht. Als wir an dem blau gestrichenen Eckhaus auf der Grand Street, der Hauptstraße von Chinatown, ankommen, sind wir erschöpft und aufgeregt zugleich. Victoria Children's Group steht auf der roten Markise, daneben chinesische Schriftzeichen.

Wir betreten einen winzigen Vorraum im Treppenhaus, durch den Kinder und Eltern mit Kinderwagen wuseln. Die Wände um uns herum sind mit Bäumen, Affen und Blumen bemalt, ein kleiner Dschungel in Chinatown. Ms. Anna bittet uns, den Kinderwagen zu falten und zu den anderen in die Ecke zu stellen, »sonst wird es zu eng«. Emma sieht sich mit großen Augen um, zuzelt an ihrem Schnuller und knetet ihr Ohr zwischen Daumen und Zeigefinger, was sie immer macht, wenn sie nachdenkt oder überfordert ist. Sie trägt ein blaues T-Shirt und eine pinke Hose, ich trage ihren Rucksack, in den wir all die Dinge gepackt haben, die auf der englisch-chinesischen To-do-Liste standen: Klamotten, Decke, Trinkflasche, Malkreide, Windeln, Feuchttücher, Küchenrolle. Ms. Anna führt uns in einen großen Raum ins Erdgeschoss, mit einer kleinen Pforte ist ein Bereich für die Kinder abgetrennt. Emma geht ohne zu zögern hindurch und setzt sich zu zwei anderen Kindern auf rote Plastikstühlchen. Wir haben ihr erklärt, dass es hier wie in der Kinderbetreuung im YMCA funktioniert, nur dass es etwas länger dauern wird, bis wir sie wieder abholen.

Eine zweite, jüngere Kindergärtnerin kommt auf uns zu. Auch sie hat nur einen Vornamen: Ms. Serena. »Willkommen, Emma«, sagt sie und streicht ihr durchs schüttere Haar. Ich stelle den Rucksack in ein Regal, in dem Emma bereits ein Fach mit ihrem Namen hat. Ms. Anna drückt Emma, den zwei anderen Kindern und ihrer Kollegin Ms. Serena Desinfektionsmittel aus einer Flasche auf die Hände, das sie brav verreiben. Auch Emma reibt mit. Mir fällt auf, wie sauber und ordentlich es hier ist, obwohl so viele Kinder auf engstem Raum zusammen sind. Ms. Anna erklärt uns, was Emma heute vor sich hat: Freies Spiel, Lernen, Mittagessen, Mittagsschlaf, chinesische Kultur, Musik, Freies Spiel. »Alles klar«, sagt Christina, »und was können wir jetzt tun?« Ms. Anna lächelt. »Alles gut. Ihr könnt sie um vier abholen, wenn ihr mögt.« Normalerweise blieben die Kinder bis achtzehn Uhr, erklärt sie.

Ich muss daran denken, was mir Freunde mit Kindern aus Deutschland erzählt haben: dass sie wochenlang im Kindergarten sitzen mussten, für die sogenannte Eingewöhnungszeit, und sogar extra Urlaub nahmen, um ihrem Kind dabei zuzusehen, wie es bestens betreut wird. Was für ein Unfug! Die Taktik der resoluten Chino-Amerikaner hier erscheint mir viel vernünftiger. Wenn was ist, rufen sie an, fertig. Wir winken Emma zum Abschied, sie wirft uns nur einen kurzen Blick zu. Alles gut, scheint sie zu signalisieren, das kriege ich hin. Als Christina und ich die Tür hinter uns zuziehen und auf der Straße stehen, schnaufen wir durch und klatschen ab. Geschafft! Nach fast zwei Jahren mit viel Improvisation und Hilfe von Freunden und Verwandten hat Emma jetzt eine tägliche, professionelle Betreuung und vor allem Gleichaltrige um sich. Das alles haben wir nur unserem Umzugswahnsinn zu verdanken. Hätten wir nicht hier gelebt und ein Neighborhood-Dinner veranstaltet, wären wir immer noch hilflose Eltern, die überlegen, wie sie sich eine Kita in Manhattan leisten können.

Für den Abend hat Christina Tickets für eine einmalige Veranstaltung ergattert: »Grand Zen-tral«, ein Wortspiel mit »Zen« und »Grand Central«, das zu einer öffentlichen Yogastunde in den heiligen Hallen des New Yorker Hauptbahnhofs einlädt. Wir holen Emma ab, die müde, aber glücklich wirkt, und nehmen sie mit. Als wir in der Marmorhalle unter einem gigantischen Kronleuchter Gymnastik machen, während um uns herum Tausende Pendler vorbeiströmen, krabbelt Emma an meinem Bein hoch. Ich nehme sie auf den Arm und mache weiter, eine der Yogalehrerinnen fotografiert uns und stellt das Foto auf Instagram. Es ist einer dieser Tage, an denen ich denke, dass diese Stadt einfach das Großartigste ist, was mir je passieren konnte. Ich tue hier vieles, was mir in Deutschland unangenehm oder peinlich wäre; weil ich danach wieder in der Masse verschwinden kann, weil die Stadt sich zu schnell dreht, als das wichtig wäre, was andere über mich denken. Dass sie einen auch überrollen kann, den Gedanken wische ich weg.

Am nächsten Morgen fehlt an meinem Fahrrad der Sattel und an Christinas Fahrrad der Korb. Ich bin überzeugt, dass die Diebe die Räder beobachtet haben und einfach wiederkamen, nachdem der Klau des Kindersitzes glattging. Mein Fahrrad habe ich gebraucht bei Housing Works gekauft, Christinas stammt aus einem Supermarkt. Wen interessiert so etwas? Argwöhnisch blicke ich mich um, aber die Avenue ist leer gefegt. Da wir die Fahrräder nicht die Treppe zu uns in die Wohnung hochschleppen können und sie auch nicht im Hausflur parken dürfen, sind wir in einer verzwickten Position. Vielleicht war es von Anfang an sinnlos, sie überhaupt hierher mitzubringen.

Am Wochenende kommt meine Mutter zu Besuch. Inzwischen fehlt auch bei Christinas Fahrrad der Sattel und bei mir der Vorderreifen. Es ist, als seien wir Zeuge einer langsamen Zersetzung unseres Besitztums. Gleichzeitig bekomme ich zwei Absagen für Wohnungen für den nächsten Monat. Ich war fest davon ausgegangen, dass von zwei Pferden mindestens eines durchkommen würde. Ich werde mit jedem Tag nervöser und scrolle auf immer mehr Wohnungswebsites gleichzeitig herum.

Um mich und meine Mutter abzulenken, gehen wir zu Theater-Mike ins Pilates. Meine Mutter turnt fleißig mit, auch wenn sie nicht alle Wortwitze versteht oder lustig findet. Sie hat sich seit meinem Umzug nach New York sehr verändert. Früher reiste sie nur mit meinem Vater und nur innerhalb von Deutschland und Europa – inzwischen fliegt sie alleine nach New York, jedes Jahr; niemand aus Deutschland hat uns häufiger besucht als sie. Früher waren fremde Großstädte ein gefährliches Abenteuer für sie, jetzt schnappt sie sich tapfer morgens den Kinderwagen und fährt mit Emma den ganzen langen Weg von Harlem hinunter nach Chinatown und zurück. Das Geschleppe des Wagens inklusive Kind vermeidet sie, indem sie Emma freundlich, aber bestimmt auffordert, die U-Bahn-Treppen selbst zu gehen, was diese zu meinem Erstaunen tatsächlich tut.

Früher benutzte meine Mutter noch das Wort Neger. Heute nicht mehr. Heute läuft sie wie selbstverständlich durch das afroamerikanischste Viertel New Yorks und schläft auf einer Luftmatratze in unserer Mansarde in Harlem, die während ihres Besuchs auch noch für zwei Nächte von einem befreundeten Paar aus London mitbevölkert wird. Trotzdem traue ich mich nicht, sie darauf anzusprechen, wie sie unsere Idee findet. Ich bin einfach nur froh, dass sie da ist und uns hilft. Erst viele Monate später frage ich sie, wie sie die Zeit in Harlem erlebt hat. »Als sehr anstrengend«, sagt sie. »Ihr habt ja nicht drüber gesprochen, aber ich habe natürlich gewusst, dass ihr keine Anschlusswohnung habt, und euer ewiges Getuschel und Telefoniere bemerkt. Ich fand es bedenklich, aber man muss ja auch nicht immer alles sagen, was man denkt.«

Der Monat ist fast zu Ende, meine Arbeit hat unter der Wohnungssuche gelitten und umgekehrt. Von unseren Fahrrädern sind nur noch Gerippe übrig und von der Wohnungssuche auch. Wir stehen vor einem Abgrund, aber ich versuche, mir nichts anmerken zu lassen. Natürlich ist das bescheuert, aber ich will beweisen, dass wir unser Leben hier im Griff haben. Dass unser Projekt vielleicht ein wenig verrückt, aber nicht existenziell problematisch ist.

Ganz unten

W 54th St, Sunset Park, Brooklyn

Felix

Samstag, 29. September, acht Uhr morgens. Ich liege in unserem Bett, das iPhone in der Hand, und starre die Decke an. Wir haben jetzt noch genau 48 Stunden, um eine Wohnung für die nächsten vier Wochen zu finden. Unser Monat in Harlem ist weggeschmolzen. Am Montag beginnt der Oktober, und Maxim und seine Freundin kommen zurück und wollen ihre Wohnung wiederhaben.

Ich lese die E-Mail von dem freundlichen Schauspieler, der unsere letzte Hoffnung war, noch einmal. Ich hatte ihn auf Craigslist, einem Anzeigenportal ohne Seriositätsfilter, gefunden. Wir waren vorgestern zu der kleinen Wohnung in Kips Bay unweit der Vereinten Nationen gerannt, die er vor Jahren gekauft hat und nun als seinen eigentlichen Lebensunterhalt untervermietet, und hatten ihn bezirzt, obwohl er eigentlich jemanden für länger suchte. Wir machten dieses verrückte Projekt, wir hätten zwei Jobs und ein Kind, er möge sie uns doch ein paar Wochen vermieten. Es war unangenehm, so zu betteln. Er habe sich für einen Mitbewerber entschieden, schreibt er, der länger bleibt. Wir mögen dafür bitte Verständnis haben. Er wünsche uns alles Gute.

Ich öffne den *Listings Project*-Newsletter, dieser Tage nur ein trauriges Häuflein an Angeboten. Auf meine Anfragen der letzten Tage kam nicht einmal eine Antwort. Ich swipe rüber zur Airbnb-App. Sie zeigt nur noch eine Handvoll freier Wohnungen in ganz New York, für Tausende und Abertausende Dollars die Nacht. Mit halbem Auge scanne ich über Craigslist, aber es bietet nur die üblichen Fangangebote von Maklern. Ich gehe auf ein paar Airbnb-Konkurrenzseiten: HomeAway, Flipkey, VRBO, OneFineStay, überall ist mein Suchfilter längst eingestellt: eine Bleibe für drei, für den ganzen Monat, irgendwo in New York. Nichts. Genau jetzt im Oktober will anscheinend jeder in dieser verdammten Stadt sein. Sogar unsere Freunde sind alle zu Hause.

Christina wacht auf. Ich zeige ihr die E-Mail. »Frag Maxim, ob wir länger bleiben können«, murmelt sie schläfrig. »Und wenn alle Stricke reißen, machen wir einen Roadtrip.« Ich liebe ihre Ideen. Aber bisher habe ich unsere Wohnungen organisiert. Ich fühle mich verantwortlich dafür, dass es weitergeht mit der Umzieherei. Was, wenn Maxim am Montag trotzdem auf der Matte steht? Ich schreibe ihm und bitte unter vielen Ausreden um Aufschub. Dann nehme ich mir noch einmal Airbnb vor. Es muss doch irgendwo irgendwas für uns geben.

Plötzlich poppt in den Suchergebnissen das Angebot einer Abigail Kurt auf. Ganz frisch. Noch ohne Bewertung ist sie mit ihrer Wohnung auf der Lower East Side zu sehen. Die Fotos sehen echt aus, die Lage ist gut. Sofort schreibe ich ihr. Nach zwei Minuten bekomme ich eine E-Mail vom Airbnb-Payment-Team. Ob ich Interesse an einer Buchung bei ABIGAIL, großgeschrieben, hätte. Das Airbnb-Logo wirkt irgendwie zu groß und die Nachricht kommt vom Account airbnbpaymentresponse@gmail.com. Ich leite sie an den Airbnb-Support weiter. Gleichzeitig erhalte ich eine E-Mail von Abigails persönlichem Gmail-Account mit der Bitte um eine Anzahlung. Ich antworte, dass ich nichts anzahlen werde, ohne die Wohnung gesehen zu haben. Sie schickt mir die Adresse, und wir verabredeten uns für den nächsten Morgen um zehn Uhr. Ich habe ein seltsames Gefühl, aber auch die zarte Hoffnung auf ein Wunder.

Als ich die Adresse auf der Lower East Side erreiche, sehe ich, dass es drei Hochhäuser sind, ein ganzer Hochhauskomplex. Die Wohnung kann also in jedem der drei Türme sein. Ich rufe Abigail an. Kein Erfolg. Ich nehme den ersten Tower. Im obersten Stock klingle ich an der Tür, erfolglos. Im zweiten Tower öffnet eine ältere Frau und sieht mich verwundert an. Sie spricht kein Englisch. Als ich ihr Abigails Name nenne, schüttelt sie den Kopf und schließt die Tür. Im dritten Tower wieder nichts. Ich frage den Pförtner, der die Zugänge zu allen Towern überwacht und mein Herumgerase bereits mit Interesse verfolgt hat. Er zieht eine dicke Kladde hinter seinem Tresen hervor: die Namensliste aller Bewohner. Wir gehen sie gemeinsam durch. Eine Abigail Kurt ist nicht darunter.

Als ich noch einmal auf Airbnb gehe, um das Angebot zu checken, ist es verschwunden. Auf meine SMS und Anrufe reagiert niemand. So ist das also, wenn man reingelegt wird, denke ich. Aber lieber einen Vormittag verschwendet, als Geld verloren. Maxim meldet sich wenige Stunden später. Er müsse spätestens in einer Woche zurück in der Stadt sein und wisse selbst genau, wie stressig es sei, eine Wohnung zu finden. Ob der 11. Oktober für uns o. k. wäre? Er schenkt uns eine ganze Woche. Am liebsten würde ich ihm die Füße küssen.

Aber es wird nicht besser. Die Konferenz, die ich im Oktober veranstalten werde, frisst meine ganze Zeit, und bei Christina sieht es nicht viel besser aus. Für die Wohnungssuche bleiben uns nur ein paar Minuten frühmorgens oder spät in der Nacht – und schon ist es Freitagabend. Das Wochenende gerät zum panischen Suchspurt. Ich schreibe alle Menschen an, die irgendetwas haben oder wissen könnten, auf Airbnb, Craigslist, Facebook, per Mail. In einer Facebook-Gruppe, in der Kreative Apartments und Zimmer anbieten, werden wir beschimpft: ob wir eigentlich auch echte Probleme hätten oder nur als reiche Hipster durch die Welt zögen. Was wir eigentlich unserem Kind antun würden. Andere ergreifen für uns Partei, und irgendwann fällt die Gruppe übereinander her wie ein Wolfsrudel.

Ich versuche, die Fassade zu wahren und mir letzte Optionen schönzureden. Noch haben wir kein Hotel gebucht – nur ein paar versteckte Bed & Breakfasts in Brooklyn kontaktiert, die noch Zimmer hatten, sich aber auf den zweiten Blick als Swingerclubs für Männer oder überteuerte Schuhkartons fernab jeder U-Bahn entpuppten. Noch haben wir keinen Freund gefragt, ob wir bei ihm auf die Couch können.

Als ich am Sonntagnachmittag John Estelles Angebot auf Airbnb finde, bin ich längst zu allem bereit. John verspricht ein 160-Quadratmeter-Apartment in ungewöhnlicher Lage: Sunset Park. Ein raues Industrieviertel südlich von Brooklyns Containerhafen, mit einigen Wohnstraßen rund um den hoch gelegenen gleichnamigen Sunset Park, von dem aus man die Sonnenuntergänge über Manhattan bestaunen kann, und ein paar alten Lagerhallenlofts unten am Wasser. Die Fotos von Johns Wohnung sehen »loftig« aus, verfügbar ab dem 15. Oktober. Seine Telefonnummer und E-Mail-Adresse sind von Airbnb verifiziert und das Apartment auf Instant Booking geschaltet, man kann es also direkt anmieten. Ich fackele nicht lang. Doch als ich bezahlen will, sperrt Airbnb meinen Account. Über mein Handy melde ich mich als Christina an und versuche, die Wohnung zu buchen – da wird auch Christina gesperrt. Airbnb teilt mir per E-Mail mit, dass mein Account nicht ausreichend verifiziert sei. Nervös schreibe ich John per Airbnb-Chat an und erkläre, was passiert ist. Er schreibt sehr freundlich zurück, dass er seine Wohnung auch auf anderen Plattformen gelistet habe, zum Beispiel auf Flipkey, ein Portal, das zu Tripadvisor gehört. Als seine Wohnung dort deutlich mehr kostet, texte ich ihm wieder – wir sind inzwischen auf SMS gewechselt –, er entschuldigt sich und reduziert den Preis.

Den Sonntagabend verbringen Christina, Emma und ich in einem Lokal in Brooklyn, seit Monaten sind wir hier mit alten Freunden verabredet, aber ich sitze nur abwesend da, starre auf den Handybildschirm und schreibe mit John und den Plattformen. Flipkey schreibt mir, man habe das Angebot gelöscht. Der Vermieter sei nicht ausreichend verifiziert. Ich schwitze und fluche durch das Lokal. Und auch John ist sauer, er schickt mir E-Mails von Flipkey, auch er wurde gesperrt. Schließlich schlägt er vor, die Bezahlung direkt über Paypal abzuwickeln. Ich verlange als Sicherheit einen Mietvertrag. Er schickt ihn, ich unterschreibe noch im Lokal auf meinem Handy. Dann sende ich John 1400 Dollar via Paypal und trinke ein Bier. Wir haben eine Wohnung! Wenn auch erst ab dem 15.

Als ich Maxim davon berichte, gibt er uns noch einen Tag extra, bis zum 12. »Wir schlafen so lange bei einem Freund, kein Problem«, schreibt er. Kann man entspannter sein als dieser Mensch? Wir beschließen, die nunmehr drei Tage, die wir obdachlos sein werden, mit einem Roadtrip zu überbrücken, und laden am letzten Abend Maxim und seine Freundin als Dank zu einem kleinen Neighborhood-Dinner in ihre Wohnung ein. Auch unsere Nachbarn Neal und Daniel kommen. Es wird ein fröhlicher Abend, auch wenn Maxims Entspanntheit sich aus

der Nähe als Breitheit entpuppt ...

New York hält er anscheinend nur mit viel Gras aus. »Genau das haben wir auch gerade gemacht: einen Roadtrip, um Zeit totzuschlagen! Super Idee«, sagt er rotäugig zum Abschied. Wir stopfen unser Hab und Gut in ein Mietauto und brechen in Richtung Upstate New York auf. Da meine Konferenz naht, verbringe ich die Reise in den Indian Summer vor allem am Telefon, während Christina fährt. »Wenn ich noch einmal höre, wie du ›Thought Leadership‹ sagst, muss ich dich leider umbringen«, sagt sie, weil ich ständig versuche, Last-Minute-Sponsoren an Land zu ziehen. Emma findet unsere Reise o. k., aber nimmt unsere Nervosität in sich auf und kann nur mit Episoden von *Peppa Wutz* auf dem iPad gebändigt werden.

John und ich führen derweil eine ausführliche SMS-Unterhaltung. Er stamme aus Seattle und würde seine Wohnung in New York regelmäßig untervermieten, textet er. Seine Putzfrau würde uns den Schlüssel übergeben. Er wünsche uns »eine gute Story« aus der Zeit in seinem Apartment. Ich träume bereits von unserem Loft am Wasser, im unerforschten Viertel.

Am Tag des Einzugs habe ich noch ein paar letzte Fragen, aber John antwortet nicht. Ich versuche ihn anzurufen. Er geht nicht ran. Ich gebe die Adresse zu unserem neuen Zuhause bei Google Maps ein: 340 W 54th St, Brooklyn, New York 11220. Ohne Umschweife zeigt der Kartendienst den Weg aus dem Indian Summer im Norden New Yorks zu unserer neuen Bleibe. Auf dem Highway durch Brooklyn frage ich Christina übermütig, ob sie mit mir um die Existenz der Wohnung wetten will. Einsatz: ein teures Abendessen. »Die Wohnung gibt es«, versichert sie. »O. k.«, sage ich lächelnd, »dann wette ich halt dagegen.«

Wir parken das Auto auf der 54. Straße. Christina nimmt Emma auf den Arm, ich gehe vorneweg. Das Haus hat keinen Blick aufs Wasser, vier Stockwerke und wirkt ein bisschen grau, aber solide. Johns Name ist auf keinem Klingelschild zu finden, also klingle ich einfach überall.

Zweimal.

Dreimal.

Endlich kommt jemand zur Tür geschlurft und öffnet. Ein alter Mann. Sein weißes Feinrippunterhemd ist fleckig und verschlissen, mit einem großen Loch an der rechten Seite. »Was wollt ihr hier?« Er klingt nicht unfreundlich, eher als hätten wir ihn geweckt. »Danke, dass Sie uns aufgemacht haben. Wir haben hier eine Wohnung untergemietet, von John«, sage ich, während ein mulmiges Gefühl in mir aufsteigt. »John? Ich kenne keinen John. Den gibt es hier nicht.« Der Alte blickt uns irritiert an. Ich hole mein Handy aus der Tasche und sage, dass ich einen Mietvertrag habe. Inzwischen habe ich einen dicken Kloß im Hals. »Hier wird nichts untervermietet«, sagt er. »Das wüsste ich. Ich wohne seit dreißig Jahren hier, genau wie die meisten anderen Menschen im Haus. Nur ganz oben links ist vor Kurzem eine arabische Familie neu eingezogen.«

Ich halte ihm den Mietvertrag vor die Nase. »340 West 54th Street, 11220 Brooklyn«, lese ich ihm vor. Er überfliegt die ersten Zeilen. »West?«, wiederholt er dann fragend. »Es gibt keine West

54th Street in Brooklyn, das hier ist einfach nur die 54th Street. Vielleicht probiert ihr es mal in Queens.« Ich starre auf das Loch in seinem Unterhemd. »Bye«, sagt der Mann im Feinripp. »Viel Glück.« Er schlurft zurück in den Hausflur, die Tür fällt ins Schloss. Der Knall lässt uns alle drei zusammenzucken. Christina blickt mich an: »Und jetzt?«

Wortlos gehen wir zurück zum Auto, in dem unser gesamtes Hab und Gut auf eine neue Wohnung wartet. Noch einmal gebe ich die Adresse auf Google Maps ein. Und tatsächlich: Der Kartendienst ignoriert das Wort »West« einfach – und findet die 54th Street. Das kleine überflüssige West heißt aber auch, dass unser Vertrag nichts wert ist. Ich schicke John eine wütende SMS. Diesmal antwortet er sofort. »Was auch immer du für ein Spiel spielst, versuch es mit jemand anderen. Oder geh doch zur Polizei und versuch den Mietvertrag da einzufordern.« Ich verstehe die Welt nicht mehr. Bin ich jetzt der Betrüger?

Langsam drehe ich den Zündschlüssel um. »Wohin fahren wir?«, fragt Christina. Ich weiß es nicht und drehe ihn wieder zurück. Würde das Projekt schiefgehen, hatten wir mal besprochen, würden wir einfach wieder eine dauerhafte Wohnung beziehen. Als ob das so einfach wäre. Ich bin so wütend über meine eigene Dummheit.

Emma jault vom Rücksitz. Ihr ist langweilig. Ich bitte sie, leise zu sein, und werde dabei laut. Sie weint. Wir starren eine Weile zur Windschutzscheibe hinaus. »Ich will hier weg«, sagt Christina. Ich suche auf Yelp und finde ein Hipstercafé um die Ecke. Es ist hell und freundlich und hat eine Spielecke für Kinder. Emma stürzt sich erleichtert auf die Spielzeugautos, wir setzen uns neben sie und starren auf den Boden.

Mein Handy bimmelt. Meine Mutter will über Facetime mit uns sprechen. Wir haben seit ihrem Besuch in Harlem nicht miteinander geredet. Ich muss rangehen. Christina will nicht ins Bild. Die Begrüßung bekomme ich noch einigermaßen gefasst hin, dann halte ich den Screen weit weg, sodass ich nur noch klein im Eck zu sehen bin. »Alles o. k. bei euch? Seid ihr schon eingezogen?« Nein, wir sind obdachlos, denke ich. »Wir sind noch auf dem Weg, dauert alles«, antworte ich stattdessen. Dann entschuldige ich mich, wir müssten jetzt schnell weiter zur Wohnung, und lege auf. Meine Mutter kennt mich zu gut. »Wir machen eine Liste mit Freunden und rufen sie nacheinander an«, schlage ich Christina vor. »Wer hat denn Lust auf eine dreiköpfige Familie?«, fragt sie. Als Erstes fällt mir Matte ein. Er ist ein Freund von Amol, lebt im Erdgeschoss von East of East in Long Island City, wo wir als Allererstes wohnten, und verwaltet die leer stehenden Wohnungen im Haus. Matte ist Dokumentarfilmer und reist viel, aber jetzt geht er Gott sei Dank ans Telefon. Anders als bei meiner Mutter hält mich nichts mehr zurück. »Wir sind obdachlos«, sage ich und erkläre, dass wir auf einen gut gemachten Wohnungsschwindel reingefallen sind. Ob er vielleicht zufällig gerade eine Wohnung frei hätte? »Nein«, sagt Matte, und in meinem Kopf tut sich ein schwarzes Loch auf. »Nur das Fernsehteam reist heute aus 3A ab. Also wenn es euch nichts ausmacht, dass die ...« »Wir nehmen es«, unterbreche ich ihn. »Vielen, vielen Dank. Welches Fernsehteam denn eigentlich?« «Die aus Deutschland«, sagt Matte. »Deine Freunde.«

Mir fällt wieder ein, dass sich vor Wochen ein alter Bekannter gemeldet hatte: Franz Xaver Gernstl. Seit Jahren fährt er mit einem Fernsehteam durch Bayern und interviewt Menschen, die besondere Dinge tun, in unnachahmlich unaufgeregter Weise. Nun drehe er eine Folge zu New York. Ob wir vielleicht ein paar Tipps für Interviewpartner hätten? Und wüssten, wie man an eine gut gelegene Wohnung für das Team käme? Begeistert hatte ich ihm Kontakte geschickt, darunter auch Mattes, und zu Beginn seiner Reise hatte er uns selbst sogar noch kurz vor die Kamera geholt. Mit seiner Crew – Redakteurin, Tonassistent und Kameramann – war er tatsächlich in East of East untergekommen. Und reist offensichtlich genau heute ab. Gernstls Rückflug ist unsere Rettung.

Christina und ich schauen uns an. Ich sage nicht, was ich denke. Ich schäme mich still. Matte erwartet uns vor dem Haus und drückt uns den Schlüssel in die Hand, der sich anfühlt wie ein Diamant. Wir räumen die Sachen in 3A. Die Zigaretten im Aschenbecher sind noch warm. Gernstl und seine Kollegen müssen gerade erst zum Flughafen gefahren sein.

Als wir mitten im Koffer- und Klamottenchaos sitzen und Emma wickeln, öffnet sich die Aufzugtür. Es ist Amols Tochter Pascal. Sie grinst uns an. »Hi! Man hört, ihr seid zurück. Wollt ihr Pizza?« Am liebsten würde ich sie umarmen. »Ja, bitte.« »Kommt hoch!« Als wir in Amols Penthousewohnung treten, fällt die Erschöpfung ab, aber nicht das Gefühl der absoluten Niederlage. All diejenigen, die uns im Netz, am Telefon oder ins Gesicht gesagt haben, wir seien verrückt, alle, die das Projekt für nicht machbar hielten, inklusive unserer eigenen Eltern, sie alle haben jetzt recht.

Amol streckt uns zwei Dosen Bier entgegen. »Ich wusste, dass ihr irgendwann beschissen werdet«, sagt er. Ich will widersprechen und lasse stattdessen meinen Kopf hängen. »Habt ihr Geld verloren?« Ich öffne den Paypal-Account auf meinem Handy, um ihm die Überweisung zu zeigen – und traue meinen Augen nicht: Das Geld ist zurückgekommen. Die ganzen $1400 Dollar! Die komplette Anzahlung auf die nicht existente Wohnung in Sunset Park! Paypal hat es mir einfach wiedergegeben. Sogar der Bezahldienst war schlauer als ich. Genau wie die Wohnplattformen Airbnb und Flipkey. Sie hatten den Braten längst gerochen, während ich sie verfluchte und alles dafür tat, betrogen zu werden. Nun hatte man mir sogar das verlorene Geld zurückgeholt. Deswegen war John, oder wer immer dieser Irre sein mag, auch so sauer: Er hatte sich viel Arbeit mit mir gemacht, dem gestressten, leichtgläubigen Familienvater auf Wohnungssuche, den er unbedingt um Geld erleichtern wollte – aber am Ende doch nichts bekommen.

»Hey, ist doch 'ne gute Geschichte«, lacht Amol. »Scams gehören zu New York!« Während wir in die Pizza beißen, erzählt er von einem Bekannten, der vor einigen Jahren in eine Wohnung, die ein Betrüger ihm vorenthalten wollte, eindrang und sie gemeinsam mit seiner Freundin besetzte. Nach und nach tauchten mehr Betrogene an der Tür auf, die auch alle Geld im Voraus bezahlt hatten. Er ließ sie herein, und sie unterstützten das Sit-in. Der Betrüger gab schließlich auf und landete im Gefängnis. Das Magazin *New Yorker* habe die Geschichte veröffentlicht. »Ach ja«, sagt Amol dann beiläufig, »Apartment 2W wird übrigens bald mietfertig. Wenn ihr einziehen wollt, sagt Bescheid.« Wir bedanken uns, fahren hinunter und fallen in die noch zerwühlten Betten des Fernsehteams. Sollen wir aufgeben und einfach hierbleiben?

Am nächsten Morgen suche ich nach Spuren von John. Aber seine Website, ein Online-Pfandverleih, ist nicht mehr aufzufinden. Sein Handy ist tot. Ich rufe die Kundenhotlines von Airbnb, Flipkey und Paypal an. Alle drei Plattformen haben ihn gesperrt. Flipkey hat eine interne Untersuchung gestartet, weil John dort offensichtlich schon öfter mit falschen Angeboten auftauchte.

Dann bitte ich um Rat: Wie kann ich verhindern, dass ich noch mal reinfalle? Der Airbnb-Mitarbeiter sagt, ich solle nie bei ganz neuen Gastgebern mieten, sondern bei solchen mit sehr guten Bewertungen, »mehr als zehn«. Außerdem seien eine gute Antwortrate und komplette Verifizierung wichtig. »Telefon und E-Mail reichen nicht. Achte auf Personalausweis, Pass und Online-ID.« Bei Flipkey rät man mir, immer mit den Gastgebern zu sprechen, am besten persönlich, und sich für die Bezahlung auf keinen Fall von den Plattformen weglocken zu lassen. »Im Zweifel einfach bei uns anrufen.«

Und ich bemerke selbst meinen größten Fehler: Stress. Weil ich panisch suchte, hatte ich schon halb verloren. Wenn wir das hier weitermachen wollen, muss ich, müssen wir viel, viel besser planen. Da ruft Matte an. Es gebe ein Problem mit unserem Apartment. Wie lange wir eigentlich bleiben wollten. »Bis Ende des Monats?«, frage ich vorsichtig. »Geht nicht«, sagt er. Er habe es bereits auf Airbnb vermietet. Wieder spüre ich das schwarze

Loch in meinem Hirn. Es scheint ein Gefühl zu geben für Wohnungslosigkeit. Ein dunkles, leicht schwindliges Gefühl des Fallens ins Nichts. Mattes Anruf ist, als zöge man eine Sicherheitsebene aus meinem Hirn, als nehme man mir den Schutzschild ab, hinter dem meine Familie und mein Leben offenliegen. Mein Blickfeld schrumpft auf einen kleinen Punkt: Wo schlafen wir als Nächstes? Am anderen Ende raschelt es.»Ah. Ihr könnt nach 3W«, sagt Matte nach langer Pause.»Einfach gegenüber. Dann sehen wir weiter.«

In den nächsten Tagen werden wir zu unfreiwilligen Experten für die Wohnungen in East of East. Wie Asterix und Obelix im Haus der Verrückten auf der Suche nach Passierschein A38 ziehen wir erst von 3E nach 3W, dann vom dritten in den zweiten Stock, von da in den vierten und wieder zurück in den zweiten. An manchen Tagen weiß ich nicht mehr, wo wir übernachten. Alles verschwimmt zu einem Nebel aus Arbeit, Kita, Luftmatratzen, Schlüsseln und Türen.

Für den letzten Tag des Monats haben sich zu allem Überfluss Christinas Eltern angekündigt, um Emmas Geburtstag zu feiern und Christina zu unterstützen, weil ich einige Tage nach Deutschland muss. Ausgerechnet jetzt! Gleichzeitig bekommen wir eine Zusage aus Williamsburg: eine Wohnung für die nächsten Wochen.»Ziehst du mit deinen Eltern nach WIlliamsburg? Oder bleiben wir hier?«, frage ich Christina am Abend vor dem Abflug. Wir schauen uns in unserer aktuellen Bleibe um, dem Apartment 2W, das laut Amol jetzt mietfertig ist: zwei Zimmer mit dunklem Parkett, Hightechküche, modernes Bad. Aus dem Eck mit kleinem Balkon mit Aussicht auf die Hochhausbaustelle gegenüber. Wenig Tageslicht, sehr teuer, nah an der lauten Jackson Avenue.

Was wollen wir wirklich? Das hier? Christina schüttelt den Kopf. Ich muss mich einen Moment losreißen von der Vorstellung, jetzt einfach hier zu bleiben. Aber sie hat recht. Das hier wird nicht unser neues Zuhause. Wir müssen weiter.

Am nächsten Tag komme ich in Offenburg im Schwarzwald an, wo ich für einige Tage junge Journalisten unterrichte. Man hat mir ein Zimmer im ältesten Hotel des Ortes gebucht. Es ist ruhig und schön, mit Fachwerk und aufgeschütteltem Daunenbett. Ich öffne meinen Koffer, räume alles aus und hänge jedes Kleidungsstück säuberlich in den alten Bauernschrank. Dann kippe ich meinen Waschbeutel aus und lege alle Utensilien nebeneinander auf die Badezimmerablage. Ein kleiner Moment der Übersicht und Kontrolle.

Als ich den Kollegen beim Abendessen ein wenig von unseren Umzügen erzähle, kräuseln sich die Stirnfalten. »Aber warum würde man sich so etwas antun?«, will einer wissen. »Boah krass, und ihr macht das mit Kind?«, fragt ein anderer. Ich will mich nicht verteidigen. Aber ich vermisse den Zuspruch der vielen New Yorker, die uns geschrieben haben, und unserer Freunde dort, deren Augen leuchten, wenn wir ihnen von unserer Idee erzählen.

Was ich noch nicht wissen kann, ist, dass es auch New Yorker gibt, die nur bedingt begeistert auf unser Umzugsabenteuer reagieren. Als wir zwei Tage später einen Artikel über unsere Betrugserfahrung auf dem Immobilienblog veröffentlichen, für das wir seit der Begegnung mit der Chefredakteurin in Long Island City schreiben, lässt der Shitstorm in den Kommentaren nicht lange auf sich warten. »Totale Vollidioten«; »Sogar ich könnte euch reinlegen. Kommt mal in der Realität an!«; »Das ist schwachsinnig und gefährlich für das Kind. Ich überlege, das Jugendamt anzurufen.«; »Es macht mich wütend, von weißen Hipstern zu lesen, die absichtlich Geld verlieren und dann darüber bloggen und Geld verdienen. Sie sollten mal sehen, welche bürokratische Herkulesarbeit obdachlose Familien jede Nacht leisten müssen, um einen Schlafplatz zu finden. Nachdem ich das hier gelesen habe, bin ich auf der Seite des Betrügers!« Dass unser Artikel, in dem ich offen über meine Fehler und gestressten Fehlentscheidungen berichte, kein Mitleid hervorrufen würde, war mir klar. Und sie haben natürlich auch alle ein wenig recht. Warum tun wir uns diesen ganzen Wahnsinn an? Ich weiß es nicht. Sicher ist nur: Unserem Enthusiasmus ist es in den vergangenen Wochen so ähnlich ergangen wie unseren Fahrrädern in Harlem. Stück für Stück wurde abmontiert, erst langsam, dann immer schneller, bis nur noch das nackte Gerüst auf dem Gehsteig lag. Ein paar Narben werden bleiben.

Die Qual der Wahl

Humboldt St, East Williamsburg, Brooklyn

Christina

Zusammen mit meinen Eltern stehe ich vor Amols Haus in Long Island City und warte auf ein Großraumtaxi. Um uns herum: Koffer, Taschen, Tüten, Kisten. Ein bisschen weniger als beim ersten Auszug aus Long Island City, aber so richtig bekommen wir das mit dem Reduzieren auf das Wesentliche immer noch nicht hin. Das ist aber gerade meine kleinste Sorge. Felix ist in Deutschland, Emma im Kindergarten. Dafür sind meine Eltern da, mein Vater, der schon länger angekündigt hatte, uns rund um Emmas Geburtstag besuchen zu wollen, und meine Mutter, die sich spontan entschlossen hat, ein paar Tage mitzukommen. Beide haben mir via Telefon immer wieder deutlich gemacht, dass sie unsere Umzieherei für eine unfassbar schwachsinnige Idee halten und das Ganze lieber heute als morgen beendet sehen würden. Jetzt sind sie live dabei – und erleben das Projekt an seinem absoluten Tiefpunkt: am Ende eines Monats, an dem wir betrogen wurden, keine Wohnung fanden und schließlich bei Amol in Long Island City strandeten.

Dazu stecke ich mit meiner Arbeit als Korrespondentin gerade in einer sehr stressigen Phase, denn in den USA steht die Präsidentschaftswahl bevor. Das ganze Land scheint nur noch über Hillary Clinton und Donald Trump zu reden, und überall herrscht angespannte Nervosität. Mein Kopf ist pausenlos voll mit Listen unerledigter Aufgaben, wirren Gedanken und nagenden Sorgen. Nur mit Mühe und hauptsächlich aus Trotz gegenüber meinen Eltern halte ich meinen Optimismus noch hoch, aber ohne Felix' Unterstützung vor Ort fällt mir das zunehmend schwer. Es fängt an zu regnen, und kein Großraumtaxi zeigt sich weit und breit.»So läuft das also ab, wenn ihr umzieht«, sagt mein Vater und dokumentiert die Szene mit seiner Handykamera. Meine Mutter sagt nichts, aber glücklich sehen beide nicht aus. Schon in den vergangenen Tagen habe ich mich vor allem mit meinem Vater immer wieder gestritten. Über Kleinigkeiten. Dass Emma auf dem Heimweg von der Kita pitschnass geworden ist, weil wir nur einen schrottigen, alten Kinderwagen ohne Regendach haben. Oder dass es in der Küche in Long Island City so ziemlich an allem fehlt, was man zum Kochen braucht. Stellvertreterstreits, weil wir uns davor drücken, den eigentlichen Konflikt anzusprechen: Mein Vater findet unser Umzugsprojekt überflüssig. Und ich kann natürlich verstehen, dass er nicht begeistert ist, dass sein einziges Kind mit Mann und kleiner Tochter einen festen Wohnsitz aufgibt und durch New York irrt. Dass er sich Sorgen macht. Momentan bin ich mir ja selbst nicht so sicher, warum wir das alles machen und ob es eine gute Idee war. Aber ich finde auch, dass ich, seitdem ich mit 21 von zu Hause ausgezogen bin, bewiesen habe, dass ich mein Leben unabhängig und einigermaßen vernünftig auf die Reihe bekomme, und wünsche mir ein bisschen mehr Grundvertrauen von meinem Vater. Oder zumindest, dass er seine Kritik einmal laut ausspricht, meine Entscheidung dann aber akzeptiert, schließlich bin ich erwachsen. Aber wir können beide ziemlich stur sein, und deswegen herrscht momentan eher angespannter stummer Waffenstillstand.

Erst Monate später, bei einem entspannten Urlaub in Deutschland, traue ich mich, mit meinen Eltern offen über unser Umzugsprojekt und ihre Meinung darüber zu sprechen. »Ich dachte, ihr seid völlig verrückt«, sagt meine Mutter. »Ich habe schon verstanden, dass ihr aus eurer Wohnung raus müsst, aber daraus den Schluss zu ziehen, jeden Monat irgendwo anders zu wohnen, fand ich einfach total verrückt. Ich dachte, dass ihr euch und Emma viel zumutet.« Mein Vater nickt. »Ich hatte das Gefühl, ihr überfordert euch damit – eure Arbeit, Emma und überhaupt New York zu schaffen und eure Beziehung zu leben, und dann auch noch das. Das schien mir ziemlich heftig. Ich habe das auch deutlich gesagt: ›Lasst den Quatsch, das ist ziemlich daneben.‹ Aber eure Reaktion war ja auch ziemlich deutlich.«

Die Umzugssituation vor Amols Haus in Long Island City, die sich mir als emotionaler Tiefpunkt eingeprägt hat, haben meine Eltern überraschenderweise nicht so dramatisch in Erinnerung. »Ich hatte mir vorgestellt, dass das schwieriger ist, aber das lief fast schon routiniert ab: Da gab es eben Ikea-Taschen und noch ein paar andere Behältnisse und dann lief das«, sagt mein Vater. Meine Mutter war sogar noch positiver angetan. »Da habe ich fast ein wenig ehrfürchtig gedacht: ›Boah, mit wie wenig können die auskommen!‹«

Vor dem Haus in Long Island City kommt es mir dennoch so vor, als seien es immer noch viel zu viele Koffer, Taschen, Tüten und Kisten, die wir schließlich in ein Großraumtaxi quetschen, das nach einer gefühlten Unendlichkeit die Jackson Avenue heruntergefahren kommt. Über die Pulaski Bridge fahren wir nach Williamsburg. Bekannte hatten uns ihr Apartment dort für den Monat zur Untermiete angeboten, nachdem sie zufällig unser Wohnungsgesuch im *Listings Project*-Newsletter gesehen hatten. »Wir sind im November und Dezember in Europa und vermieten unsere Zweizimmerwohnung in Williamsburg mit Terrasse«, schrieben sie uns überraschend auf Facebook. »Sagt Bescheid, ob ihr Brooklyn noch auf eurer Liste habt? Das Apartment ist klein und fein, doch würde für eine kleine Familie gut passen. Es würde uns natürlich besonders freuen, euch bei eurem Projekt zu unterstützen.«

Ich habe die Wohnung vorher nur einmal kurz gesehen, als ich vor ein paar Tagen den Schlüssel abgeholt habe. Da war ich so überwältigt davon, endlich wieder eine wirklich existierende Bleibe zu bekommen, und so beschäftigt damit, mit unseren Bekannten zu quatschen, dass ich mich nun an das Innere der Wohnung gar nicht mehr richtig erinnere.

Vor einem windschiefen, hellen, zweistöckigen Holzhaus auf einer relativ ruhigen Wohnstraße im Osten des Viertels in der Humboldt Street setzt uns der Taxifahrer ab. Hinter der Eingangstür führt direkt eine steile Treppe in den ersten Stock, dahinter liegt das Apartment. Das Haus hat nur eine einzige Wohnung, wir werden alleine darin sein, in New York eine Seltenheit.

Als wir die Koffer, Taschen und Tüten die steile Treppe hoch räumen, fällt mir zum ersten Mal auf, wie unpraktisch geschnitten und vollgestopft die Wohnung ist. Eine Terrasse ist in New York natürlich Luxus, aber es wird Winter, und draußen ist es regnerisch und kalt. In der Wohnung ist jedes Zimmer winzig und voller Möbel, die Einrichtung der Küche wirkt wie aus den Fünfzigerjahren, im Bad kann man sich kaum umdrehen, und das Wohnzimmer hat keine Fenster. Meine Eltern schauen sich verwirrt um und versuchen, ihre Koffer in einem der beiden kleinen Schlafzimmer zu verstauen. Aber sie sagen erst mal nichts, auch über die Wohnung sprechen wir erst Monate später. »Das wäre vielleicht eine gute Wohnung für den Sommer gewesen«, sagt meine Mutter. »Weil sie diese wunderbare Terrasse hatte, und als wir da waren, habe ich tatsächlich Emma schon mit dem Roller darauf fahren sehen, obwohl sie ja noch viel zu klein dafür war. Aber das habe ich noch als das Schönste da empfunden.« Mein Vater kommentiert schlicht und ohne ein Blatt vor den Mund zu nehmen: »Hässlich, vollgestopft, nicht gut.«

Beim Einzug aber bleibt all das erst mal unausgesprochen, zu groß ist die Anspannung, zu tief sitzen bei mir Trotz und Sturheit. Stattdessen mache ich mich auf den Weg, Emma abzuholen – erstmals von Williamsburg aus: drei Stationen mit der U-Bahn und drei lange Stationen mit dem Bus über die ständig verstopfte First Avenue. Kein wirklich entspannter Weg mit Kind. Das Umzugsprojekt macht gerade überhaupt keinen Spaß.

Nach der ersten Nacht auf wackeligen Betten im windschiefen Holzhaus bringen meine Eltern Emma in den Kindergarten, und ich mache mich auf die Suche nach Kaffee. Zwei Straßenecken weiter lande ich im Blue Stove. Zum Cappuccino wird ein warmes Croissant mit Butter und selbst gemachter Marmelade auf Porzellantellerchen serviert, dazu frisch gepresster Orangensaft im Einweckglas. Frühstück mit Instagram-Filter. Da ist es, das Williamsburg-Klischee, von dem wir, seit wir nach New York gezogen sind, immer wieder gehört, aber nur hin und wieder bei Besuchen in dem Viertel etwas mitbekommen haben: Hipster-Town.

Williamsburg ist in den Köpfen der meisten Menschen, die nicht in New York wohnen, wahrscheinlich gleichbedeutend mit Brooklyn. Hier ist die Marke Brooklyn geboren worden, die es auf T-Shirts und Basecaps gedruckt inzwischen bis in die äußersten Winkel der Erde geschafft hat: cool-lässige Geburtsstätte von Trends. Dabei ist Brooklyn nur einer von fünf Bezirken in New York, hat aber die meisten Einwohner, mehr als zwei Millionen. Brooklyn alleine würde es in die Top Five der bevölkerungsreichsten Städte der USA schaffen, weit vor beispielsweise Phoenix oder Philadelphia. Aber der Bezirk besteht selbst auch noch einmal aus – je nach Definition – rund fünfzig verschiedenen Vierteln, und die meisten davon sind alles andere als lässig oder cool im Sinne der Marke Brooklyn, sondern häufig arm und von Einwanderern aus den verschiedensten Teilen der Welt geprägt.

Selbst Williamsburg ist nicht gleich Williamsburg, wie mir auf meinen Streifzügen durch unser neues Zuhause schnell klar wird. Südlich der Williamsburg Bridge – die nördlichste der drei Brücken, die Manhattan und Brooklyn verbinden – leben hauptsächlich Einwanderer aus Lateinamerika und ihre Nachfahren sowie streng orthodox jüdische Chassiden, die Männer mit Schläfenlocken, die Frauen mit Perücken auf den rasierten Köpfen. Vom East River her nagen sich ganz langsam die Glashochhäuser mit Luxuswohnungen in diesen südlichen Teil des Viertels hinein.

Nördlich der Williamsburg Bridge haben die Glashochhäuser dagegen längst gewonnen. Mit meinem Vater und Emma im Kinderwagen spaziere ich am Ufer des East River entlang, wo sich eine Glasfassade an die nächste drängt. Auf der anderen Seite des Flusses glänzt Manhattan. Drei Jahre haben meine Eltern Anfang der Achtzigerjahre dort drüben gelebt, aber hier am Ufer von Williamsburg war mein Vater noch nie. »Das ging damals auch überhaupt nicht. Hier war überall Industrie, es war hässlich und dreckig, und man kam überhaupt nicht an den Fluss«, sagt er und fotografiert Emma vor der Skyline von Manhattan. »Wie sich das verändert hat, ist überhaupt nicht zu fassen.« In einem dieser Tage seltenen Moment der Harmonie setzen wir uns auf eine Bank, vereint im Staunen.

2005 hatte der damalige Bürgermeister Michael Bloomberg die Umwandlung des Industriegebiets am Ufer des East River, wo inzwischen immer mehr Künstler in die nach und nach frei gewordenen und günstig vermieteten Fabriken und Lagerhallen gezogen waren, in eine Wohngegend erlaubt – auch weil die Terroranschläge vom 11. September 2001 viele Menschen zum Wegzug aus Manhattan veranlasst hatten. Die Umsetzung erfolgte rasant, die Glashochhäuser wuchsen in die Höhe, die Fabriken und Lagerhallen wurden zu Luxuswohnungen mit Industrieschick; Bars, Restaurants, Cafés und Hotels machten auf, die Mieten stiegen, die Künstler mussten weiterziehen, und Menschen wie mein Vater erkennen das Viertel nicht mehr wieder. Für manche ist Williamsburg am Wasser mit der Bedford Street als Hauptader und Promenade der Hipster immer noch das Nonplusultra in Sachen Trends, für andere ist der Höhepunkt längst überschritten. »Williamsburg ist zum Times Square von Brooklyn geworden, hier kommen nicht nur Touristen von außerhalb New Yorks hin, sondern auch lokale Touristen aus anderen Stadtteilen, es ist einfach viel zu voll, besonders am Wochenende«, sagt unser Freund Alex, der Ende der 2000er-Jahre in die Gegend gezogen ist. »Als ich kam, war es schon schlimm, aber mittlerweile ist es komplett den Bach heruntergegangen. Es hat überhaupt keine Ecken und Kanten mehr, wie in einer Schweizer Bank, total keimfrei.«

Unser Holzhäuschen liegt im Ostteil von Williamsburg, der mit den Hipstern und Reichen am Wasser und den Latinos und orthodoxen Juden im Little Jerusalem im Süden nur wenig gemeinsam hat. Die Grenze verläuft entlang des BQE, des Brooklyn-Queens-Expressways, einer vierspurigen Autobahn auf Stelzen, die das Viertel brachial vertikal durchschneidet. Den Verkehr auf dem nur wenige Straßenblocks entfernten BQE hören wir nur mitten in der Nacht und sonntags früh am Morgen, wenn kein Stau ist. »Auf unserer Seite des BQE, da ist es noch das alte Williamsburg, die italienische Seite, wo aber auch viele Latinos leben. Ich habe immer mehr Spanisch als Englisch gehört«, sagt meine Freundin Ena bei einem Besuch in unserem schiefen Holzhäuschen. Rund drei Jahre lang hat Ena mit ihrem Mann Roderick und ihrer kleinen Tochter Elsa nur ein paar Straßenecken von unserem aktuellen Zuhause entfernt gewohnt, inzwischen sind sie auf der Suche nach einer größeren Wohnung tiefer nach Brooklyn rein, in das Viertel Bedford-Stuyvesant, gezogen. Ena stammt aus Österreich und arbeitet bei einer Fotoagentur, Roderick ist Schweizer und Fotograf. Beide sind schlank und sportlich, können aber gleichzeitig beeindruckend gut kochen. Sie gehören zu den ersten Menschen, die wir in New York kennengelernt haben, nur wenige Wochen nach unserer Ankunft. Ena und Rod waren da auch erst einige Monate in New

York. Ein gemeinsamer Freund in München hatte uns »verkuppelt«, und bei einem Abendessen in einem Restaurant auf der Lower East Side war es Freundschaft auf den ersten Blick. Auch Emma und Elsa sind inzwischen beste Freundinnen und wühlen sich auf einem Teppich in unserer Küche gerade fröhlich quietschend durch die Milchkiste mit Spielsachen.

Als wir Roderick vor ein paar Monaten von unserem Projekt erzählten, hatte er eine der besten Ideen: »Wir müssen in jeder Wohnung ein Foto von euch machen – und zwar immer auf dem Sofa«, sagte er. »Wir verändern dafür nichts, wir lassen alles genau so, wie es ist. Natürliches Licht, ihr lasst die Sachen an, die ihr anhabt – ich sehe das alles schon vor mir!« Felix und ich waren skeptisch: Fotos von uns auf dem Sofa? Warum? Wer sollte sich das anschauen wollen? Aber wir hatten schon so viele großartigen Bilder von Roderick gesehen und vertrauten ihm und seinen fotografischen Instinkten vollkommen. Und so kam er nun jeden Monat mit seiner Kamera in unsere aktuelle Wohnung und legte mit vollem Einsatz los. Einmal putzte er sogar die Fenster, um das perfekte natürliche Licht zu bekommen. Das erste Sofafoto wirkte auf uns noch etwas verwirrend und sinnlos, aber schon nach dem zweiten wurde klar: Das wird eine Serie, die auf einen Blick viel mehr über unser Projekt und das Wohnen in New York erzählt, als wir es mit vielen Worten jemals könnten.

Roderick wurde damit auch zum einzigen Menschen, der uns wirklich jeden Monat besuchte und

dafür teils lange Reisen durch die Stadt auf sich nahm. Nach Williamsburg waren es für ihn, Ena und Elsa glücklicherweise nur ein Katzensprung. »Ich wusste überhaupt nichts über die Gegend, als wir damals hierhin zogen«, sagt Ena. »Ich hatte meine zukünftigen Kollegen in der Fotoagentur gefragt, welche Neighborhoods wir uns anschauen sollen – von wo man gut zum Büro kommt, aber wo es auch nicht zu teuer ist. Dann haben sie mir Williamsburg und Greenpoint empfohlen. Und dann haben wir gesagt, ah, Williamsburg, das haben wir irgendwie schon mal gehört.« Roderick fällt ihr ins Wort. »Eigentlich war das Zufall. Wir sind an einem Freitag angekommen, und ich wollte nur noch schlafen, aber Ena hat gesagt, nein, jetzt suchen wir eine Wohnung. Das war das Letzte, was ich da gerade machen wollte. Dann hat sie auf Craigslist etwas gefunden. Der Makler war so faul, dass er noch nicht mal ein Bild drauf getan hat, nur geschrieben: Zwei Zimmer, Williamsburg, Telefonnummer. Wir haben ihm dann sofort getextet, und er hat gemeint, am nächsten Morgen könnten wir die Wohnung anschauen. Das war die allererste Wohnung, die wir überhaupt gesehen haben. Wir sind hingefahren, nachdem wir ein Konto eröffnet haben, und haben die Wohnung angeschaut. Das Pärchen, das darin gewohnt hat, war uns so sympathisch, dass wir heute noch mit denen befreundet sind – und wir haben die Wohnung auch genauso eingerichtet. Die hatten das schon perfektioniert. Es waren auch noch zwei Amerikaner bei der Besichtigung, aber für die war eine Wohnung im dritten Stock zu weit zum Hochlaufen.«

Die Wohnung ist – wie unsere jetzt – im obersten Stock eines schiefen, einsturzgefährdeten Holzhäuschens. Während der drei Jahre, die Ena und Roderick darin wohnten, hatten sie immer wieder Mäuse, Kakerlaken, Stromausfälle, Heizungsausfälle und monatelang kein Gas zum Kochen. Niedriger Wohnstandard, teuer erkauft – in New York Alltag. »Meine Mutter ist fast in Ohnmacht gefallen, als sie das erste Mal bei uns war«, erzählt Ena. »›Wie kannst du hier wohnen?‹, hat sie immer gefragt, und ihr Kommentar zu allem war: ›Substandard‹«" Ich muss sofort an meinen Vater denken.

Ena und Roderick liebten ihre schiefe Wohnung, das Licht, das durch die Eckfenster fiel, und vor allem die vergleichsweise günstige Miete. »Unser Haus war für mich typisch Williamsburg«, sagt Ena. »Wir haben ganz oben gewohnt, die weißen, europäischen Einwanderer und Gentrifizierer, unter uns waren eine zehnköpfige Familie aus Puerto Rico und eine WG von Drogensüchtigen und ganz unten ein Kiosk, an dem im Keller noch ein illegales Casino angeschlossen war. Wenn du in den Keller heruntergestiegen bist, was wir machen mussten, wenn die Sicherung rausgeflogen ist, was ja bei uns öfter mal vorgekommen ist, wurde da illegal gespielt. Da ist man wirklich eine Holztreppe heruntergestiegen, und dann haben einen zwanzig Latinos angeschaut. Wie wenn man in einen Saloon reinkommt und die Musik hört auf, und alle schauen einen an. Im Haus nebenan gab es dann auch noch eine Hipsterbar, wo nur Weiße waren. Die war super, aber von den Latinos ist da nie einer rein.«

Solche Gegensätze beobachte ich auch bei uns, einige Straßenecken weiter nördlich. Auf der einen Seite der Graham Avenue liegt die Metzgerei Meat Hook: Designlogo, schicke Inneneinrichtung, teures Fleisch von behütet auf umliegenden Bauernhöfen aufgewachsenen Tieren – und hauptsächlich junge, weiße, bärtige, tätowierte Kundschaft. Direkt gegenüber hat die Model T Meats Corporation einen schlichten weißen Schriftzug auf der roten Markise, mit Edding beschriebene bunte Zettel im Fenster, deutlich günstigeres Fleisch von Tieren ungenannter Herkunft im Angebot und hauptsächlich ältere, italienische Nonnas unter den wenigen Kunden. Das alte und das neue Williamsburg mischt sich nicht, es lebt eine Weile parallel nebeneinander her, bis sich das neue langsam, aber stetig ausbreitet und das alte in die Nischen und Ritzen des Viertels drängt.

»Aber ist man, wenn man weiß ist und in Williamsburg lebt, automatisch Hipster?«, frage ich Ena. Das Thema verwirrt mich.

Noch nie habe ich jemanden getroffen, der sich freiwillig stolz als Hipster bezeichnet hat, trotzdem werfen alle mit diesem Begriff um sich und scheinen seine Definitionsmerkmale genau zu kennen: jung, mit Kleidung, die teuer ist, aber nicht so aussieht (bei Männern gerne Holzfällerhemden), Brille, Bart, Fahrrad (Steigerungsform: Einrad), Tattoos, Apple-Geräte, Job in einer kreativen Branche mit geringem Gehalt, aus irgendeinem Grund aber trotzdem recht viel Geld und ein ausgeprägtes Interesse an Design, eklektischer Musik und gutem Essen mit frischen, regionalen Zutaten. Auf der Bedford Avenue passt mindestens jeder Zweite äußerlich in dieses Schema, und auch bei uns im Osten des Viertels tragen viele Menschen auf der Straße, in den Cafés oder Läden Variationen dieses Klischees zur Schau. Sie wirken meist, als hätten sie alle Zeit der Welt, als lebten sie vergnüglich auf einem Erwachsenenspielplatz für Hedonisten mit Instagram-Filter-Blick auf die Welt, deutlich stärker an sich selbst und am Konsum interessiert als an den Problemen der Welt.

Natürlich habe ich solche Menschen auch schon in anderen Ecken New Yorks gesehen, aber die hohe Konzentration in Williamsburg fällt trotzdem sofort auf. »Seid ihr Hipster?« Ena muss nicht lange nachdenken. »Auf jeden Fall. Man gibt das ja immer nicht so gerne zu, weil das Wort so eine negative Konnotation hat, aber ich weiß ganz genau, dass die Leute, die hier seit mehr als dreißig Jahren wohnen, denken, dass wir Hipster sind. Hunderttausendprozentig. Aber das ist ja auch o. k. Wir sind weiß, wir essen gerne gutes Essen – wahrscheinlich haben wir ganz viel gemeinsam mit Hipstern oder sind einfach Hipster.« Mist, denke ich, wahrscheinlich sind Felix und ich einfach auch Hipster. Wir müssen uns wohl damit abfinden.

Der Grund für den Erfolg von Williamsburg und damit das Entstehen des Hipstertums in Brooklyn ist für Ena und Roderick offensichtlich – und relativ banal: die U-Bahn-Linie L, die vom Westen Manhattans auf Höhe der 14. Straße unter dem East River durchfährt, Williamsburg einmal komplett horizontal durchquert und dann tief in Brooklyn endet. »Es ist nur der L-Train, das ist alles«, sagt Roderick. »Man ist einfach wahnsinnig schnell in Manhattan mit dem L-Train – und zwar nicht irgendwo in Manhattan, sondern am Union Square, mittendrin.«

Als Felix, Emma und ich eines Abends von unserer L-Train-Station Graham Avenue nach Hause laufen, treffen wir einen Mann vor unserem Haus. Er schließt gerade die unscheinbare Tür des Ladenlokals im Erdgeschoss zu. Die Fenster sind mit Planen verklebt, nie konnten wir sehen, was dahintersteckt. »Hi, ich bin Eric«, stellt er sich vor. Schwarze kurze Haare, T-Shirt, Jeans und Turnschuhe, jugendlicher Gesichtsausdruck. »Wollt ihr auf ein Bier hereinkommen?« Bislang hatte ich mir noch keine Gedanken gemacht, was unter uns in dem schiefen Holzhäuschen so vor sich gehen könnte, aber das, was Eric uns jetzt zeigt, hätte ich mir sowieso nie ausmalen können. Er sei Holzkünstler, erzählt er, und betreibe seit 1997 ein Atelier in dem Häuschen. »Es war spottbillig hier damals, noch billiger als drüben am Wasser im richtigen Williamsburg, das hier war Niemandsland. Es gab nur Künstler und alte Ladys – von hier bis zum Wasser. Ich hatte Freunde in einer Band, die haben hier gewohnt, da habe ich mir das hier mal angeschaut. Ich dachte, ich bleibe vielleicht ein Jahr. Das hier war ein verlassenes Lebensmittelgeschäft, zwei Jahre lang hatte das ganze Essen hier vor sich hin gerottet. Es gab Ratten, Kakerlaken, alles, sogar Eichhörnchen. Es war ekelhaft. Aber ich war ja noch jung, ich habe alles ausgeräumt und sauber gemacht.« Zehn Jahre lang habe er sogar in seinem Atelier gewohnt, anfangs ohne Heizung und Dusche, aber inzwischen habe er einen kleinen Sohn und lebe näher am Wasser, erzählt Eric. Sein Atelier im Erdgeschoss besteht nur aus einem großen dunklen Raum voller Holzskulpturen, auf dem Boden liegt überall Werkzeug. »Es geht noch weiter« sagt Eric und führt uns über eine Holztreppe in den Keller, von dessen Existenz ich bislang nichts wusste und der sich als perfekt ausgestattete Holzwerkstatt entpuppt. »Hier, damit kannst du Schlagzeug spielen«, sagt Eric und schenkt Emma einen blau lackierten, runden Holzstab.

»Meine Miete ist seit 1997 nur ein einziges Mal erhöht worden, aber dafür ziemlich drastisch. Das war kurz nach den Terroranschlägen vom 11. September 2001. Anscheinend dachte sich der Vermieter da: Wenn schon die Welt untergeht, kann ich wenigstens vorher noch Geld machen. Er kam zu mir und sagte: ›Eric, du weißt, ich behandele dich wie ein Familienmitglied‹ – und dann boom, erhöht er meine Miete. Eigentlich ist er ein lieber italienischer Mann, aber er verhandelt eiskalt mit mir, sodass ich Angst um mein Leben bekomme. Für ihn sind es normale Verhandlungen, aber ich habe das Gefühl, dass er mich umbringen will. Danach sagt er dann: ›Es hat mich gefreut, Geschäfte mit dir zu machen.‹ Einmal ist von oben Wasser in die Wohnung getropft, und ich habe zu ihm gesagt: ›Ich zahle keine Miete mehr, bis das nicht repariert ist.‹ Dann hat er gesagt. ›Wenn du keine Miete mehr zahlst, komme ich rüber und bringe dich um.‹ Am nächsten Tag kam er vorbei und hat gesagt: ›Eric, wie geht's dir, gut siehst du aus.‹«

Dieser Teil von Williamsburg sei – trotz der sich vermehrenden Hipster – immer noch italienisch geprägt und Mafiamethoden seien durchaus üblich, sagt Eric. So sei zum Beispiel unser Nachbar übel betrogen worden. »Vor ungefähr fünfzehn Jahren hat dieser Typ, ein Musiker, das Haus nebenan gekauft. Er wollte es komplett umbauen und ein Studio einbauen. Als er eingezogen ist, hat er mich eingeladen, mir das Haus anzuschauen. Wir haben dann zusammen angefangen, die Verkleidung von den Wänden zu reißen – und dahinter war das Nachbarhaus. Sein Haus bestand nur aus Kanthölzern, die gegen die Außenwände der Nachbarhäuser genagelt worden waren. Er hatte ein Dach zwischen zwei Häusern gekauft, das war alles.«

Ena und Roderick hatten uns schon ähnliche Mafiageschichten aus der Gegend erzählt, vor allem von den Fortunato-Brüdern aus Neapel, die eine Konditorei auf der Manhattan Avenue betreiben, nur wenige Straßenblocks von unserem Holzhäuschen entfernt.»Da hängen die ganzen Dons ab, man sieht das schon, wenn man reinkommt«, hatte Ena erzählt.»Letztens habe ich von einer Rollstuhlfahrerin gelesen, die den Laden verklagt hat, weil er keine Rampe hat. Dann hat ihr Anwalt plötzlich Besuch bekommen, wie in der Mafiaserie *Sopranos*. Und dann hat der Anwalt entschieden, seine Finger von diesem Fall zu lassen, und die Rollstuhlfahrerin musste aufgeben.« Der Mafiafilm *Donnie Brasco* mit Al Pacino und Johnny Depp sei sogar genau hier in der Gegend gedreht worden, wusste Roderick zu berichten.»Und ich war mal bei Lella Alimentari, einem anderen Italiener um die Ecke. Die habe ich gefragt, wie das eigentlich ist, wenn man als Italiener ein Geschäft in der Gegend aufmacht, weil man dann ja automatisch Konkurrenz zu den Fortunato-Brüdern ist. Sie hat gemeint, das sei total krass. Der eine Fortunato-Bruder sei irgendwann mal zu ihr reingekommen, habe nur dagestanden, sich umgeschaut und nichts bestellt. Sie wusste, wer er war. Dann ist er zu ihr gekommen und hat gesagt: ›Schöner Laden, viel Holz. Das brennt gut.‹«

Jaja, die Fortunato-Brüder, meint Eric wenig überrascht, als wir ihm die Geschichte erzählen.»Die beherrschen hier alles. Mein Sohn geht hier um die Ecke in die Schule, und fast alle seine Lehrer heißen Fortunato mit Nachnamen. Als er in die Grundschule kam, hat uns die Elternbeauftragte durch das Gebäude geführt, und mitten in der Führung hat sie auf einmal gesagt: ›Mein Mädchenname ist übrigens Fortunato, ihr wisst, was das bedeutet.‹ Aber das Ganze hat auch immer dazu geführt, dass sich die Menschen hier sicher gefühlt haben, als stünden sie unter einem besonderen Schutz. Leg dich nicht mit der Humboldt Street an!«

Einige Tage später laden wir Eric zum Gegenbesuch in unsere Wohnung im ersten Stock zum Neighborhood-Dinner ein und fragen ihn nach seinem Williamsburg-Fazit.»Ehrlich gesagt: Auf dieser Seite hier ist es noch genauso beschissen, wie es immer war. Und genauso hässlich.« Eric nimmt sich noch ein Stück Pizza aus dem Stapel Kartons, die wir als Verpflegung für das Dinner bestellt haben, und trinkt einen Schluck aus seiner Bierflasche. »Das einzige Neue ist, dass es jetzt junge Menschen gibt. Früher bin ich vor Freude ausgerastet, wenn ich jemanden unter fünfzig gesehen habe. Und es gibt Restaurants, früher gab es nur einen schlechten Italiener und ein Fastfood-Ketten-Restaurant. Aber ansonsten hat es sich nicht so viel verändert. Schaut euch doch eure Wohnung hier an, die hat sich in den letzten Jahrzehnten auch nicht verändert.«

Meine Mutter ist unterdessen wieder abgereist, und mein Vater scheint sich mit der Situation einigermaßen arrangiert und in dem schiefen Apartment etwas eingelebt zu haben, vor allem seit die Umstellung meines *New York Times*-Abonnements geklappt hat und die Zeitung jeden Morgen auf dem Bürgersteig vor dem Holzhäuschen liegt. Stundenlang liest sich mein Vater durch den Politikteil, denn der große Tag der Präsidentschaftswahl steht kurz bevor: Hillary Clinton gegen Donald Trump.

Am Morgen des 8. November bringe ich Emma in den Kindergarten und gehe dann ein paar Straßen weiter in eine Grundschule, um meine Stimme abzugeben. Meine Anmeldung zur Wahl hatte ich noch aus Chinatown mit der dortigen Adresse abgeschickt. Mein Zettel mit dem Kreuz bei Clinton wird eine von 44 969 abgegebenen Stimmen im District 65 sein. 36 563 weitere Menschen in meinem Wahlbezirk werden ebenfalls für die demokratische Kandidatin gestimmt haben, 6344 für ihren republikanischen Gegner Donald Trump. Insgesamt werden fast neunzig Prozent der Menschen in Manhattan und in der Bronx für Clinton stimmen, knapp achtzig Prozent in Brooklyn und Queens. Nur Staten Island geht mit rund sechzig Prozent der Stimmen an Trump. Mittags stehe ich mit Felix vor einer Grundschule auf der 56th Street in Midtown und erlebe, wie Trump und seine Familie beim Gang in und aus ihrem Wahllokal von einer ganzen Straße voller Menschen ausgebuht werden.

Die Stimmung in der Blase um uns herum ist eindeutig – und Felix und ich sind natürlich Teil dieser Blase, das wird uns immer wieder bewusst. Kurz nachdem wir nach New York zogen, wurde Barack Obama wiedergewählt, und wir erlebten die überschwängliche Freude der Feiernden auf dem Times Square mit. Wie wohl den meisten Menschen in Deutschland stehen uns die Überzeugungen der Demokraten deutlich näher als die der Republikaner, und wir sind dankbar, in einer so bunt gemischten, liberalen Stadt wie New York zu leben, in der das Neben- und Miteinander unterschiedlichster Menschen wie in einem gigantischen Gemeinschaftsexperiment jeden Tag aufs Neue erstaunlich reibungslos funktioniert.

Und so gehen wir am Wahlabend auch relativ entspannt zum Times Square, von wo aus ich ein Stimmungsfeature schreiben soll. Auf riesigen Leinwänden laufen live die Sondersendungen der verschiedenen Fernsehkanäle, davor sammeln sich Hunderte Menschen. An improvisierten Ständen werden Andenken an die Wahl verkauft, Buttons, Kappen, Aufkleber, T-Shirts. »Trump-Sachen habe ich nicht im Angebot, ich hasse den Typ«, erzählt mir einer der Verkäufer. »Das ist keine wirtschaftliche Entscheidung für mich, sondern eine moralische.« Die *New York Times* hat einen Livekompass zu den Wahlchancen der beiden Kandidaten auf ihrer Website, den wir immer wieder checken. Die Chance auf einen Sieg von Clinton liegt demnach bei 85 Prozent.

Dann trudeln die ersten Ergebnisse aus den Bundesstaaten ein. Anfangs läuft für Clinton noch alles nach Plan, doch dann werden die Übersichtskarten auf den Leinwänden zunehmend röter. Die Menschen werden unruhig, viele verlassen den Times Square. Nach und nach fallen North Carolina, Pennsylvania, Ohio, Michigan und schließlich auch Florida an Trump. Die Nadel im Kompass der *New York Times* dreht sich einmal quer über meinen Handybildschirm und gibt nun die Chance auf einen Sieg von Trump mit mehr als fünfzig Prozent an. Mir wird flau.

Vor uns dreht sich ein Mann um. »Ich heiße Muhammad mit Vornamen – was mache ich denn jetzt?«, fragt er mit zitternder Stimme. »Muss ich so schnell wie möglich auswandern?« Kurz darauf erklären die Fernsehsender auf den Leinwänden Trump zum 45. Präsidenten der Vereinigten Staaten.

Felix und ich schauen uns an, aber wir bringen kein Wort heraus. Mein Körper fühlt sich wie gelähmt an. Auf dem Times Square, wo immer noch Hunderte Menschen stehen, ist es totenstill, wie bei einer Beerdigung. Zitternd steigen wir in ein Taxi und fahren zurück nach Williamsburg.

Im schiefen Holzhäuschen wartet mein Vater, der den Abend über auf Emma aufgepasst und die Nachrichten auf seinem Handy verfolgt hat. Er nimmt mich fest in den Arm. »Die dümmsten Kälber suchen sich ihre Schlächter selber«, sagt er und als er merkt, dass mich das nicht beruhigt: »Aber das wird schon wieder. Es sind doch auch nur vier Jahre. Und New York wird immer New York bleiben.« Wie betäubt gehe ich schlafen.

Am nächsten Morgen reist mein Vater zurück nach Deutschland. Die Wahl hat unseren Konflikt in den Hintergrund geraten lassen, und ich habe das Gefühl, dass wir in unserer Waffenruhe trotz allem einigermaßen versöhnlich auseinandergehen. Nachdem er ins Taxi gestiegen ist, laufe ich durch Williamsburg, mein Körper fühlt sich immer noch schwer an, mein Gehirn zermatscht, wie nach einem langen Albtraum. Williamsburg, das mir dank der vielen Geschichten von Ena, Roderick und Eric gerade erst ein bisschen ans Herz gewachsen war, erscheint mir plötzlich grau und trübselig, dabei ist es ein sonniger Herbsttag. Wie Zombies laufen die sonst so schnell gehenden New Yorker plötzlich langsam und scheinbar ziellos durch die Straßen, viele haben verweinte Augen. Der Instagram-Filter ist ab. »Wir werden es überstehen, New York«, steht auf einem blauen Klebezettel an der Wand der U-Bahn-Station am Union Square. In den Tagen nach der Wahl tauchen immer mehr solche Klebezettel an den Wänden auf – U-Bahn-Therapie. »Liebe gewinnt«, steht da oder: »Wenn die ihr Niveau senken, dann heben wir unseres.«

Aber das alles hilft nur ganz langsam. Tagelang fällt es mir nach der Wahl schwer, überhaupt das Bett zu verlassen. Ich fühle mich müde und krank, habe überhaupt keine Lust auf gar nichts. Erst die ganzen Schwierigkeiten mit unserem Umzugsprojekt, der furchtbare Oktober ohne Wohnung, die Streitereien mit meinem Vater und jetzt dieser Wahlausgang, der natürlich nichts mit unserer persönlichen Situation zu tun hat, aber doch dem ganzen Drama irgendwie die Krone aufsetzt. »Wollen wir uns das wirklich noch weiter geben?«, frage ich Felix eines Abends, als wir wieder einmal völlig ermattet in einem der beiden wackligen Betten der Wohnung liegen. »Sollen wir nicht einfach aufhören? Es macht keinen Spaß mehr, und ich kann nicht mehr.« Felix schaut mich an, und ich sehe, dass er genauso platt ist wie ich. »Ich weiß es doch auch nicht.«

Alles latte

Madison St, Bushwick, Brooklyn

Felix

Bumm!

Aua!

Verdammt. Das schmerzt. Ich hebe meinen Fuß und ziehe zischend die Luft ein, während Emma sich in die wunderschön gekachelte Dusche übergibt. Ich war mir für eine Millisekunde sehr schlau vorgekommen, als ich die seltsame Art, wie sie hustete, als erste Anzeichen eines Kotzanfalls erkannte, sie aus dem Bett riss und mit ihr ins Bad rannte. Aber ich hatte den Wasserfleck am Boden übersehen, kam aus vollem Sprint ins Rutschen und rammte meinen rechten großen Zeh dumpf in die harten schwarzen Kacheln der Duschumrandung.

Hätte ich das Kind doch einfach kotzen lassen. Vor einer Minute waren wir noch gemütlich am Aufwachen, Emma lag wie üblich zwischen uns, schmatzte ihren Schnuller und hielt mit je einer Hand Christina und mich am Ohr fest, als plötzlich das Husten losging. Und jetzt? Alles in New York ist machbar, nur wenn man nicht laufen kann, hat man echt ein Problem.

Als Emma sich ausgekotzt hat, ist sie wieder erstaunlich guter Laune. Ich lege mich zurück ins Bett und bemitleide meinen Zustand ausgiebig. Mein Zeh ist so gut wie sicher angebrochen. Dabei fing Bushwick so gut an! Nach unserem Tief in Williamsburg gab es plötzlich einen Lichtblick: Zum ersten Mal meldete sich jemand auf unsere Annonce im Newsletter:

»Hallo! Ich fand es super aufregend, von eurem Abenteuer zu lesen. Wir suchen nach einem Untermieter für unsere 200-Quadratmeter-Wohnung mit Garten (...). Für eine kleine Familie wie eure wäre sie perfekt, und sie liegt in einer besonderen Gegend von Brooklyn, wo man echte Einheimische kennenlernen kann. Sagt mir Bescheid, falls das für euch von Interesse ist. Caroline«

Eine geräumige Wohnung in einer hipster- und gentrifizierungsfreien Zone, das klang nach den Erfahrungen der vergangenen Wochen einfach perfekt. Ich zockelte mit dem J-Train auf den Hochgleisen nach Bushwick und lief durch leere Wohnstraßen zu einem hübschen Backsteinhaus. Caroline hatte lange rote Haare, leuchtende blaue Augen und einen freundlichen britischen Akzent. Sie führte mich ins Erdgeschoss des Railroad Apartments, wie man die schmalen, waggonartigen Wohnungen hier nennt. Ich sah ein Schlagzeug neben einer großen Plattensammlung, dahinter eine große, bestens eingerichtete Wohnküche.

»Ihr könnt hier alles benutzen«, sagte sie und zeigte auf einen Stapel Surfbretter. »Mein Freund geht meistens vor der Arbeit surfen.« Ich blinzelte verwirrt. Waren wir hier nicht irgendwo in der suburbanen Betonwüste von Brooklyn? »Es ist von hier gar nicht so weit bis ans Meer«, sagte Caroline. »Er steht so um halb fünf Uhr morgens auf, schnappt sich Anzug und Board und geht zwei Stunden aufs Wasser, in den Rockaways. Dann ist er um neun am Schreibtisch. Er arbeitet in einer Designagentur in Manhattan.« Sie selbst sei Dokumentarfilmerin und arbeite vor allem von zu Hause.

Ich erinnerte mich an einen Zeitungsartikel über Wintersurfer in den Rockaways, auf dem Foto sah man einen Mann in Neoprenanzug, Surfbrett unter den Arm geklemmt, im Morgenlicht die Straße unter den Hochgleisen im Süden von Queens überqueren. Das zweite Bild zeigte ihn mit zwei anderen Neoprengestalten, die sich gemeinsam durch tiefen Schnee am Strand kämpften, um in den dunkelgrauen, saukalten Atlantik zu steigen und Wellen abzureiten, die im Winter besonders hoch sein sollen. Eine kleine, verschworene Gemeinschaft seien die Wintersurfer, hieß es.

»Krass, was man für einen Lifestyle hier in Bushwick haben kann«, sagte ich. »Wir mögen es sehr gern hier«, antwortete Caroline. »Wir nehmen das Apartment auf jeden Fall«, sagte ich schnell, um jegliche Zweifel auszuräumen. Sie führte mich die Treppe nach oben in den zweiten Stock, genau hierher, wo ich jetzt liege und wimmere. Die Decken sind hoch, die Fenster lassen viel Licht herein, weil auf der anderen Straßenseite kein Haus die Sonne verdeckt, sondern der Sportplatz einer Schule den Blick öffnet in Bäume und Himmel. Caroline und ihr Wintersurferfreund haben sich eine geschmackvolle Oase eingerichtet, die Ruhe und Rückzug verspricht – genau das, was wir brauchen nach diesen Wochen des Wahnsinns, ohne festen Boden unter den Füßen. Das Apartment, die ruhige Gegend, das sonnige Gemüt der Gastgeberin, all das hatte mich bestärkt, Christina zu überreden, weiterzumachen mit unserer Umzieherei.

Mein Zeh ist rot und geschwollen. Christina bringt mir ein Eispaket, der Haushalt hier ist bestens ausgestattet, vielleicht für die Surfwunden von Carolines Freund. Ich packe meinen Zeh in die Kälte und denke an den langen Weg von hier zu Emmas Kindergarten und wie ich ihn bloß bewältigen soll. Wird Christina das jetzt alles alleine machen müssen? Ich nehme mein Handy und scrolle Bilder durch, um mich abzulenken. Emma vor einem Detroit-Graffito. Das Welcome-Schild des Bundesstaats Iowa. Als wir vor ein paar Tagen einzogen, waren wir noch ganz berauscht und durcheinander von einem einwöchigen Roadtrip zu Thanksgiving, dem höchsten amerikanischen Feiertag, zu dem sich die

Familien im ganzen Land traditionell zusammenfinden und vor allem viel essen. Wir besuchten Heidi, eine alte Highschool-Freundin von Christina in Madison, Wisconsin, und fuhren dorthin durch die Mitte Amerikas: Ohio, Michigan, Minnesota und schließlich sogar noch hinein nach Iowa – alles Bundesstaaten, in denen Trump gesiegt hatte.

Ein Trip durch Trumpland kurz nach der Wahl, das war aufregend und ein wenig unheimlich. Ich erwartete TRUMP-PENCE-Schilder in Vorgärten und wütende politische Auseinandersetzungen in Diners, an Tankstellen, mit düster blickenden stiernackigen Gesichtern unter roten Make-America-Great-Again-Käppis. Nichts davon geschah. Obwohl wir uns absichtlich unter viele Menschen begaben, in der Mall of America in Bloomington, Minnesota, dem meistbesuchten Einkaufszentrum der Welt mit eigenen Hotels und Flughafenzugang, oder in Frankenmuth, Michigan, einem Städtchen, das 365 Tage im Jahr Weihnachten feiert, und viele Gespräche anzettelten, trafen wir keinen einzigen bekennenden Trump-Wähler.

Erst auf der Rückfahrt, im Städtchen Flint in Michigan, bekannt geworden durch sein bleiverseuchtes Wasser und die hohe Kriminalitätsrate, passierte es. Wir orteten den einzigen modernen Coffeeshop auf der Hauptstraße. Als wir eintraten, kam das Williamsburg-Feeling hoch: sanftes Instagram-Licht, leise Zwanzigerjahremusik, ein elegant eingerichteter, warmer hoher Raum mit Ziegelwänden und langer Bar und ein mit Weste und Fliege gekleideter Barista. Wir starteten eine harmlose Unterhaltung, während Emma etwas Milchschaum schlürfte, auch als »Babyccino« bekannt. Er sei Josh, der Besitzer, plauderte er los, und er sei so dankbar für das Café, es habe lange keinen Ort für Gemeinsamkeit gegeben in Downtown Flint. Er würde neben dem Café eine Werbeagentur betreiben, sagte er freundlich, benannt nach ihm selbst. Als wir ihn etwas arglos auf die Wahl ansprachen, wie wir das die letzten Tage dutzendfach gemacht hatten, da erzählte er, dass seine Familie seit jeher republikanisch sei und dass Trumps Besuch, sein Auftreten vor Ort in Flint, ihn schließlich überzeugt hätte.

What? Überzeugt? Also eine dieser Reden, in denen Trump aus meiner Sicht mit Grundschulvokabular auf alles eindrischt, was anders ist als er, und alles verspricht, was irgendwie die Menge aufhetzt? Da standest du, Kaffee-Josh, und dachtest dir: Guter Mann?

»Also hast du Trump gewählt?«, fragte ich, um sachlich zu bleiben.

»Ja, ich habe Trump gewählt«, sagte Josh höflich. Und fügte hinzu, dass er schließlich sogar Plakate für die Trump-Kampagne designte. Dass ausgerechnet dieser Millennial mit Undercut und Zehntagebart Trump ins Amt geholfen hatte, das raubte mir in meiner aufgewühlten Nachwahlstimmung fast den Verstand. Ich starrte in meinen Milchschaum, auch Christina fehlten die Worte.

In diesem Moment kam der Sheriff herein und rieb sich die kalten Hände. Ein älterer Afroamerikaner mit freundlichem Lächeln, gemütlichem Bauch über dem Pistolenholster und einer außerordentlich relaxten Ausstrahlung angesichts seines Reviers, immerhin eine der kriminellsten Städte Amerikas. Er füllte sich einen dampfenden Kaffeebecher, stellte sich zu uns und brachte neuen Schwung in unseren verstummten Kaffeeklatsch. Das mit der Kriminalität sei alles gar nicht so schlimm, meinte er, nur in bestimmten Teilen der Stadt wäre es nicht sehr angenehm. Und auch das mit dem giftigen, verseuchten Wasser sei eher eine Medienkampagne der neuen Bürgermeisterin gewesen als wirklich ein neues Phänomen für Flint.

Als ich ihm sagte, dass wir mit Josh über die Wahl sprächen, da meinte der Sheriff, ein wenig feierlich, Gott habe Donald Trump diese Chance gegeben. »Mal sehen, was er daraus macht. Ich bete jedenfalls für ihn.« O mein Gott. Ich konnte nur ein wenig herumstottern, dass wir beide das ja völlig anders sähen. Eine wirkliche Diskussion kam aber gar nicht zustande, die beiden waren viel zu entspannt. Von wegen rotäugige Stiernacken. Das hier waren zwei gestandene Männer, die hier aufgewachsen waren und sich gut kannten und die eine Menge Gutes zu verantworten hatten in ihrer kleinen, geschundenen Stadt. Und die trotzdem den – meiner Ansicht nach – rücksichtslosen, narzisstischen New Yorker Millionenerben unterstützten, der sie in Kürze regieren würde.

»War ja klar, dass die einzigen Trumper, die wir treffen, ein Hipster mit Coffeeshop und ein schwarzer Sheriff sind«, sagte ich zu Christina, als wir wieder im Auto saßen. Dabei war mir gar nichts klar. Mir war höchstens mal wieder bewusst, dass ich dieses Land im Ganzen wohl nie verstehen würde. Wir haben inzwischen fast alle Bundesstaaten dieses weitgehend leeren Kontinents bereist, und er ist so verdammt heterogen, so ungleich, so gnadenlos und so wunderschön, dass er aus jedem Menschen einen eigenen, kantigen Charakter zu formen scheint. Jeder Versuch, dieses Land, ach was, diesen Erdteil zu generalisieren, muss eigentlich fehlschlagen. Genauso wie jeder Versuch, den Sieg von Trump zu erklären. Was wusste ich schon über Kaffeehaus-Marketing-Josh oder über den schwarzen Sheriff, bevor ich nach Flint kam? Was maße ich mir an, diese offensichtlich voll im Leben stehenden Menschen verurteilen zu können?

Als ich die Augen öffne, bin ich wieder im Bett in Bushwick. Ich muss eingedöst sein. Christina und Emma sind verschwunden, nur noch eine große Discokugel leistet mir und meinem Zeh Gesellschaft. Caroline und ihr Freund haben sie hier als Deko geparkt, sie liegt auf dem Sessel direkt gegenüber dem Bett und spiegelt die Nachmittagssonne in vielen kleinen Punkten durch den Raum. »One, two, three«, höre ich Emma durch die offene Tür, vom Fuß der Treppe her, brabbeln. Dann rumpelt es. »Hoppala.« Das Wort hat Emma in Deutschland aufgeschnappt. »Macht nichts«, höre ich Christina sagen. Emma zählt wieder, es trappelt, und irgendwann quietscht sie »done!« Anscheinend hat sie gerade Treppensteigen gelernt. Ich richte mich auf und versuche aufzutreten. Als ich zur Treppe humple, tritt Emma gerade den Rückweg nach unten an, das Treppengeländer in der einen und Christina an der anderen Hand. Gemeinsam schleichen wir uns hinunter, und ich lege eine alte Jazzplatte auf. Carolines Plattensammlung ist wirklich beeindruckend. Emma stellt sich hinter das Schlagzeug und bearbeitet mit beiden Händen die Snare Drum. Durch die Wand dringt ein sanfter Haschischduft, anscheinend machen es sich unsere Nachbarn auch gerade gemütlich.

Der Weg zum Kindergarten am nächsten Morgen ist äußerst ungemütlich. Ein scharfer, frostiger Wind weht uns aus Süden entgegen, Emma fröstelt im Kinderwagen, und humpelnd komme ich nur langsam voran. Als wir auf die Bushwick Avenue, die erste große Querstraße treffen, merke ich, dass ich falsch abgebogen sein muss. Die U-Bahn ist nun noch weiter weg als sowieso schon, dank meines nicht vorhandenen Orientierungssinns. Dafür leuchtet ein warmes Licht aus einem Ladenfenster auf der anderen Straßenseite. THE PLATFORM steht in blechernen Lettern über der Tür, davor hängen ein paar Lichtgirlanden, und ich erkenne durch die beschlagene Scheibe Umrisse von etwas Vertrautem. Tatsächlich: ein Café! Hatte Caroline nicht erzählt, es gäbe hier gar keine Cafés?

Die Platform empfängt uns mit einer Banane für Emma, einem guten Espresso für mich und dem Gefühl, der einzige Ort in der Gegend zu sein, der ein wenig Gemütlichkeit verspricht. Die Straßen um unser neues Zuhause wirken tot. Es gibt keine Läden, keine Restaurants, hier wird nur gewohnt, die Gehsteige sind meist leer. In der Platform gibt es WLAN und einen großen Raum im Untergeschoss, in dem laut Wandkalender regelmäßig Lesungen und Konzerte stattfinden.

Der Weg vom Café zur Kita dauert eine Dreiviertelstunde, ist mit viel Treppensteigen verbunden, und die Bahn zockelt mit fast provozierender Langsamkeit über die Williamsburg Bridge hinüber nach Chinatown. Aber die Aussicht ist schön, und wir kommen in den nächsten Tagen ein wenig in unserem suburbanen Leben an, mit einem täglichen Stopp in der Platform. Zwar sehe ich weiter niemanden auf den Straßen und werde oft fast weggeweht vom winterlichen Wind, aber sobald ich die große Methodistenkirche an der Ecke unseres Blocks erspähe, stellt sich nun das Gefühl des Heimkommens ein.

Eines Abends wird die Kirche verhüllt, und Dutzende riesige Lastwagen parken die Gehsteige zu. Dutzende Männer wuchten Scheinwerfer von den Ladeflächen und sprechen in Walkie-Talkies. »Wir drehen hier Oceans 8«, sagt mir einer der Männer mit Funkgerät. »Sandra Bullock ist gerade da drin.« Er zeigt auf die Sakristei, die an die Kirche angebaut ist und vor deren Fenster ein gigantischer Tageslichtscheinwerfer steht. Oceans 8 ist eine weibliche Persiflage auf die Actionreihe Oceans 11, 12 und 13 und besetzt mit Superstars, von Sandra Bullock über Cate Blanchett bis hin zu Sängerin Rihanna. Aus unserem Schlafzimmerfenster, das einen direkten Blick auf die Rückseite der Kirche zulässt, sehen wir, dass in der Sakristei nun Tag und Nacht Scheinwerferlicht brennt – leider sind die Fenster mit Papier verhüllt. Auf Twitter tauchen Paparazzifotos auf, die die weiblichen Stars beim Pizzaessen und U-Bahn-Fahren in Manhattan zeigen. Hier in Bushwick scheint sich aber niemand für die Dreharbeiten zu interessieren, bis die Aufbauten plötzlich über Nacht verschwinden.

Eine Woche später, nur noch wenige Tage bis zum Abflug in die Weihnachtstage nach Deutschland, ist mein Zeh wieder so weit verheilt, das ich morgens eine Runde durch die Neighborhood drehen kann und mich einmal mehr über die völlige Menschenleere und das Fehlen von jeglichem Grün wundere. Schließlich schaue ich in der Platform vorbei, um uns einen Frühstückskaffee mit Croissants zu organisieren. Der Barista drückt mir eine Punktekarte in die Hand, er hat mich offenbar als Stammkunden anerkannt. Ich lese einen Aufdruck auf der Rückseite:»Subway Realty« steht da.»Denen gehört der Laden«, sagt der Barista.»Die bringen ihre Kunden hierher, wenn sie Verträge unterzeichnen.« Er zeigt auf eine Ecke neben der Tür. Jemand hat dort wie auf eine Art Gemeindebrett Immobilienanzeigen gepinnt, manche mit Fotos, alle in der direkten Nachbarschaft. Darüber steht wieder der Name: Subway Realty, übersetzt so viel wie»U-Bahn-Makler«.

Mir fällt ein Artikel aus der New York Daily News ein, der beschreibt, wie eine Gruppe von Immobilienmaklern Cafés in Harlem eröffnet habe – nach Einschätzung des Autors vor allem, um ihre Angebote in der Neighborhood besser und schneller an den Mann zu bringen. Diese sogenannten Kaffeemakler, so war zu lesen, seien die neuesten Anheizer der Gentrifizierung.

Ist die Platform, in der ich in den letzten Wochen so viele Dollars gelassen habe, auch nur eine nach Kaffee und Croissants schmeckende Gentrifizierungsmaschine? Ich nehme mir vor, der Sache nachzugehen und auf unserem Wohnblog darüber zu berichten. Der Barista nennt mir die Adresse der Maklerfirma, und am Nachmittag stehe ich vor einer großen Holzvilla gleich um die Ecke, die eher einem Südstaatenfilm entsprungen scheint als dem Süden Bushwicks.

Als ich das dunkle Foyer betrete, knarzt der Dielenboden. Zwei junge Menschen sitzen hinter einem Empfangstresen, als würden sie jederzeit mit Besuchern rechnen. Sie bringen mich in den Nebenraum, einen gigantischen, mit dunklem Holz getäfelten Salon mit Parkett und prachtvollen Glasintarsien in den Fenstern. In einem dunklen Eck thront ein gedrungener Mann mit kurzen, braunen Haaren hinter einem Schreibtisch voll Papier. Neben ihm steht ein Flügel, und über ihm an der Wand entdecke ich auf einem Schild das Logo von der Visitenkarte wieder: Subway Realty.

Er stellt sich als Ari vor, er muss etwa in meinem Alter sein. Als ich ihm sage, dass ich etwas über Makler schreiben möchte, die Cafés besitzen, blickt er mich verwundert an. »Ich wusste nicht, dass es außer mir noch andere gibt«, sagt er. »Ich mache das nicht fürs Geschäft oder fürs Geld, sondern ich habe das eröffnet, weil ich als Unternehmer etwas für die Nachbarschaft tun wollte. Es gab überhaupt nichts hier in der Gegend.«

Ari erzählt, dass er in Brooklyn geboren und aufgewachsen sei und dass er die Gegend vor etwa fünf Jahren entdeckt habe, weil einige Freunde hier Häuser gekauft hätten und er auch ins Immobiliengeschäft einsteigen wollte. Er habe zuvor einen Weinladen betrieben. Seither habe er Subway Realty – »ich habe es so genannt, weil es in Brooklyn eigentlich immer nur um die U-Bahn geht« – schrittweise ausgebaut und würde heute etwa hundert Immobilien verwalten, immer mit etwa zwanzig oder dreißig aktiven Annoncen.

Eines Tages sei dann ein Freund auf ihn zugekommen. Er habe da einen leeren Laden um die Ecke, ob ihm, Ari, nicht etwas dazu einfallen würde. Als Weinkenner kam Ari sofort eine Idee: Kaffee. »Kaffee ist der neue Wein«, sagt er. »Wer hat sich hier früher schon auf eine Tasse Kaffee getroffen? Kaffee ist eine eigene Kunstform geworden.« Kaffee sei in den USA lange Zeit eher Mittel zum Zweck gewesen, ein warmes Aufputschmittel für Cowboys, dann für Weltkriegssoldaten und schließlich für die Lastwagenfahrer und Fabrikarbeiter.

Vor einem Jahr waren Christina, Emma und ich in der allerersten Filiale von Starbucks in Seattle. Kaffee als Kultur und die Erfahrung exotischer Sorten, das alles hat erst Starbucks in den amerikanischen Mainstream gebracht – begünstigt durch die Verwischung der Grenze zwischen Arbeit und Freizeit durch Laptops, Smartphones und öffentliches Internet.

Trotzdem mag ich Ari nicht ganz abnehmen, dass er mit Latte für vier Dollar wirklich die Nachbarn, die so gar nicht aus der Starbucks-Zielgruppe zu kommen scheinen, in seinen Shop locken will. Er verteidigt sich: »Als ich die Platform letzten Winter eröffnet hatte, wusste ich fast gar nichts über Kaffee. Ich hatte eine Menge Geld für Inneneinrichtung und Kaffeebohnen ausgegeben und einen Manager eingestellt. Inzwischen weiß ich, dass vor allem eine Menge ganz verschiedener junger Menschen hierhingehen, die gerne co-worken, und nicht so viele ältere.«

Aber ist das nicht genau, was er will, frage ich, die Neighborhood als hippen jungen Bezirk verkaufen und so junge, zahlungskräftige Menschen in seine Apartments setzen? Bushwick habe sich längst in eine Durchgangsstation für junge Menschen verwandelt, erwidert Ari. In den Straßen um uns herum stünden vor allem zwei- und dreistöckige Einfamilienhäuser, damit seien die Varianten für Apartments auf Zwei- oder Dreizimmerwohnungen beschränkt. Da sich Studenten und junge Leute diese Wohnungen nur als WGs leisten könnten, sei es hier in der Gegend ein Kommen und Gehen von WG-Bewohnern mit Einjahresverträgen, die meist schon vor Vertragsende auszögen und häufig Zahlungen schuldig blieben. Die Vermieter würden das ausnutzen und nach jedem Vertragsende die Mieten erhöhen. »Ich sage den Vermietern immer: Was ihr macht, bringt euch nichts. Ihr verliert am Ende Geld, weil ihr nach jeder Mieterhöhung wieder Leerstand habt, anstatt euch mal nach längerfristigen Mietern umzusehen, die konstant bezahlen«, sagt Ari. »Aber da siegt das kurzfristige Profitdenken.« Laut Ari ist seine Platform nur ein Spiegel dessen, was ohnehin in der Neighborhood passiert, und kein Beschleuniger oder gar Anlass des Wandels. Tja, Henne oder Ei, was war zuerst da?

Ich versuche die Protagonisten des Artikels in der *New York Daily News* zu erreichen. Ein paar Tage später bekomme ich einen Rückruf: von Andrew, einem der Makler aus Harlem, die im Artikel erwähnt werden. Andrew und seine Kollegen von Bohemia Realty in Harlem hätten, so heißt es, systematisch neue Coffeeshops eröffnet, die sie durch Beziehungen mit Vermietern zu sehr günstigen Konditionen bekommen hätten, nur um die Mieten für die darüber liegenden Wohnungen zu erhöhen. Ein zynisches Geschäft. Ich telefoniere mit Andrew in einer überfüllten U-Bahn-Station am Union Square und rechne mit einem kurzen Gespräch; schließlich lasse ich eine Stunde lang alle Züge fahren. Andrew erzählt, er sei eigentlich klassischer Bratschist aus Sydney und aus Lust am Abenteuer nach New York gezogen. Ein befreundeter Musiker hätte ihn bei sich wohnen lassen und erzählt, wie einfach es sei, Immobilienmakler zu werden. Ein 72-Stunden-Kurs, und los geht's. »So bin ich vor sieben Jahren dem Immobiliengeschäft verfallen«, sagt er. Andrew lebte damals hoch oben in Washington Heights, nördlich von Harlem, und beobachtete, wie jeden Tag Horden von Pendlern in die U-Bahn stiegen und schließlich hundert Blocks weiter südlich teuren, hochwertigen Espresso tranken, weil es in ihrer Gegend keinen Coffeeshop gab.

Dann sei ein Vermieter auf seinen Mitbewohner zugekommen und habe gefragt, ob er eine Idee für ein neues Business in einem ehemaligen Barber Shop auf der 129. Straße hätte. »Er hat ihm ein sehr vernünftiges Angebot gemacht«, sagt Andrew, und daraufhin habe sein Kumpel mit wenig Investment Lenox Coffee eröffnen können. Ein generischer Hipster-Coffeeshop, den ich mit Christina bereits besucht habe – nur ein paar Blocks von unserem Oktoberapartment in Harlem entfernt. Das kann ich doch auch, dachte sich Andrew, vielleicht komme ich so aus dem Immobilienbusiness raus.

Er sprach mit Kate, einer weiteren Musikerin in seinem Büro, die Maklerin geworden war, und gemeinsam schlugen sie einem Vermieter, der seit Längerem vergeblich versucht hatte, ein Souterrainlokal auf dem Broadway Höhe 149th Straße zu vermieten, vor, dieses zu übernehmen. »Er hat uns in keiner Weise finanziert. Wie haben einen Zehnjahresvertrag unterschrieben. Der

Laden war kein Hotspot, aber wir wussten, dass genügend Publikum in der Gegend sein würde.« Sie nannten das Café Chipped Cup, angeschlagene Tasse, und boten nicht nur guten Kaffee, sondern auch Open Mic Nights und Lesungen an – ganz genau wie die Platform in Bushwick. Kann das Zufall sein?

Er kenne Ari nicht, sagt Andrew, aber in der Enge der New Yorker Apartments seien heutzutage viele darauf angewiesen, ein Wohn- und Arbeitszimmer außerhalb der eigenen vier Wände zu haben. Einen angenehmen Rückzugsort.»Das ist es, worum es bei einem New Yorker Coffeeshop eigentlich geht.« Seine Kollegen hätten seitdem zwei weitere Läden in Harlem eröffnet: Bearded Lady Espresso, wie der Name schon andeutet ein weiterer Hipster-Coffeeshop, und Mess Hall, eine Bar mit Craftbier.

Andrew hat auch nachgelegt: Direkt neben der angeschlagenen Tasse hat er die handgezogene Nudel, Handpulled Noodle, eröffnet, ein kleines Restaurant mit asiatischer Küche und Plätzen nur im Schaufenster, das bereits in der *New York Times* gelobt wurde.»Ich arbeite kaum noch als Makler«, sagt Andrew. »Die letzte Wohnung habe ich vor zwei Jahren vermietet.«

Dass er die Gentrifizierung vorantreibe, das lehnt Harlem-Andrew genau wie Bushwick-Ari rundheraus ab. Zwar sieht er Harlem als nächstes Opfer der Verteuerungswelle, aber:»Wenn die Mieten steigen, ist es immer leichter, auf den Coffeeshop im Erdgeschoss zu zeigen als auf den unsichtbaren Immobilienfonds.« Die Verteuerung käme auch deswegen zustande, weil es mehr strategische Investoren gebe als früher und außerdem die Mietverhältnisse immer kurzfristiger würden. Er selbst hätte zwar für zehn Jahre unterschrieben, könne aber als Restaurantinhaber genauso zum Gentrifizierungsopfer werden. »Wenn meine Miete endet, wer weiß schon, ob ich mir die Erhöhung, die dann kommt, leisten kann?«

Es ist, als hätte sich Andrew mit Ari in Bushwick abgesprochen. Wir sind nur kleine Fische, wir sind nicht schuld, wir sind nur Spiegel von etwas, was passiert, nicht die Verursacher, und am Ende kommen wir vielleicht selbst unter die Räder. Ich rufe DW Gibson an, einen Autor und Radiojournalist, um eine dritte Meinung einzuholen. DW ist jahrelang durch Brooklyn gestreift und hat mit Menschen über die Veränderung in ihrer Neighborhood gesprochen, an Haustüren und auf Baustellen, bei Community Meetings und Protesten, und das Ganze in einem Buch zusammengefasst. Er erzählt von Vermietern, die mit Vorschlaghammern die Badezimmer ihrer Mieter zertrümmern, damit diese gezwungen sind, auszuziehen – und von überforderten Gerichten, die ihre Klagen verschleppen. Aber auch von älteren Immigranten, die auf einmal ihre jahrzehntelang fast wertlosen Immobilien teuer verkaufen und sich davon ihren Lebensabend im warmen Florida finanzieren können. Gibson ist wahrscheinlich einer der besten Kenner dessen, was die Gentrifizierung in Brooklyn eigentlich für den Alltag der Einheimischen bedeutet. Und die Coffeeshops kommen auch bei ihm immer wieder zur Sprache.

»Wenn du jemanden in einer Stadt fragst: ›Was ist die Versinnbildlichung von Gentrifizierung?‹ Dann sagen neun von zehn Leuten: ›Es ist der Coffeeshop‹«, sagt DW, den ich in der Mittagspause beim Radiosender WNYC am Telefon erreiche. »Es ist das ultimative Fanal einer Neighborhood im Wandel.« Makler, die das Kapital hätten, einen Coffeeshop zu eröffnen, hätten plötzlich ein mächtiges Werkzeug in den Händen, um Kunden zu überzeugen, sagt er, »besonders die anspruchsvollen, unberechenbaren Mieter, die noch nicht alles eine Armlänge entfernt haben, was sie gerne hätten«.

Aber wie soll ich nun wissen, ob die Andrews und Aris dieser Welt es ernst meinen mit ihren Lattes für die Community? Ganz einfach, sagt DW. »Schau dir ihre Preise an. Zu welchem Preis vermieten sie? Wer kann sich ihre Wohnungen leisten? Und wer kann sich den Kaffee leisten, den sie servieren? Ist der nur für die neuen Leute? Oder haben sie auch Coupons für die, die seit Langem in der Gegend wohnen? Denn wenn ich ein Mindestlohnarbeiter bin und seit 25 Jahren in Harlem wohne, kann ich mir in der Regel keinen Vierdollarkaffee leisten. Aber für einen Dollar fühle ich mich auch willkommen.«

Bisher habe ich in keinem einzigen Coffeeshop solch ein Couponangebot gesehen. DW berichtet von einem Fall, den er kenne, nicht in New York, sondern an der South Side von Chicago. Dort gebe es einen bekannten Künstler, Theaster Gates, der in einer völlig vernachlässigten Ecke ein Café eröffnet habe, The Currency Exchange. Er habe lokale Künstler als Baristas und Manager eingestellt, sodass die mehrheitlich jungen, schwarzen Nachbarn sich mit dem Personal identifizierten. Er habe Kunst und sogar Baustoffe aus der Neighborhood verwendet und eine Buchsammlung in das Café integriert. Und er habe anfangs kostenlosen Kaffee an alle verteilt und schließlich Preise angesetzt, die unter dem normalen Niveau liegen.

Nach den Gesprächen mit Ari, Andrew und DW glaube ich verstanden zu haben, was mich an der freundlichen Nachbarschaftshilfe der Maklercafés zweifeln lässt: Trotz ihrer Wärme, ihren Community-Events und ihrer Freundlichkeit wirken sie oft wie Ufos, die eine günstige Parklücke gefunden haben. Weder das Personal noch die Einrichtung noch die Getränkekarte spiegeln die Umgebung. Sie bieten einen Rückzugsort für meinen Apple-Laptop, aber nicht für Nachbarn, die dort aufgewachsen sind. Kaffeesnobs wie ich, die der Qualität und dem Komfort der Hipsterhäuser verfallen sind, sollten gründlicher nachschauen, wer wirklich hinter der säuselnden Jazz-Playlist und dem feinen Espresso steht, bevor sie ihre Smartphones für die bargeldlose Zahlung zücken.

Am Sonntag vor unserer Abreise aus Bushwick Richtung Deutschland gehen Christina und ich mit Emma im Kinderwagen die Bushwick Avenue hinauf. Bald wechselt die Szenerie und es tauchen großzügige Art-déco-Villen am Straßenrand auf. Eine fällt besonders auf, ein Prachtbau aus Klinker mit grünem Dach und Turm. Christina hat von ihr gelesen, sie gehörte William Ulmer, einem der vielen deutschen Bierbrauer in der Gegend, die im 19. Jahrhundert ihr Handwerk hierher brachten und in Bushwick einen Bierboom auslösten, der dem Stadtviertel den Namen »Bierhauptstadt der USA« einbrachte. Ulmer, Rheingold, Edelbrew, Trommers – 35 Brauereien deutscher Immigranten standen hier einst, die bis zu zehn Prozent des amerikanischen Biers herstellten, bis die Prohibition in den Zwanzigern und dann das Aufkommen der großen Bierkonglomerate in den Siebzigern das Bushwick-Bier auslöschten. Nur ein, zwei Gebäude wurden vom Denkmalschutz gerettet, der Rest abgerissen. Mir gehen diese Geschichten nahe. Meine Familie hat in Nürnberg Bier gebraut, bis 1943 eine Fliegerbombe direkt auf die Brauerei im Stadtzentrum fiel und nicht nur die gesamte Anlage in Schutt und Asche legte, sondern auch meinen Urgroßvater, der sich im Keller vor dem Bombenteppich versteckt hatte, das Leben kostete.

Als mein Großvater 1948 aus der französischen Kriegsgefangenschaft entkam, baute er das Biergeschäft auf Basis alter Beziehungen wieder auf – jedoch ohne jemals wieder eine Brauerei zu errichten. Die Herstellung des Zeltner-Bier übernahmen andere Brauer in der Stadt. Mein Vater musste sehr plötzlich einspringen, als mein Großvater unerwartet starb; er schaffte es, den Betrieb auszubauen und ihn vor ein paar Jahren meinem Bruder zu übergeben, der genau wie die Zeltners vor ihm Brauwesen und Jura studiert und seither neue Rezepte und neue Sorten eingeführt hat – und den alten, ebenso sinnfreien wie unvergesslichen Slogan wiederbelebt hat: »Wer Zeltner Bier nicht köstlich find', ist auf der Zunge farbenblind.«

Meine Eltern hatten einst ein Hobby, wenn sie mit mir und meinem Bruder in den Urlaub fuhren: Sie sahen im örtlichen Telefonbuch nach, ob es Einheimische mit unserem Namen gab. Als Kind kam ich aus dem Staunen nicht heraus, wenn ich in einer Telefonzelle in Holland oder Italien in einem der großen dicken Bücher entdeckte, dass es anderswo auf der Welt tatsächlich Menschen gab, die so heißen wie wir. Einmal entdeckten wir sogar Johannes und Erika Zeltner – ein Ehepaar, das genauso hieß wie mein Vater und meine Mutter! So machte ich es dann auch bei unserem ersten New-York-Besuch – im Netz suchte ich nach Zeltners in der Stadt. Und fiel fast hintenüber. In der Bronx habe ein gewisser Henry Zeltner einst eine Brauerei besessen. Fast der gleiche Name wie mein Urgroßvater Heinrich. Auf der Website eines Sammlers waren sogar Henrys Bierflaschen abgebildet – wie unsere aus Nürnberg mit einem großen Z auf dem Flaschenbauch. 170th St & 3rd Ave NEW YORK stand in das Glas gebrannt, und MADE OF MALT AND HOPS ONLY. Niemand in meiner Familie hatte je von diesem Henry gehört, und ich versuchte alles, um herauszufinden, was mit ihm passiert war. Die Bronx war, genau wie Bushwick, im 19. Jahrhundert Heimat deutscher Brauer, und Henry braute dort von 1870 an, eigentlich genau die gleiche Zeit, in der die Nürnberger Brauerei groß wurde. Er baute sogar eine Zeltner's Hall auf die gegenüberliegende Straßenseite, die jedoch abbrannte. Auch die Brauerei wurde Anfang des 20. Jahrhunderts aufgelöst. Ich fand Henry im Register von Ellis Island, wo man inzwischen alle registrierten Immigranten digital suchen kann – und einen kleinen Nachruf auf einen seiner Söhne, Charles, in der *New York Times* von 1937. Mehr weiß ich über meine mysteriösen Brauernamensvettern in New York bis heute nicht. Aber bei unserem Spaziergang entlang der Brauervillen frage ich mich wieder, ob es einen Verwandten gibt, der vor mir schon hier war und der es mit Bier geschafft hat, hier in New York.

Als wir auf die Flushing Avenue in den Norden von Bushwick einbiegen, wechselt ein weiteres Mal die Szenerie. Plötzlich sind die Gehsteige voller Menschen, kaum jemand älter als dreißig, und statt Graffitischmierereien bedecken kunstvolle Murals die Wände der Industriebauten. Grüppchen asiatischer Touristen posieren davor mit Selfiesticks. Hinter den bemalten Wänden warten Tanzhallen auf den Abend, der Norden Bushwicks ist heute die Hauptclubmeile New Yorks. Um die Feiernden satt zu halten, haben sich viele innovative Gastronomen in der Gegend niedergelassen. Wir suchen uns Ichiran aus, einen der Begründer des japanischen Ramenbooms in New York, essen eine der köstlichen Nudelsuppen zu Mittag und verabreden uns spontan mit unseren Freunden Lars und Chinyere. Chinyere ist aus Nigeria nach New York gezogen, Lars stammt aus Berlin und hat mit Amol und mir die Firma Work Awesome gegründet. Seit einem Jahr leben die beiden hier, mitten in Bushwick. Wir treffen uns bei Molasses Books, einem marxistischen Buchladen mit kostengünstigen und kostenlosen Büchern und exzellentem Espresso aus einer Maschine, die aussieht wie ein italienischer Sportwagen. Überhaupt: Der Kaffee ist hier im Norden Bushwicks auf Jetsetniveau, die Platform würde man hier höchstens aus Mitleid aufsuchen.

Lars und Chinyere mögen Bushwick, und als wir mit ihnen wenig später aufs Dach ihres Hauses steigen, komme auch ich ins Schwärmen: Im Sonnenuntergang liegt vor uns die gesamte Skyline Manhattans, von Battery Park bis Harlem, und glitzert verheißungsvoll herüber. Zum Greifen nah – und doch ist man in Bushwick in seiner eigenen, kleinen, jungen, hippen und irgendwie gemütlichen Stadt, in der heute statt Pilsner vor allem Kaffee gebraut wird.

Als Chinyere und Lars mit Emma in die Wohnung hinuntergehen, um sich aufzuwärmen, bleiben Christina und ich noch einen Moment auf dem Dach stehen, um die fahle Dezembersonne hinter Manhattan versinken zu sehen. Das Kalenderjahr ist fast zu Ende und damit die ersten fünf Monate unseres Umzugsjahres. Wir haben uns mit Mühe und viel Glück durchgehangelt. »Ich weiß ehrlich nicht, wie viel wir auf unser Leben noch draufpacken können«, sagt Christina. »Das war schon alles echt grenzwertig.«

Ich weiß nicht, was ich antworten soll. Sie hat ja recht. Anfangs hatte ich gedacht, wenn es nicht klappt mit der Umzieherei, dann suchen wir uns eben eine Wohnung. Dann kehren wir zurück ins normale Leben, als Plan B quasi. Das erscheint mir inzwischen völlig absurd. Ich will auch gar nicht, dass es aufhört. Ich will aber auch nicht, dass es so weitergeht wie bisher. »Ich glaube, wenn wir versuchen etwas mehr vorauszuplanen, kriegen wir das hin nächstes Jahr«, sage ich. Und betone noch mal, dass wir gerade noch ein teures, aber solides Angebot aus Dumbo, einem Viertel am Ufer von Brooklyn, für Januar bekommen haben. Außerdem, werfe ich ein, »mein Zeh ist wieder heile, und Emma kotzt nicht mehr«. Christina lächelt. »Lass uns erst mal weitermachen«, schlage ich vor. »Bushwick war gut, Dumbo sieht auch gut aus. Vielleicht ist das die Wende.«

Ein Monat im Spa
Water St, Dumbo, Brooklyn

Christina

Nach Weihnachten und Silvester mit der Familie in Deutschland lande ich an einem eiskalten Winterabend wieder in New York. Felix wird in einer Woche nachkommen, Emma den ganzen Januar bei ihren Großeltern in Nürnberg bleiben. Mit dem A-Train fahre ich vom Flughafen nach Brooklyn, schleppe meinen Koffer an die Oberfläche und ziehe ihn dann mühsam gegen eisige Windböen über aufgetürmte Schneeberge und vereiste Gehwege durch die Dunkelheit von Dumbo. Der D(istrict) U(nderneath) the M(anhattan) B(ridge) O(verpass), also die Gegend unterhalb der Auffahrt zur Manhattan Bridge, ist unser neues temporäres Zuhause. Ich ziehe meinen Koffer erst unter den gewaltigen Steinbögen der Brooklyn Bridge und dann unter den Stahlbögen der Manhattan Bridge durch, bis ich vor der ehemaligen Schuhfabrik in der Water Street stehe, in der wir diesen Monat wohnen werden.

Das Apartment haben wir mal wieder über den *Listings Project*-Newsletter gefunden. Hilary, eine Schottin, und ihr französischer Mann Marc hatten ihr »wunderschönes Dumbo-Loft«

dort angeboten, weil sie gemeinsam mit ihrem kleinen Sohn Luke beruflich und privat einige Wochen in Asien unterwegs sein werden. »Diese Gegend von Dumbo ist fantastisch – eine echte Gemeinschaft und wunderbar für Kinder. Es gibt so viel zu tun, auch in den kalten New Yorker Wintern«, hatte Hilary mir auf meine Anfrage hin geschrieben. »Wir würden euch die Wohnung gerne im Januar vermieten.«

Als Felix und ich kurz darauf zur Besichtigung vorbeischauen, kommt uns die umgebaute Fabrik erst mal vor wie ein Hotel. Die Wohnungen sind um ein gigantisches Atrium mit großen Dachfenstern angeordnet. In der Lobby wachen gleich mehrere Türsteher, außerdem gibt es eine Bibliothek, Sitzecken, Kaffeebar und an der Wand einen Wasserfall, dazu einen Sportraum mit Fitnessgeräten, Yogaraum, Spielzimmer für Kinder – und sogar einen Hundewaschraum! Die Wohnung von Hilary und Marc liegt am Ende des Ganges im zweiten Stock, nicht einfach zu finden, denn alle Türen sehen gleich aus. Hilary macht uns auf und begibt sich dann zurück in eine fast schon irritierend perfekte Szene: Mit hellblauem Kleid und hochgesteckten roten Locken schneidet sie an einer Kücheninsel Gemüse, während der kleine blonde Luke an einem Tisch daneben mit seinem Kindermädchen spielt. Die wie aus einem Ratgeber für guten Möbelgeschmack eingerichtete Wohnung wirkt perfekt aufgeräumt, staubfrei geputzt und riecht frisch und einladend nach teuren Duftkerzen. »Wollt ihr ein Glas Wasser?«, fragt Hilary. Ich fühle mich wie ein dreckiger Eindringling in diese reine Schönheit und muss erst mal dringend meine mit Schneeresten verklebten Schuhe ausziehen.

Mit einem Glas Wasser in der Hand betrete ich dann den Hauptraum der Wohnung, Wohnzimmer und Wohnküche in einem, mit meterhohen Fenstern an der Stirnseite. Außerdem habe das Apartment zwei Schlafzimmer, zwei Badezimmer sowie Waschmaschine und Trockner, erklärt Hilary und führt uns herum. Eines der beiden Schlafzimmer, das Kinderzimmer von

Luke, würden sie während ihrer Abwesenheit aber gerne zur Aufbewahrung ihrer Wertsachen benutzen und absperren – daher auch die vergünstigte Miete. Dass auch diese angeblich günstige Miete unser Budget eigentlich deutlich sprengt, verschweige ich. Zu sehr reizt mich die Aussicht auf einen Aufenthalt in diesem Wohlfühl-Spa. Hilarys Ehemann Marc kommt nach Hause und erzählt uns, dass sie beide im Bereich erneuerbare Energien arbeiten. »Deswegen ist auch unsere ganze Wohnung darauf abgestimmt. Die Matratzen sind zum Beispiel aus Seegras. Und je nach Tageszeit lassen sich Temperatur und Energieverbrauch des Lichts mit diesen Schaltern hier regeln.« Wir sagen zu, und Marc führt uns durch eine Garage voller Luxussportwagen im Keller des Hauses nach draußen. Zum Abschied empfiehlt er uns noch schnell einige französische Restaurants und Bäckereien in der Gegend. So gut wie in seiner französischen Heimat seien die zwar natürlich nicht, aber immerhin besser als alles, was es sonst so in diesem Amerika zu essen gebe. Dann verschwindet er mit federnden Schritten wieder in seiner umgebauten Schuhfabrik. Wir bleiben draußen, überwältigt von all dem Luxus – und von der Vorstellung, dass wir uns zumindest ein kleines Stück davon für einen Monat gönnen können. »Ist dir aufgefallen, dass das Kindermädchen die ganze Zeit da war?«, frage ich Felix. »Obwohl Samstag ist und weder Hilary noch Marc besonders beschäftigt schienen? Was für ein ungeheurer Luxus.«

Das Kindermädchen ist auch im Januar wieder da, macht mir die Tür auf und gibt mir den Schlüssel für die Wohnung. Dann verabschiedet sie sich nach draußen in die Kälte, und ich bin alleine in Hilary und Marcs Wohlfühl-Spa. Müde falle ich ins Seegrasbett und schaffe es gerade noch, das temperaturregulierte Licht auszuschalten, bevor ich einschlafe. Am nächsten Morgen bin ich dafür dank Jetlag schon vor Sonnenaufgang wach. Das erste fahle Tageslicht fällt gerade so durch die hohen Fenster ins Schlafzimmer. Ich laufe durch die noch menschenleere Lobby nach draußen und die zwei Straßenblocks vor zum East River.

Mein Atem erzeugt weiße Wolken in der kalten, klaren Winter-luft, meine Schritte knirschen im Schnee. Am Wasser laufe ich über eine kleine Brücke, dann taucht ein majestätisches Panorama vor mir auf: Manhattan Bridge, Brooklyn Bridge und dahinter auf der anderen Seite des Wassers die Skyline des südlichen Manhattans, inklusive One World Trade Center, dem höchsten Turm der westlichen Hemisphäre, bestrahlt von der Morgensonne, die hinter mir gerade zaghaft aufgegangen ist. »Dumbo« steht in großen, glitzernden Buchstaben auf einem Schild im Schnee. Kurz muss ich mich sammeln, bevor ich ein Foto machen kann, so überwältigt bin ich. Dumbo ist wirklich ein spektakulär schönes Viertel. Und natürlich war ich schon mal an dieser Stelle, schließlich gehört der hier beginnende Brooklyn-Bridge-Park, der sich dann rund zwei Kilometer nach Süden erstreckt, zu den beliebtesten Sehenswürdigkeiten der Stadt. Aber noch nie war ich so früh am Morgen hier, noch nie in dieser Einsamkeit. Das ist so ein Moment, denke ich, den ich ohne das Umzugsprojekt wohl nie erlebt hätte. Eine Woche habe ich noch ganz alleine in Dumbo, und in der will ich so viel von dem Viertel erkunden wie nur irgendwie möglich. Glücklicherweise fällt mir schnell auf, dass das nirgendwo bislang so einfach war, denn Dumbo ist für New Yorker Verhältnisse winzig klein: Zwischen Brooklyn Bridge im Westen, wieder einmal der BQE-Autobahn im Süden und der Bridge Street im Osten ist das Viertel nur etwa sechs Straßenblocks breit und vier Straßenblocks lang. In einer Stunde kann man entspannt jede Straße des Viertels abschlendern. York Street, wo die Linie F hält, ist die einzige wirklich praktisch erreichbare U-Bahn-Station, ansonsten gibt es noch einen Fähranleger. In unserem Monat in Dumbo, so male ich mir aus, können wir sicher alle Cafés, Restaurants, Bars, Läden und sonstigen Einrichtungen des Viertels jeweils mindestens einmal besuchen – und das werden wir am Ende auch fast geschafft haben. Für jemanden wie mich, der gerne Dinge erledigt und Listen abhakt, ist das im sonst so überwältigenden New York ein angenehm befriedigendes Gefühl. Dumbo scheine ich in den Griff bekommen zu können.

Trotzdem überrascht es mich dann doch, wie viel in diesen vier mal sechs Straßenblocks steckt: vorne der Park mit der majestätischen Aussicht am Wasser, mit Spielplätzen, Wiesen und einem Karussell, dahinter ein Theater und ein altes Lagerhaus, das inzwischen Hauptsitz einer schicken Möbelfirma ist, Fitnessstudios, Buchläden, Galerien und so viele Cafés und Restaurants, dass ich ohne Probleme jeden Tag woanders essen gehe. Dazwischen alte Kopfsteinpflasterstraßen und ausgediente Fabriken mit Industriechick, die längst zu Luxuswohnungen oder Bürohäusern umgebaut worden sind, aber auch immer wieder glänzende neue Glasfassaden. Dumbo ist zu einem Zentrum der Tech- und Start-up-Industrie in New York geworden, aber weil viele Mitarbeiter sich die Mieten, die zu den höchsten der Stadt gehören, nicht leisten können, sehe ich jeden Morgen Hunderte vor allem junge Menschen über die U-Bahn-Station York Street in das Viertel einfallen. Die Touristen versammeln sich tagsüber an der Ecke von Washington und Water Street, von wo aus man das perfekte Bild der Skyline von Manhattan knipsen kann: Vorne säumen Backsteingebäude die Straße, dahinter die Manhattan Bridge, und zwischen deren Stahlbögen lugt das Empire State Building hervor. Der Money Shot, wie die New Yorker sagen. Ob Tourist, Hochzeit, Verlobung, Schwangerschaft, Musikvideo oder Modewerbung – so viele Fotoshoots wie in Dumbo habe ich noch nie zuvor beobachtet. Das Viertel ist einfach schreiend fotogen, es wirkt wie eine Luxusenklave am Wasser, ein Vergnügungspark für Ästheten mit Industrieironie. Am Abend wird es dagegen ruhig in Dumbo. In den wenigen Bars ist immer noch ein Platz frei. Nur die U-Bahnen rattern weiter im Zehn-Minuten-Takt gesprächsstoppend laut über die Manhattan Bridge.

Nachdem ich jede Straße in Dumbo mehrfach abgelaufen bin, schlendere ich auch durch die Nachbarviertel. Durch das noch

kleinere, abgelegene und
ruhige Vinegar Hill, in dessen einzigem Restaurant, dem
Vinegar Hill House, ich unglaublich gute Pfannkuchen frühstü-
cke, und durch das gediegene Brooklyn Heights, wo ich im YMCA
Yoga mache und an einem Samstagnachmittag auf dem im Ha-
fen liegenden Holzboot Barge Music umsonst ein klassisches
Klavierkonzert höre. Durch das Fenster des Bootes sehe ich die
Skyline von Manhattan, umwirbelt vom Schnee, der in dicken
Flocken fällt.

Als ich danach auf mein Handy schaue, habe ich einen ver-
passten Anruf und eine Nachricht auf der Mailbox. »Hallo, hier
ist die Reinigung auf der Seventh Avenue«, höre ich. »Sie haben

noch Sachen bei uns, die hängen inzwischen seit fast einem Jahr hier.« Reinigung auf der Seventh Avenue? Auf welcher Seventh Avenue, in Manhattan? Die müssen eine falsche Nummer haben, denke ich und kümmere mich nicht weiter darum. Aber die Besitzerin der Reinigung lässt nicht locker, ruft immer wieder an, und als ich schließlich rangehe und sie mir die Kleidungsstücke beschreibt, die seit fast einem Jahr bei ihr hängen, fällt mir plötzlich mit Schrecken auf, dass sie recht hat. Unsere alte Reinigung auf der Seventh Avenue in Park Slope, ein Anruf aus der Vergangenheit. Als ich hinfahre, um die Sachen abzuholen, bin ich überrascht, wie emotionslos ich in Park Slope aussteigen kann. Was habe ich damals innerlich damit gekämpft, hier zu wohnen. Jetzt denke ich nur: schön hier. Aber noch viel schöner, dass wir nicht mehr hier wohnen.

Kurz darauf stößt Felix nach Dumbo dazu. Stundenlang schwärme ich ihm von unserem neuen Zuhause vor und schleppe ihn zu all meinen frisch erkundeten Lieblingsplätzen. Zusammen finden wir ein Yogastudio, das Kurse im Warmen und eine günstige Probewoche anbietet. Fast täglich gehen wir uns von nun an dort aufwärmen oder auf der Dachterrasse unserer Schuhfabrik mit Blick über Brücken und Skyline, wo wir einen elektrischen Kamin entdecken. »Es wird ganz schön schwer, das hier wieder zu verlassen«, sagt Felix. Gleichzeitig wissen wir beide, dass es allein schon aus finanziellen Gründen sein muss, und sind auch irgendwie froh darüber. Dumbo scheint uns wie ein Luxushotel. Wir genießen unseren Aufenthalt, über allem schwebt aber immer auch etwas Artifizielles – wie ein authentisches Zuhause fühlt es sich nicht an.

Aber Dumbo kann einen gut in Watte packen. Selbst der Tag der Amtseinführung von Donald Trump als US-Präsident kann uns nicht mehr so viel anhaben wie noch seine Wahl. Wir gehen abends ins St.-Ann-Theater am Wasser, wo eine nur aus Frauen bestehende britische Truppe Shakespeares *Sturm* aufführt. Aus Anlass der Amtseinführung geben sie danach spontan noch eine

Zugabe: einen Abend mit Gedichten, Musik, Liedern und Geschichten im Foyer, damit Schauspieler und Zuschauer gemeinsam lachen, weinen und sich gegenseitig versichern können, dass trotz Trump das Gute auf der Welt noch nicht verloren ist. Wie beseelt gehen Felix und ich nach Hause. Am nächsten Tag treffen wir einige der Schauspielerinnen im Supermarkt um die Ecke und bedanken uns für den Abend. Dumbo ist eben ein Dorf.

Kurz vor Ende des Monats trauen wir uns dann endlich auch noch an die Tür des einzigen Hauses im Viertel, das wie ein wirklich authentisch gelebtes und geliebtes Zuhause aussieht. Die ganze Zeit schon bin ich um das winzige zweistöckige Gebäude in unserer Straße herumgeschlichen. Zwischen Kopfsteinpflaster und zu Luxus umgewandelten Backsteinfabriken wirkt das nur etwa drei Meter breite Häuschen mit dem bepflanzten Blumenkübel davor wie aus einem Märchen, wie aus einer völlig anderen Welt. Als wir eines Mittags mal wieder daran vorbeilaufen, klingelt Felix, der in solchen Dingen deutlich mutiger ist als ich, einfach an der Tür. Eine kleine Frau mit kurzen dunklen Haaren öffnet, und Felix lädt sie für den Abend zum Essen ein. Unsere Freunde Anna und Tim, die wir über Annas Job im ARD-Studio in New York kennengelernt haben und die um die Ecke wohnen, hatten wir auch schon eingeladen, und sie hatten uns versprochen, noch ein befreundetes Paar aus Dumbo mitzubringen. Als am Abend erst Anna und Tim in unsere Wohlfühloase kommen und dann Ula und ihr Mann Peter aus dem kleinen Häuschen, brechen die vier in lautes Gelächter aus. Ula und Peter sind das Paar, das sie mitbringen wollten, klärt Anna uns auf. In Dumbo, dem Dorf, haben wir sie doppelt eingeladen.

Ula hat mexikanische Wurzeln und ist Künstlerin und Musikerin, Peter ist Designer und stammt ursprünglich aus den Niederlanden. Die beiden haben zwei Kinder im Teenageralter und leben seit zwanzig Jahren in Dumbo. »Ich bin 1998 hierhergekommen, weil ich damals aus dem East Village flüchten wollte, wo die Vermieter die Mieten in die Höhe getrieben haben«, erzählt Ula.»Hier war es wie ein kleines Stück Himmel, aber gleichzeitig so verlassen, dass man das Gefühl hatte, man kann sich etwas aufbauen. Manchmal habe ich mich richtig einsam gefühlt, denn auch wenn Manhattan nur eine U-Bahn-Station entfernt ist, fühlte es sich sehr weit weg an, als wäre ich auf dem Land. Dumbo war wahnsinnig ruhig, nur die U-Bahn hat man auch damals schon gehört. Es war wie in einem Vorort oder einer Kleinstadt, und jeder war ein Pionier. Die Menschen haben Restaurants eröffnet oder Läden für Kunstzubehör, und alles schien ohne besondere Genehmigungen zu funktionieren, man hat sich einfach irgendwo etwas gemietet, Zubehör besorgt, Sandwiches geschmiert und den Laden aufgemacht. Es war aber auch nicht ganz ungefährlich. Ein Nachbar, der noch einige Jahre vor mir hierhergezogen ist, hat mir mal erzählt, dass er immer eine U-Bahn-Station weitergefahren und dann gelaufen ist, weil er sich nicht getraut hat, an der York Street auszusteigen. Dort gibt es ja nur einen Ausgang, und jeder kann sehen, wer herauskommt. Regelmäßig seien dort Menschen überfallen und ausgeraubt worden.« Ich muss an die Menschenmassen denken, die sich heute tagsüber durch Dumbo drängeln, die fast keimfreie Sauberkeit der Straßen und das Gefühl der absoluten Sicherheit, das einen da draußen überkommt – und finde es schwer nachzuvollziehen, was Ula da gerade gesagt hat.

»Zuerst habe ich hier nur ein Studio gemietet für meine Kunst«, erzählt Ula weiter.»Dann bin ich irgendwann in mein Studio eingezogen. Das war in dem kleinen Häuschen, in dem wir heute noch wohnen. Damals waren es zwei Künstlerstudios. Um in meines zu kommen, musste ich immer durch das Fenster klettern. Irgendwann haben wir dann eine Treppe eingebaut und ein kleines Haus daraus gemacht. Unser Häuschen gehört offiziell zu dem inzwischen schicken Haus nebenan, und die Besitzer versuchen jeden Tag, uns rauszuschmeißen. Aber wir haben das Häuschen legalisieren lassen und sind jetzt von einem speziellen Gesetz für Künstler geschützt. Wir lieben unser Häuschen, aber es wird oft schon wirklich verrückt, weil es so viele Menschen anzieht. Manchmal habe ich bis zu sechzig Menschen vor der Tür, die Fotos machen. Vor einigen Monaten haben wir uns dann endlich mal entschieden, Vorhänge zu kaufen.«

Um Ula und Peter in ihrem kleinen Häuschen herum hat sich Dumbo in den vergangenen zwanzig Jahren komplett verändert. »Wie das immer so ist: Künstler entdecken einen coolen Ort, dann fangen sie an Ausstellungen dort zu machen und das bewirbt und verwandelt das Image des Ortes. Die Dumbo Arts Fair war wirklich nett damals, aber sie hat auch jedes Mal jedem gezeigt, was es hier für unglaubliche Lofts gibt, sodass die den Künstlern dann schnell weggenommen werden konnten.« Ula und Peter lebten jahrelang im Baulärm. »Es war so ruhig hier, und dann auf einmal konnte man gar nicht mehr bis ans Ende der Straße sehen vor lauter Baustaub. Das war wirklich hart.«

Viele andere Viertel in New York teilen das Schicksal von Dumbo – SoHo, Williamsburg oder das East Village beispielsweise. Aber die Geschichte von Dumbo sei trotzdem einzigartig, erklärt Peter. »Dieses Viertel ist von oben nach unten entwickelt worden. Zwei Typen gehört fast die ganze Gegend.« Die beiden Typen sind David Walentas und sein Sohn Jed. Schon Mitte der Siebzigerjahre hatten sie mit ihrer Firma Two Trees dreizehn Gebäude in Dumbo gekauft. Heute gehört ihnen ein Großteil des Viertels, in Schaufenstern und auf Plakaten taucht überall ihr Firmenlogo mit den zwei grünen Bäumen auf, die beiden sind Milliardäre. »Aufgrund des Engagements von Two Trees hat sich Dumbo von einem vernachlässigten Industrieufer in eine lebendige, vielseitige Gemeinschaft verwandelt«, loben sie sich selbst auf ihrer Website. Peter sieht das anders. »Sie haben Dumbo rasant attackiert, sie haben es so schnell entwickelt, dass niemand wirklich Zeit hatte, hier Wurzeln zu schlagen. Sie haben sich überlegt, wie sie Menschen in ihre schicken neuen Wohnungen bekommen können. Dann haben sie zum Beispiel den Supermarkt an der Ecke hergeholt, Peas and Pickles. Der Laden musste praktisch keine Miete zahlen, aber rund um die Uhr geöffnet bleiben. Und dann konnten sie allen, die kamen, um die Luxuswohnungen mit den schönen Aussichten zu besichtigen, sagen: ›Schaut her, wir haben hier auch einen wunderbaren Supermarkt, der rund um die Uhr die besten Sachen verkauft.‹« Dieser Supermarkt und auch die anderen im Viertel sind allerdings so teuer, dass Ula und Peter es sich nicht leisten können, dort einkaufen zu gehen. Sie besorgen ihre Lebensmittel in anderen Stadtvierteln oder bestellen sie per Lieferdienst. »Von den Menschen von damals, die mit mir hergezogen sind, ist fast niemand mehr da«, sagt Ula. »Nur noch ganz wenige.«

Dumbo hat die Grenzen der Echtheit überschritten. Das Viertel hat sich nicht organisch entwickelt, sondern geplant und kontrolliert, getrieben von der Hoffnung auf Profit. Und so fehlt die Authentizität, das Warme und Freundliche, die Ecken und Kanten – einfach das Menschliche. Dumbo blendet einen mit seiner Schönheit, aber der Charakter hält nicht das, was das Aussehen verspricht. Das haben auch wir jeden Tag gemerkt. Trotzdem kann man sich hier zu Hause fühlen, gerade wenn man schon so lange hier wohnt wie Ula und Peter und Erinnerungen, Erlebnisse und Bekanntschaften mit dem Viertel verknüpft. Aber wenn man wie wir neu herzieht, dann ist es fast unmöglich, noch unter die Oberfläche des schönen Scheins zu dringen. Es bleibt eine glatte, keimfreie, anonyme und latent gelangweilte Luxushotelwelt. Viele Menschen scheinen das zu mögen, und vielleicht kann es auch angenehm sein, gerade wenn man einen anstrengenden Job hat oder seine Energie einfach auf andere Dinge als das Wohnen konzentrieren möchte. Unter anderem deswegen sind ja auch Vororte für viele Menschen attraktiv. »Convenience« nennen das die Amerikaner, eine Mischung aus Komfort und Bequemlichkeit, die hier häufig als Maxime ausgegeben wird. Bloß keine Wohnung in einem höheren Stockwerk ohne Aufzug, bloß keinen weiten Weg zur U-Bahn, bloß kein Sommer ohne Klimaanlage. Fitnessstudio, Post und Hundeauslauf am besten im eigenen Haus und von Essen über Matratzen, Bücher bis hin zu Möbeln liefern lassen, was sich liefern lassen lässt. Eine Mischung aus Gewohnheit und Statussymbol, Ergebnis von Materialismus und Konsumverhalten in einer freien und aggressiv kapitalistischen Marktwirtschaft.

Für mich und für viele andere europäisch geprägte Menschen, die ich in der Stadt kenne, war das schon immer anders. Ein paar Blocks zur U-Bahn oder ein paar Treppen machen mir nichts aus. Sogar wenn ich Essen bestelle, hole ich es meistens ab. Klimaanlagen mache ich nicht an, Bücher und Lebensmittel kaufe ich, wann immer es geht, im Laden. New York ist ja auch deswegen so faszinierend, weil es beides hat – die amerikanische Convenience und die europäische Erlaufbarkeit. In Dumbo wird mir wieder einmal klar, dass ein Viertel als wirkliches Zuhause für mich Ecken und Kanten braucht, die Reibung und dadurch Spannung erzeugen.

Ula und Peter haben durchgehalten und ihr Zuhause in ihrem kleinen Häuschen gegen alle Widerstände verteidigt – und darauf stoßen wir jetzt gemeinsam mit Anna und Tim an, mit Bier aus Brooklyn. »Ich möchte auch noch einen Toast aussprechen – auf euch«, sagt Tim plötzlich zu Felix und mir. »Wir hatten gerade eine Silvesterparty, und zwei Paare haben kurzfristig noch abgesagt, weil sie keinen Babysitter gefunden haben, nur für diesen einen Abend. Und ihr macht das alles hier mit einer zweijährigen Tochter, zieht die ganze Familie jeden Monat um, an einen Ort, den ihr nicht kennt, in ein Haus, das ihr nicht kennt. Darauf müssen wir anstoßen! Nennt es New York, nennt es das Leben – aber das ist es, worum es geht!«

Vor Rührung schießen mir Tränen in die Augen. Dumbo war wirklich genau das, was wir gebraucht haben. Nette Menschen, die unser Projekt unterstützen und die Annehmlichkeiten eines Luxusspas in Kombination mit ein paar Wochen ohne Emma, die laut Felix' Eltern gerade ihre Tage mit Cousins, Großeltern und einem Waldkindergarten in Nürnberg genießt, haben unsere

Batterien einmal komplett wieder aufgeladen. Dumbo bedeutet auch die Halbzeit des Projekts, aber jetzt sind wir sicher: Wir ziehen das durch bis zum Schluss!

Alt werden mit Immobilien
West 69th St, Upper West Side, Manhattan

Felix

»Wir leben auf der Upper West Side. Wir sind im März auf Reisen. Was haltet ihr von Housesitting, zusammen mit einem Hund und einer Katze? Margot«

Es war diese E-Mail, die uns kurz nach dem Start unseres Abenteuers beflügelt hatte. Ein Haus! Auf der Upper West Side, einem der begehrtesten Viertel der Stadt! Kostenlos! Dass es überhaupt jemanden geben würde, der uns so ein Angebot macht, ohne uns zu kennen! Jetzt ruft sie an. Sie finde unser Haus nicht, sagt sie. Ich hole sie unten auf der Straße ab. Eine ältere Dame mit Kurzhaarschnitt und strahlendem Blick hinter Brillengläsern. »Sag mal, das ist doch gar nicht Nummer 9«, sagt sie.

Ich schaue mich verwirrt um. »Doch, wir wohnen 9 ...«, da fällt mein Blick auf unser Haus. Das Messingschild neben der Tür zeigt die Nummer 6. Wie um alles in der Welt ...? Ich war mir doch ganz sicher, dass wir in Nummer 9 wohnen, und habe das allen, die heute Abend zum Neighborhood-Dinner kommen sollen, und auch dem Lieferservice der *New York Times*, fleißig erzählt. »Wir leben offenbar seit Tagen unter falscher Adresse«, gestehe ich Margot. »Macht doch nichts«, sagt sie und überreicht mir eine Tortenschachtel. »Von der Parisian Bakery auf der 96. Straße.« 6 oder 9? Mir wird etwas schwindlig. Ich erkläre ihr, dass ich dringend telefonieren muss. »Das wird schon. Übrigens sehr sportlich von euch, dass ihr mich einladet, obwohl es nicht geklappt hat bei uns. Mein Angebot war wirklich ernst gemeint«, sagt sie. Ich balanciere den Kuchen hinter Margot her das enge, mit dickem Teppich ausgelegte Treppenhaus hinauf.

Es wurde am Ende doch nichts aus ihrem Angebot, ihr Haus, ihren Hund und ihre Katze zu sitten. »Wir haben das mit dem Vermieten früher öfter gemacht. Aber jetzt wollte mein Mann dann plötzlich nicht mehr«, erklärt sie auf dem Absatz im ersten Stock. Doch dank der Annonce eines Charlie in unserem Lieblings-Newsletter sind wir jetzt trotzdem auf der Upper West Side gelandet, genauer hier auf der 69. Straße, in einer Einzimmerwohnung in einem alten Sandsteinhaus, einen halben Block entfernt vom verschneiten Central Park. Aber war es jetzt Nummer 6 oder 9?

Ich war immer der Ansicht, der Klang meiner Adresse stünde für etwas, würde eine Aussage treffen, ein Teil meines Selbst darstellen, eine geografische Identität bieten. Aber eigentlich muss ich mir eingestehen: Das ist Blödsinn. Seit Beginn unseres Umzugsabenteuers habe ich mehr Adressen gehabt als in meinem ganzen Leben zuvor, und es mag manche geben, die besser klingen als andere, aber man kann überall glücklich und unglücklich werden.

Ich stelle den Kuchen zwischen die Weintrauben und Chips, die wir in der kleinen Wohnküche aufgebaut haben. Während ich zig SMS tippe und Christina beichte, warum das mit der *New-York-Times*-Zustellung bisher nicht geklappt hat, sieht sich Margot interessiert in der kleinen Wohnung um. Vor allem die vielen Bücherregale haben es ihr angetan.

Zum Glück erreiche ich alle noch, darunter auch eine Freundin von Charlie, unserem Vermieter, die uns wahrscheinlich auch so gefunden hätte. Überhaupt: Charlie. Er ist Journalist und wuchs hier in der Gegend auf. Wir sind hier bei ihm untergekommen, weil er sich bis auf Weiteres ins politische Exil verabschiedet hat, wie er es nennt. Er ist kurz vor der US-Wahl nach Montreal abgehauen, und seit Trump tatsächlich Präsident ist, will er nur ungern zurück nach Hause. Deswegen stellte er seine Wohnung in den Newsletter: Er wollte sie nicht aufgeben, aber aus dem Exil auch keine Miete bezahlen.

Wir trafen uns genau einmal, Anfang Dezember, als er von Montreal zurückkehrte, um umzupacken für sein nächstes Ziel, Chiang Mai in Thailand. Er hatte nur eine Bitte: nicht mit den Nachbarn reden, vor allem nicht mit der Quasselstrippe im Erdgeschoss, denn er dürfe eigentlich nicht untervermieten. Charlie war mir sofort sympathisch. Irgendetwas an dem Mann mit der hohen Stirn, den krausen Locken und der großen Brille wirkte auf mich vertraut. Er erzählte von seiner Kindheit. Charlie hatte die Steiner-Schule auf der Upper East Side besucht. Er hält Kontakt zu seiner inzwischen uralten Lehrerin von damals. Er schien für jeden Unfug zu haben und hatte keinen Sinn für Small Talk. Je länger wir sprachen, desto mehr wurde mir klar, warum er mir so seltsam bekannt vorkam. In vielem ähnelte er meinem Vater, Steiner-Schüler, auch in Kontakt mit seiner Lieblingslehrerin, bis sie verstarb, und auch mit diesem siebten Sinn für das Absurde und Spirituelle ausgestattet, den viele Steiner-Schüler, denen ich begegnet bin, zu haben scheinen. Sie leben oft antizyklisch, gegen den Mainstream, und haben eine zusätzliche Ebene in ihrer Persönlichkeit, die uns Schülern normaler Schulen zu fehlen scheint.

Nur dass Charlies Leben trotz erfolgreicher Filme und Artikel für die *New York Times* irgendwann ein wenig an Schwung verlor. Er hat keine Kinder, er lebt in einer Junggesellenbude, die er sich gerade so leisten kann, und die Jobs tröpfeln so herein, sein eigentliches Gehalt kommt aktuell aus dem Buchverlag seines Bruders, der ihn versuchsweise angestellt hat. Er sucht nach etwas Neuem; auch deswegen sein Trip nach Südostasien.

In New York gibt es viele solcher Biografien. Menschen, die in der zweiten Lebenshälfte ein wenig langsamer leben wollen, während die Stadt weiter um sie herumtobt. Und die schnell Mitleid erregen, anstatt Erfolg auszustrahlen, obwohl sie eigentlich die wahren Weisen sind in diesem Bienenstock voller junger, aufgeregter Menschen. Sie sind diejenigen, die schon da waren, als Manhattan noch keine Milliardärsinsel war. Als das Leben im Betondschungel am Hudson eine waghalsige, revolutionäre Note hatte. Die Upper West Side ist das Refugium dieser Wohndinos: Laut Zensus liegt das Durchschnittsalter hier bei 44, fast zehn Jahre über dem Rest der Stadt.

Charlies Wohnung hat vielleicht vierzig Quadratmeter und besteht letztlich nur aus einem einzigen hohen Raum mit Kochnische, abgetrenntem Bad und dem für die Upper West Side typischen Zwischenboden, den man über eine hölzerne Leiter erreichen kann. Die Mitte des Raumes dominiert ein großes Doppelbett, im Eck hängt ein Rennrad an der Wand, daneben ein paar modern-abstrakte Blumenmalereien von Charlies Mutter, ansonsten ist jeglicher Stauraum mit Bücherregalen gefüllt, ein Dutzend an der Zahl. Auch aus den Wandschränken quillt Papier. Stühle gibt es keine, nur eine Schlafcouch.

Margot bleibt jetzt einfach mitten in Charlies Bude stehen, sie sieht zufrieden aus, als kenne sie sich hier aus. »Das erste Mal, dass ich diesen Häuserblock betreten habe, war 1970. Ich war damals Tänzerin im Keller des McAlpin Hotels, ich war ›Maedchen in Uniform‹« – sie sagt es auf Deutsch mit amerikanischem Knödelakzent –, »das hieß wirklich so. Wir trugen Dirndl und tanzten zu einer Umpapa-Band, es war eine Art bayerische Revue. Eines der Mädels aus meiner Truppe wohnte hier, in eurer Straße, und lud mich zu einer Party bei ihr ein. Sie hatte eine große Einzimmerwohnung mit hohen Fenstern, so wie diese hier, und wohnte mit sechs siamesischen Katzen zusammen.

Mein Freund, mit dem ich erst kurz zusammen war – er hatte mich nach einer der Shows angesprochen, weil er mich so gut fand im Dirndl –, begleitete mich. Er hatte ein Auto, und auf dem Nachhauseweg von der Party nahmen wir einen der anderen Gäste mit. Er studierte an der Columbia, also setzten wir ihn an der 72. Straße und Broadway ab, damit er die U-Bahn nach Norden nehmen konnte. Er herrschte uns an: ›Hier lasst ihr mich raus? O mein Gott! Seid ihr verrückt?‹ Wir sahen uns um, und er hatte recht. Wir standen direkt am Needle Park, der schlimmsten Ecke von allen.«

Needle Park, eine heute unspektakuläre Kreuzung 500 Meter Luftlinie von unserer Wohnung entfernt, bekam seinen Namen von den vielen Drogendealern und Junkies, die sich in den Siebzigerjahren dort aufhielten, erklärt Margot. Sie sagt, wir sollten mal *Panic in Needle Park* anschauen, der Anfang der Siebziger in die Kinos kam. Die traurige Geschichte eines heroinsüchtigen Liebespaares mit Al Pacino in einer Hauptrolle zementierte den Ruf, den die Gegend und die ganze Upper West Side bei Locals schon länger hatte – zum Beispiel bei ihren Eltern, sagt Margot.

»Als ich noch auf der Highschool war, bekam ich ein Angebot, auf der Upper West Side zu babysitten. Ich lebte damals mit meinen Eltern auf der Upper East Side. Ich wollte den Job unbedingt! Ich hätte auch das Geld wirklich gebrauchen können. Aber meine Mutter sagte Nein. Ich bettelte: ›Aber die bezahlen mir sogar ein Taxi, damit ich direkt zu ihnen fahren kann!‹ Meine Mutter schüttelte nur den Kopf. ›Nein. Nein. Nein.‹ Dabei wohnten die auf Central Park West! Aber ich musste es sausen lassen.«

Es ist für uns heute schwer nachvollziehbar, wie die Upper West Side einmal gewesen sein muss, um Menschen in solche Angst zu versetzen. Im Vergleich zur Upper East Side wirkt der Westen hier auf uns liberal, weniger reich, weniger spießig, weniger vollgebaut mit Wohnburgen, stattdessen unglaublich gemütlich, ruhig und sicher, wie eine eigene kleine Stadt am Hudson. Gesäumt von vielen liebevoll restaurierten Sandsteinhäusern, den sogenannten Brownstones, die mit ihren steilen Aufgängen,

Messinggeländern und Art-déco-Türen arriviert und lässig zugleich wirken.

Die Gehsteige sind von Bäumen gesäumt, auf denen jetzt Schnee liegt und
das Viertel noch mehr leuchten lässt.
Sogar die großen Avenues ändern ihren Namen, wenn sie aus der Hektik
von Midtown und Times Square hier
hinaufkommen: Aus der Achten wird
Central Park West, aus der Neunten
die Columbus Avenue, die Zehnte
heißt hier Amsterdam und die Elfte
West End Avenue. Als wollten sie
sagen: nur die Ruhe. Einzig der
Broadway, der alte Indianerpfad, darf
seinen Namen behalten und sich
dazwischen hindurchschlängeln.

Doch zu verdanken hat die Up-
per West Side ihre aufgeräumte Art und ihre Fotogenität
störrischen New Yorkern wie Margot. »1973 war ich wieder hier
in der Neighborhood, im wunderschönen Haus einer Freundin
in der 80. Straße. Sie wohnte in den oberen zwei Stockwerken.
Zusammen mit ihrem Freund, einem Grafikdesigner, hatte sie alles renoviert, neue Fenster eingebaut, es sah so toll aus. Sie hatte
sich von irgendwem das Geld geliehen und es einfach gemacht,
das war typisch für die Generation der ›Brownstoner‹ damals.
Ich sah das und wusste: Das ist, was ich will. Auch wenn das
Viertel mehr oder weniger ein Ghetto war, überall Müll auf der
Straße, keine Bäume, die Häuser in kleinste Zimmer unterteilt
und überfüllt. Ich überredete meinen Ehemann und meine zwei
Schwestern, unsere Ersparnisse zusammenzulegen und uns
nach einem Brownstone umzusehen. Meine Mutter war natürlich dagegen. Die Stadt steckte damals mitten in einer Rauschgift-
epidemie, und die fand nicht nur im Needle Park statt, sondern

direkt hier vor der Tür. Überall lungerten völlig fertige Leute herum, klingelten, drehten an den Türknäufen, versuchten irgendwie reinzukommen. Es gab jede Menge Raubüberfälle, Diebstähle, Einbrüche. Die Portiers der Apartmenthäuser auf der Upper East Side symbolisierten Sicherheit, die Brownstones auf der Upper West Side das Gegenteil.« Und tatsächlich: Bis heute leben die reichsten Menschen New Yorks nicht in Häusern, sondern in bewachten Wohnburgen, in denen sie gigantische, mehrstöckige Apartments besitzen – so hoch wie möglich über dem Fußvolk.

»Aber der Traum ließ uns nicht los, bis wir eines Tages vor einem Haus standen, auf der 96. Straße, und uns sofort verliebten«, sagt Margot. »Wir waren völlig fertig, als wir herausfanden, dass es bereits einen Interessenten gab – mit viel mehr Geld. Aber er verschwand ein paar Wochen später spurlos! Und da griffen wir zu. Ich weiß noch, als wir unterschrieben haben, dachte ich: Jetzt gehört mir ein Stück vom Felsen! Das Haus war leer, es gab keine Mieter, und wir strichen es neu, wir elektrifizierten es komplett – alles lief noch mit Gas –, und wir dachten sogar an Klimaanlagen. Meine Schwestern und mein Mann und ich zogen dann in zwei Wohnungen ein und vermieteten die anderen sechs. Plötzlich waren wir, die stets entrechteten Mieter, Eigentümer, mitten in unseren Dreißigern, mit null Ahnung, aber glücklich! Das ist jetzt 43 Jahre her. Und natürlich wurde bei uns eingebrochen. Wir wurden beraubt und bestohlen. Alles Mögliche ist passiert. Aber irgendwie ist es immer an uns abgeprallt.«

Margot rückt ihre Brille zurecht und schüttelt ihren weißen Pagenkopf, als könne sie es selbst nicht recht glauben. »Heute sitzen wir auf einer Goldmine. Die Leute schauen mich groß an und sagen: ›O mein Gott, du lebst auf der Upper West Side?‹ Aber wir waren halt Pioniere. Unsere Straße, die 96., war früher eine magische Grenze, weiter nördlich traute man sich als Weißer nicht. Jetzt ist unser ganzer Block, die ganze Gegend unter wohlhabenden Menschen aufgeteilt, die die Brownstones in Einfamilienhäuser zurückbauen, mit Sicherheitskameras, Aufzügen und so weiter. Die Häuser hier wurden ja für Familien gebaut, dann wurden sie zu Massenunterkünften, und jetzt schwingt das Pendel wieder zurück.«

Ich schaue zu Christina hinüber, und unsere Blicke treffen sich. Wir scheinen beide das Gleiche zu denken: Was für eine Frau! Sie ist ihrer Begeisterung gefolgt und hat etwas getan, was nicht nur ihre Mutter, sondern die halbe Welt für Schwachsinn hielt: in den Siebzigern ein Haus in New York zu kaufen, mitten in einer Drogenepidemie, am Rand der damals für sie betretbaren Welt. Während sich die weißen Amerikaner in die Vororte zurückzogen und sogar der damalige US-Präsident New York als gescheiterten Moloch abschrieb –»city, drop dead«,»fall doch tot um«, sagte Gerald Ford –, wettete Margot dagegen und gewann. Selbst wenn sie die Einkünfte mit ihrem Mann und ihren Schwestern teilt, viel renoviert und Steuern bezahlt, muss sie längst Mietmillionärin sein. Ihre Backen sind rot vom Erzählen, und sie strahlt.

Nichts an Margot erinnert mich an die Gentrifizierer von heute, die in die afroamerikanischen und lateinamerikanischen Viertel von Brooklyn ziehen. Aber wurde die Upper West Side nicht auch einfach gentrifiziert? Wohnten dort nicht auch ärmere Menschen, die schließlich gehen mussten? Margots Fall zeigt, wie kompliziert die Debatte ist. Aber ich kann ihr, die gegen jede Vernunft ein leeres, heruntergekommenes Haus im damals fast bankrotten New York gekauft hat, nicht vorwerfen, jemanden verdrängt zu haben. Margot erinnert mich weniger an die gierigen weißen Investoren, die heute den Süden und Osten von Brooklyn aufkaufen, um Häuser zu»flippen«, also zu renovieren und weiterzuverkaufen, sondern vielmehr an ein Ehepaar, ebenfalls Mitte siebzig, das uns mal im Haus des Designers Donald Judd begegnete; 101 Spring Street in SoHo, ein zum Museum umgewandeltes Wohnjuwel aus den Sechzigern, mit gigantischen Fenstern und so viel Ästhetik und Minimalismus, dass man sein eigenes Zuhause am liebsten sofort auf den Müll werfen würde.

Die Frau erzählte, dass sie und ihr Mann schon immer Donald Judds Haus sehen wollten, denn sie seien seit Langem quasi Nachbarn. In den Siebzigern hätten sie ein Haus auf der Canal Street gekauft, ganz am Ende der Straße, kurz vor dem Hudson River. Damals völliger Irrsinn, aber heute sei jede einzelne der zwölf Wohnungen im Haus Millionen wert. »In New York, getting old with real estate is really nice«, sagte sie zum Abschied. In New York alt zu werden mit einer Immobilie, das sei sehr schön. »Without real estate, it's really bad.« Ohne geht gar nicht.

Bei all dem Mut und Glück, das die Generation Margot hatte und das sie jetzt im Alter verdient genießt: Amerikaner unserer Generation haben statistisch gesehen extrem miese Chancen. Die Wirtschaftskrise von 2008 hat viel Wert im Land vernichtet, sie traf die Jungen härter als die Alten, und sie entstand aus einer Immobilien- und Schuldenblase. Warum also als Einzelner jetzt noch mehr Schulden aufnehmen, um wieder in Immobilien zu investieren? Wer heute in den USA studiert, ist zum Zeitpunkt des Berufseinstiegs meist eh schon verschuldet, und Geld wird hier derzeit nicht mit Gehältern gemacht, sondern vor allem mit Geld, das man schon hat – in Anlagen und Wertpapieren. Was also soll unsere Generation tun? Wo sollen wir Risiko zeigen? Wenn wir Geld hätten, wo müssten Christina und ich jetzt kaufen, um eine kleine Chance auf Margots Glück zu haben? An den Rändern New Yorks, wo es noch Häuser für weniger als eine Million Dollar gibt, wir aber im Zweifel weniger finanzstarke Familien verdrängen? In Detroit, wo eine bankrotte Stadt versucht, wieder aufzustehen? In wachsenden Städten auf anderen Kontinenten, in Lagos oder Jakarta? Oder daheim, im Berliner Umland, um auf den Umkehrschwung des Mainstreampendels von der Stadt aufs Land zu wetten?

Die Klingel reißt mich aus den Gedanken. Vor der Tür stehen zwei bebrillte ältere Herrschaften mit weißen Haaren und stellen sich als Ed und Anne-Marie vor. Sie müssen im gleichen Alter wie Margot sein und haben eine Schachtel mit Keksen dabei. Wir sind uns gänzlich unbekannt, eine Freundin hat die beiden zu uns eingeladen und Gott sei Dank noch die neue Adresse durchgegeben. Wahrscheinlich sind sie die ältesten Gäste, die wir je zu Besuch hatten. Wieder fällt mir auf, wie sehr mein New Yorker Alltag von Menschen unter vierzig geprägt ist.

Ed trägt ein beiges Poloshirt und Anne-Marie ein gemustertes Kleid. Sie gucken sich einen Moment lang erstaunt im Zimmer um, als hätten sie ein gesetztes, feines Dinner erwartet. Dann holt sich Ed lächelnd ein Bier aus dem Kühlschrank, und Anne-Marie stellt sich zu Margot. Emma hat es sich unterdessen auf dem Bett bequem gemacht und beobachtet die Herrschaften aus der Ferne.

Christina erzählt Ed und Anne-Marie von unserem Projekt, und wie so oft wirkt unsere Schnapsidee und unsere Ausgesetztheit in der Stadt auf die fremden Gäste wie ein Türöffner für gute Gespräche. Anne-Marie plaudert sofort los und sagt:»Wir haben bis vor Kurzem im El Dorado gewohnt.« Mein Herz macht einen kleinen Sprung. Das El Dorado!»Wir waren in einem der Türme, im 28. Stock. Wir brauchten keine Vorhänge. Die Sonne schien morgens ins Fenster und weckte uns auf. Sobald sie das Reservoir traf«, damit kann sie nur den künstlichen See mitten im Central Park meinen,»tauchte sie unser ganzes Schlafzimmer in Blau.« Mein iPhone meldet: El Dorado, 300 Central Park West, eine Luxusburg mit zwei Türmen; Bewohner unter anderem: Bruce Willis, Sting, Michael J. Fox, Moby, Alec Baldwin, Faye Dunaway – krass, alles Nachbarn von Anne-Marie und Ed! Ich frage mich, wie die beiden das hinbekommen haben, ein Apartment in einem der teuersten Gebäude New Yorks zu besitzen.

Anne-Marie erklärt, dass das El Dorado 1929 fertiggestellt worden sei, genau zur Wirtschaftskrise, und deshalb wesentlich liberaler geführt sei als manch andere berühmte Gebäude in der Stadt:»Richard Nixon, Madonna und viele andere wurden auf

der East Side von den sogenannten Coop-Boards, den Eigentü-
mergemeinschaften, abgelehnt. Die wollten keine Entertainer,
keine Politiker. Hier auf der West Side ist das anders. Das El Dorado war nach Fertigstellung quasi pleite und musste jeden rein-
lassen. Bis heute ist es auch deswegen sehr exzentrisch. Wir
konnten uns unsere Wohnung vor allem deswegen leisten, weil
sie in zwei Hälften zerteilt worden und dadurch wesentlich billiger war. Nach Kind zwei, drei und vier war sie uns dann aber zu
klein. Wir haben verkauft und sind in ein Brownstone gezogen,
auf der 90. Straße.«

Ich schiele auf mein Handy und gehe auf Street Easy. Die
Website listet alle Immobilientransaktionen zu jeder New Yorker Adresse auf. 300 Central Park West. Ich scrolle weit nach unten. Zuletzt wurde ein Apartment im 28. Stock im Jahr 2011 verkauft. Preis: 2,7 Millionen Dollar. Laut Liste weit weniger als das,
was seither für andere Wohnungen im Haus bezahlt wurde –
das könnte zu der Geschichte mit der geringeren Wohnfläche
passen. Aber selbst wenn das nicht exakt der Deal von Ed und
Anne-Marie war, müssen die beiden Immobilienmillionäre sein,
genau wie Margot.

Wieder muss ich an die Worte des Ehepaars aus dem Museum denken: In New York mit einer Immobilie alt zu werden, ist
sehr schön. Aber ich traue mich nicht, Anne-Marie und Ed direkt nach Geld zu fragen. »Wie ist das, neben so vielen einfluss-
reichen und exzentrischen Menschen zu leben?«, frage ich stattdessen. »Einer unserer Nachbarn feierte ständig Orgien«, sagt
Anne-Marie unvermittelt. »Es ging so weit, dass die Frau in der
Wohnung unter ihm eine Beschwerde bei der Eigentümerver-
sammlung einreichte. Ich war damals Mitglied des Boards, also
fragte ich sie: ›Woher wissen Sie das denn so genau, mit den Orgien?‹ ›Ich bin die Feuerleiter hochgeklettert und habe zugese-
hen‹, hat sie geantwortet. Das war natürlich eine Überschreitung
aller Regeln! Und dann gab es die Sache mit dem Sensory Deprivation Tank.« Sensory – was? Anne-Marie klärt auf, dass es sich

dabei um eine Mischung aus Badewanne und Sarg handele. Man legt sich nackt hinein und floatet in körperwarmen, extrem salzhaltigen Wasser, bei völliger Dunkelheit und Stille. Eine Art Therapiebad, das alle Sinne ausschalten soll. »Der Typ mit dem Tank wohnte auf derselben Aufzuglinie wie wir«, sagt Anne-Marie. Aufzuglinie! Schon wieder so ein El-Dorado-Wort. Anscheinend eine Art, sich als Bewohner des Riesenhauses zu verorten. Man sagt beim Kennenlernen nicht etwa »Ich wohne im 26. Stock«, sondern »Ich wohne an der Aufzuglinie 3«.

Jedenfalls sei er ein sehr wohlhabender, aber unbekannter Mann gewesen und eines Tages hätte sein salziger Therapietank leckgeschlagen, während er darin herumschwebte und nichts sah oder hörte. »Er trug sogar schallabweisende Kopfhörer, deswegen hatte sein Nachbar keine Chance, als er erst von unten in Panik gegen die Decke und dann gegen die Wohnungstür hämmerte.« Erst der Hausmeister konnte sich Zugang verschaffen und den im schwarzen Nichts treibenden, sinnesberaubten Nackten aus seiner Trance aufwecken. Doch da war das Malheur schon längst riesengroß: Hunderte Liter Salzwasser hatten sich durch die Decke gesogen und auf die antiquarische Bibliothek im Apartment darunter ergossen. Ein Millionenschaden. »Seither steht in der Hausordnung des El Dorado: Keine Sensory Deprivation Tanks!«, ruft Anne-Marie triumphierend.

Woher das Haus seinen Namen hat, wissen die beiden nicht, wohl aber, dass es eine Goldgrube für Politiker ist: »300 Central Park West war zu unserer Zeit die Adresse mit den größten Spendern für die demokratische und den fünftgrößten für die republikanische Partei«, erzählt Ed. »Es kamen oft Politiker, die mit viel Security anrollten und dann durch die Seitentür zu einem Fundraising Dinner gelangten. In den Neunzigern tauchte Jelzin zweimal bei uns im Turm auf, beide Male betrunken. Zuletzt, als wir schon weggezogen waren, fuhr Obama mit seiner Autokolonne vor, um die großen Spender zu treffen«, sagt Ed.

Diese Parteispendendinner sind ein ebenso seltsames wie eindrückliches amerikanisches Ritual. Man kauft sich ein Ticket zu einer Begegnung mit einem Kandidaten oder einer Kandidatin, das eine Privatperson organisiert, in dessen Zuhause man den Politiker dann aus nächster Nähe erleben und Fragen stellen darf, andere Unterstützer kennenlernt – und ein Foto macht. Das Geld fließt in die Wahlkampfkasse und kann am Ende entscheidend sein im Kampf um Aufmerksamkeit. Allein für die eher klein vermarkteten Zwischenwahlen in den USA im Herbst 2018 flossen Spenden von über einer Milliarde Dollar. Während sich die liberaleren Spender eher links vom Central Park tummeln, finden die Dinner für Trump und Konsorten meist auf der Upper East Side statt, bevorzugt in der Apartmenttrutzburg mit den meisten Milliardären Amerikas, 740 Park Avenue. »Old money – new money« so unterscheiden die Manhattanites gern Upper East von Upper West, und »old money« wohnt (und wählt) seit Generationen rechts.

Am Ende des Abends tauchen einige unserer Freunde auf, die mich wegen der Adresstäuschung zu Recht auslachen, und dann steht plötzlich noch die Freundin von Charlie vor der Tür. Divenhaft schwebt sie in den Raum und erzählt, dass sie Schauspielerin sei und ihre Miete auf der Upper West Side mit Tanzunterricht verdiene. Gerade drehe sie einen neuen Film, mit ihr in der Hauptrolle und hinter der Kamera. Sie war einige Male im Fernsehen zu sehen. Charlie hat mir verraten, sie hätte unter anderem mit Donald Trump vor der Kamera gestanden. »Es war nur ein kurzer Auftritt in einer Reality-TV-Show«, sagt sie, »aber eins habe ich nicht vergessen: Er hat einen riesigen, breiten Hintern.« Wir müssen alle lachen. »Er hat nach der Show einen seiner Kumpels nach meiner Telefonnummer fragen lassen. Ich habe sie ihm nicht gegeben.«

Als sich das Dinner auflöst, merke ich, wie gut es mir getan hat, einmal lachen zu können über den Menschen, der seit November in meinem Kopf genauso präsent ist wie die Frage, wo wir als Nächstes wohnen. Leider ist letztlich auch Trump nur ein alter New Yorker mit (zu) vielen Immobilien. In seinem Hauptquartier, 721 5th Avenue, dem Trump Tower, so hat die *New York Times* gerade enthüllt, stand vor, während und nach der US-Wahl ein Luxusapartment im 30. Stock via Airbnb zur Verfügung und erfreute sich großer Beliebtheit bei Touristen. Erst die Recherche des Zeitungsreporters führte dazu, dass das Angebot gelöscht wurde. Für nur 400 Dollar die Nacht hätten Christina, Emma und ich Nachbarn des Präsidenten werden können! Verpasst!

Aber wir haben Besseres vor. Am Wochenende nach dem Neighborhood-Dinner fahren wir nach Brooklyn, um unseren ersten Gastgeber wiederzusehen: Amol, den Internetunternehmer und Erbauer von East of East. Er hat schon wieder gegründet, dieses Mal das »Committee to Protect America«, eine Widerstandsbewegung gegen die Trump-Regierung. Neben Christina und Emma begleitet mich Madhuri zum Treffen. Sie ist Immigrationsanwältin und hilft mir gerade dabei, meine aktuell laufende Green-Card-Bewerbung ohne größere Komplikationen zu überstehen. Was für mich aufregend ist, ist für sie ein Klacks. Für Madhuri, eine zierliche, aber enorm kämpferische, indisch-amerikanische Lady, bin ich, ein weißer, mit einer Deutsch-Amerikanerin verheirateter Mitteleuropäer, ein Klacks, gar nicht der Rede wert. Sie hat sich hauptberuflich auf undokumentierte jugendliche Immigranten spezialisiert, die härtesten aller Fälle, und hilft ihnen dabei, rechtlich in den USA akzeptiert zu werden und ein selbstständiges Leben zu beginnen. Bereits in den wenigen Monaten, seit Trump Präsident ist, haben Razzien und Deportationen massiv zugenommen, erzählt sie, als wir uns begegnen. Die Ringe unter ihren Augen sind dunkel.

Das »Komitee zum Schutz Amerikas« versammelt sich in einem neuen Co-Working-Space in Williamsburg, den – na klar – Amol gerade erst eröffnet hat. Etwa vierzig Menschen sind seinem Aufruf gefolgt. Madhuri, Christina uns ich setzen uns auf Schreibtische und Bürostühle, Emma kundschaftet die Papierkörbe aus. In der Mitte des Raumes stehen Amol und ein ehemaliger parlamentarischer Mitarbeiter des DNC, der Demokratischen Partei. Er erklärt, dass es ein Manifest gebe, »Indivisible« genannt, also unzertrennlich, in dem Parlamentskollegen von ihm en détail erklären, wie der Widerstand gegen Trump zu organisieren sei. Die Grundlage für die Anleitung sei der Erfolg der Tea Party, einer radikalen Splittergruppe der Republikaner, die sich sofort nach Obamas Ernennung zum Präsidenten im ganzen Land breitgemacht und erst für viel Aufregung und schließlich für den Rechtsruck der gesamten Partei gesorgt hatte. Die Autoren hätten die Tea Party jahrelang beobachtet und nach der Wahl von Trump ihre Erkenntnisse aufgeschrieben. Die Prinzipien von »Indivisible« klingen eigentlich ganz einfach: 1. Leiste Widerstand gegen Trumps Agenda. 2. Konzentriere dich auf lokale politische Entscheidungsträger. 3. Verkörpere progressive Werte.

Amol teilt uns in kleinere Gruppen auf, um die Prinzipien und die Organisation, die das Komitee bilden möchte, zu diskutieren. Ich entscheide mich für die »immediate action«-Gruppe, die sich an einer großen Zimmerpflanze versammelt. Was können wir sofort tun? Nach einigem Hin und Her merke ich, dass die meisten hier aus dem gleichen Grund aufgetaucht sind wie ich: Sie suchen Trost. Gleichgesinnte. Ein wenig Licht am Ende des Tunnels. Der Schock, die Scham, das Entsetzen stehen immer noch jedem New Yorker ins Gesicht geschrieben. Was heute Abend entsteht, ist vielleicht kein neuer Women's March, aber ein Gefühl, dass gegen Trump etwas Kraut wächst.

Erst vor drei Wochen bin ich mit Christina, Emma und Hunderttausenden New Yorkern durch Midtown gezogen, um gegen Trump zu protestieren, vorbei am Trump Hotel ein paar Blocks südlich von unserer jetzigen Wohnung, das viele Demonstranten mit ausgestreckten Mittelfingern und passenden Rufen passierten. Ein paar Tage danach stand ich mit Amol am Terminal 4 des JFK-Flughafens, an dem die internationalen Flüge landen, und brüllte mit Hunderten anderen gegen den »Travel Ban« an, den Versuch Trumps, per Dekret die Einreise von Menschen aus sieben vornehmlich muslimischen Staaten zu verhindern – gerade mal eine Woche nach seinem Amtsantritt. Es war das erste Mal, dass ich ohne Gepäck und ohne jemanden abzuholen an den Flughafen fuhr, und das erste Mal, dass ich mich spontan einer Demo anschloss. Als wir das Terminal erreichten, standen dort schon Hunderte Demonstranten mit Transparenten, amerikanischen Flaggen und skandierten: »No hate! No fear! Refugees are welcome here!« Ich brüllte mit. Taxifahrer stiegen aus ihren Autos und schlossen sich an. Die Terminal-Demo hatte kein echtes Ziel, man kam, genau wie im Komitee, erst mal zusammen, um nicht allein zu sein und seine Stimme zu finden.

Dank meines Presseausweises fand ich den Weg in die von Polizisten abgeriegelte Ankunftshalle und entdeckte hinter einem Schnellrestaurant eine Gruppe Menschen, die Akten, Laptops und Telefone auf einigen Tischen und dem Marmorboden ausgebreitet hatten und wild durcheinanderriefen. Es waren Anwälte, die freiwillig zusammengekommen waren und hektisch versuchten, die Hunderten, im Terminal eingesperrten Reisenden, die mit Flügen aus einigen der sieben Länder angekommen und festgesetzt worden waren, aus ihrer unverschuldeten Misere zu befreien. Handys wanderten von Ohr zu Ohr, Kamerateams filmten, und pausenlos schleppten Helfer neue Papiere, Donuts und Kaffee heran. Die ganze Szene wirkte wie ein Theaterstück, aber die Gruppe schrieb in dieser Nacht Geschichte. Nach ein paar Minuten hörte ich einen Schrei. Eine der Anwältinnen fuhr aus der Menge hoch, hob ihr Handy und rief: »We did it!« Wir haben es geschafft. Alle fielen sich in die Arme, lachten, schluchzten.

Hektisch, mit sich überschlagender Stimme berichtete einer der Anwälte den umstehenden Journalisten, dass eine Richterin in Brooklyn das Einreiseverbot im Fall einer irakischen Familie, die im Flughafen festsaß, gerade kurzerhand für widerrechtlich erklärt und außer Kraft gesetzt habe. Das sei der Durchbruch.

Tatsächlich folgten im Laufe der Nacht Richter im ganzen Land der Entscheidung aus Brooklyn, und das Dekret kippte vorerst.

So sehr mich die Szene zu Tränen rührte, so wenig Einfluss hatte sie auf die bedrückte Gesamtstimmung in der Stadt. Für viele unserer New Yorker Freunde ist der Amtsantritt von Trump Anlass, der Stadt und ihren Mietpreisen den Rücken zu kehren. Seit der Wahl haben wir ein halbes Dutzend Abschiede gefeiert. Nicht nur Europäer gehen zurück in die Heimat, auch Amerikaner wandern ab. Das gelobte Land für viele ist Berlin, mit seinen aus New Yorker Sicht fantastisch niedrigen Lebenshaltungskosten. Aber wir bleiben.

Die folgenden Tage auf der Upper West Side sind wie eine Zeitreise in weniger traurige Jahre. Ich jogge morgens durch den verschneiten Central Park und begegne meist nur Pulks von gestriegelten Pudeln, Terriern und Golden Retrievern, die von Hundesittern geführt werden, aber so lässig tun, als gehöre ihnen der ganze Park. Christina, Emma und ich stapfen im Schnee durch die Nachbarschaft und landen immer wieder im selben Neunzigerjahrefilm: *E-Mail für Dich.* Meg Ryans kleiner Buchladen, den Buchkettenfilialleiter Tom Hanks im Film bekämpft, während er sich per E-Mail unwissentlich in die Besitzerin verliebt, ist nur einen Block von unserem aktuellen Zuhause entfernt. Im echten Leben rumpeln dort die Schleudern eines Biowaschsalons. Zum Frühstück sitzen wir in Meg Ryans Stammlokal im Film, dem jüdischen Luncheonette Barney Greengrass, oder im Ryan-Hank'schen Dating Spot, dem französischen Café Lalo. Und wir laufen staunend durch die Delikatessentheken von Zabar's, in dem sich Ryan im Film vor Hanks versteckt. Tatsächlich lebt man auf den Straßen der Upper West Side immer noch ein bisschen wie in den späten Neunzigern, und es fühlt sich an, als könnten jeden Moment Seinfeld, die *Friends*-Crew oder Meg Ryan mit Kaffeebecher in der Hand um die Ecke biegen.

Kurz vor dem Auszug aus Charlies Bude bekommen wir dann eine E-Mail, die den Rest unseres Jahres maßgeblich verändern wird:

»Hi, Felix, ich liebe euer Projekt, und ich glaube, wir hätten etwas Passendes für euch. Mein Mann und ich arbeiten als Designer im Theater und in der Filmindustrie in Europa und in New York, deswegen sind wir viel auf Reisen. Wir haben auf der Upper East Side und in Harlem gewohnt und 2012 ein kleines Brownstone hier in Mott Haven in der South Bronx gekauft. Wir lieben es hier, es ist die erste Neighborhood, die sich für mich wie eine Gemeinschaft guter Menschen anfühlt. So richtige Nachbarn, weißt du. Ich stamme ursprünglich aus einem kleinen Dorf im Schwarzwald, mein Mann ist geborener New Yorker. Anbei schicke ich ein paar Fotos. Wenn du Interesse hast, bist du jederzeit bei uns willkommen. Beste Grüße, Nicole und Seth«

Eine Frau aus dem Schwarzwald landet in der Bronx – und bewirbt sich tatsächlich bei uns, mit Bildern! Die Fotos zeigen eine mit Bäumen gesäumte Straße, einen Garten und von Sonnenlicht durchflutete Räume. Eigentlich wie bei uns vor der Tür, nur sechzig Blocks und einen Fluss weiter nördlich.

Ich sage sofort zu, und eine Woche später stehen wir zum ersten Mal auf der 140. Straße in der South Bronx. Emma haben wir auch gleich mitgenommen. Statt zwischen brennenden Mülltonnen und Sozialwohnungstürmen stehen wir auf einer denkmalgeschützten, grünen Straße voller Backsteinhäuser. Der größte Unterschied zur Upper West Side ist, dass hier mehr Afroamerikaner und Latinos aus den Türen kommen als Weiße. Wir klingeln an der Tür und schauen uns um. Direkt gegenüber steht eine alte Kirche, davor sitzt eine Gruppe älterer Männer. Sie mustern uns kurz und nicken dann freundlich.

»Hallo ihr! Willkommen in der Bronx!«, ruft es uns entgegen. Eine große, schlanke Frau mit schwarzem Pony steht in der Tür und stellt sich als Nicole vor. Als wir ihr durch zwei hölzerne Flügeltüren ins Wohnzimmer folgen, kommt uns ihr Mann Seth entgegen, wie Nicole ganz in Schwarz gekleidet, mit grau meliertem Haar und einer feinen silbernen Brille. Außer »Hallo« und »Wow« kommt nicht viel aus meinem Mund. Das gesamte Erdgeschoss ist ein einziger, gigantischer Raum aus Wohnzimmer und Küche, alle Wände und Türen, die man sonst in einem Brownstone findet, fehlen hier. Überall wundervolle Kunst und Handwerk: Stoffe, Installationen, Bilder. »Wir haben das Haus komplett entkernt und in vier Monaten umgebaut, mit einer russischen Crew«, erzählt Nicole, als sie unsere großen Augen bemerkt. Wir folgen den beiden durch den hohen Raum, an den eine sonnige, offene Küche angrenzt; durch eine Glastür fällt der Blick auf Terrasse und Garten.

Wir setzen uns an den runden Küchentisch, mein Stuhl ist ein rosa gepolsterter Rokokosessel mit Schnörkeln. Am offenen Kamin neben mir sehe ich eine kleine, goldene Spinne aus Plastik, die auf einem Holzklotz sitzt. Auf der Kaminablage lehnen kleine Fabelwesen aus Federn, Schneckenmuscheln und getrockneten Blüten, und an der Wand hängt ein goldenes Strahlengebilde, das an eine Sonnenuhr erinnert. Nichts von dem, was uns hier umgibt, habe ich jemals gesehen. Nichts davon kann man kaufen. Noch nie habe ich so viel Liebe zum Detail in einem Haus erlebt. So viele kleine geniale Ideen, umgesetzt in die Wirklichkeit.

Seth mustert uns zunächst ein wenig skeptisch, aber Nicole, die uns gemailt hat, beginnt sofort zu erzählen, und bald wechselt sie von Englisch auf Deutsch, was Seth zu unserer Überraschung auch spricht. Das Haus hätten sie 2012 gekauft, von einem Mann, den sie in einer Bar in Harlem getroffen hätten und den Seth von früher kannte. »Ich sagte ihm, dass wir einen Ort zum Leben suchten, und er sagte, er wüsste da ein Haus in der Bronx, und ich sagte, niemals werde ich in die Bronx ziehen«, sagt Nicole. »Und er sagte, schon klar, aber lass mich euch das Haus zeigen. Also kamen wir hierher, es war Sonntag, aus der Kirche gegenüber klang der Gospel, und ich sah es und habe nur gefragt ›wie viel?‹ Und er hat gesagt ›340.000, denkmalgeschützt‹. Wir haben es sofort gekauft. Ich wollte wirklich nicht hierherziehen. Ich komme aus Deutschland, ich hasse Vororte, ich wollte nie in den Suburbs von New York leben.«

Nicole ist gelernte Tänzerin und arbeitet heute als Kostüm-designerin an Filmsets und Theaterbühnen. Den Berufswechsel hat sie Seth zu verdanken. »Ich habe ihn in Freiburg am Theater kennengelernt, und wir haben uns irgendwie sofort verliebt. Er hat gesagt, er geht nach New York, seine Eltern leben dort, und er muss zurück. Und er hat mich gefragt, ob ich mitwill. Ich war sehr jung, 22, und habe gesagt, ja, ich will sehr gerne mit! Es kam mir alles irgendwie nicht so ganz real vor, und bevor ich schnal-len konnte, was passiert ist, waren wir verheiratet, wegen der Green Card. Ich hab mich sofort in New York verliebt. Jetzt bin ich sechzehn Jahre hier, und ich kann mir wirklich nichts ande-res vorstellen. Es ist mir noch nirgends passiert, dass ich sofort gesagt habe, hier bin ich zu Hause. Aber es gibt einfach keine andere Stadt wie New York auf der Welt. Ich habe dann ange-fangen mit seiner Familie zu arbeiten, von ihnen habe ich alles über Stoffe und Schnitte gelernt.«

Nun schaltet sich Seth ein. »Ich stamme aus einer Familie von Textildesignern hier in New York. Meine Eltern hatten ihre eigene Firma in ihrem Haus auf der Upper East Side. Sie haben die Reichen eingekleidet und ihre Wohnungen ausstaffiert, mit handgemachten Stoffen. Das Weiße Haus der Kennedys zum Beispiel. Ich kann mich noch erinnern, wie mir im Haus meiner Eltern ein Stoffballen in die Hand gedrückt wurde und ich ihn bei IHR ablieferte, 1040 Fifth Avenue. Jackie öffnete die Tür per-sönlich. Sie hat meinen Eltern sehr nette Briefe geschrieben, und wir besuchten sie auch in Hyannisport. Aber meine Eltern wa-ren sehr private, zurückgezogene Menschen. Die Wirtschafts-krise 2008 hat ihr Business in den Abgrund gerissen, und sie ha-ben sich davon nicht mehr erholt. Und sie wollten auch nicht mehr. Jetzt bin ich Theaterdesigner. Ich designe Bühnenbilder. Meine Schwester ist Lichtdesignerin.«

Seth und Nicole stehen auf und führen uns in den Keller. Dort lagert der Nachlass von Seths Eltern. Stoffe, Schnitte, Ent-würfe, Kisten über Kisten. 2012, im selben Jahr, als sie in die

Bronx zogen, organisierte Seth eine große Ausstellung im Museum of the City of New York, dem wichtigsten Stadtmuseum, um die Lebensleistung seiner Eltern einmal öffentlich auszustellen. Nicole und er gründeten sogar eine Firma, um das Erbe seiner Eltern weiterzuführen. Doch vornehmlich arbeiten sie heute an Theater- und Filmsets. Zwischen Seth und Nicole liegen um die 25 Jahre, aber die Eleganz und Energie der beiden Künstler, die wie eine Symbiose zu funktionieren scheinen, verwischt den Altersunterschied.

»Als wir hierherzogen, haben alle unsere Freunde gesagt, ihr könnt auf gar keinen Fall in die Bronx ziehen. Ihr werdet sterben. Natürlich gibt es noch Gewalt hier, aber es ist« – Seth hält sich zwei Zeigefinger links und rechts an den Kopf – »idiot-on-idiot-crime.« Idioten schießen auf andere Idioten. Nicht auf zwei Künstler. »Wenn wir hier um vier Uhr nachts nach Hause kommen, redet uns keiner blöd an. Neulich rief mal jemand: Yo, brother, dir ist gerade dein Handy runtergefallen. Er hat es für mich aufgehoben. Inzwischen wollen unsere Freunde alle auch hier wohnen.«

»Ich fühle mich hier sicherer als in Brooklyn«, sagt Nicole. »Das hier sind die besten Nachbarn, die ich je hatte.« In der Neighborhood habe man nicht nur eine echte Gemeinschaft, sondern auch ein feines Gespür für die Krakenarme der Gentrifizierung. Seth und Nicole sind Teil einer Bürgerbewegung, »South Bronx Unite«, die sich dafür einsetzt, dass die Einheimischen über die Zukunft der Gegend bestimmen und nicht die Investoren und Hedgefonds. Ein aussichtsloser Kampf? »Die *New York Times* hat gerade ihre *52 Orte, die man dieses Jahr gesehen haben muss* veröffentlicht«, sagt Seth, »und einer davon war die South Bronx. Empfohlen wurden aber nur die einzige Hipsterpizzeria und das einzige Hipstercafé, das es hier bisher gibt. Da war was los.« Der Aufschrei des Viertels war so laut, dass die *New York Times* sich für die einseitige Auswahl entschuldigte und zwei weitere Storys publizierte.

Doch Seth und Nicole profitieren auch von der zunehmenden Angesagtheit der South Bronx: »Wir vermieten das Untergeschoss hier im Haus an zwei spanische Architekten, für 2000 Dollar im Monat. Die Bronx ist komisch: Immobilien sind günstig, aber die Mieten fast genauso hoch wie in populären Neighborhoods«, meint Seth. Mir wird klar: Die beiden sind die Margots und Eds der Jahrtausendwende. Getting old with real estate!

Jetzt wollen Seth und Nicole für einen Monat nach Europa, nach Italien und in den Schwarzwald, am besten im Mai, und dafür hätten sie uns gerne als Zwischenmieter. Nicole zeigt auf eine Kuckucksuhr an der Wand. »Das Hochzeitsgeschenk meiner Eltern, aus dem Laden, in dem sie die besten machen. Meine Mutter hat gesagt: ›Wie kannst du nur dein Haus an fremde Leute vermieten?‹ Aber ich sehe das ganz anders.« Unser Projekt hätte sie begeistert. Ich werde rot vor Freude. Die beiden führen uns auf die Terrasse. »Kirschbaum, Apfelbaum, Pflaumenbaum«, sagt Nicole und zeigt auf den kleinen Garten. »Die Erde in der Bronx gibt nicht viel her, also haben wir sie ausgetauscht. Auf der anderen Seite der Mauer hält eine Familie Hühner. Die werden euer Wecker sein.«

Während Emma sich ein bisschen zu sehr für die goldene Spinne im Kamin und ein paar fragile Drahtgestelle im Wohnzimmer interessiert – »wir werden ein bisschen aufräumen, bevor ihr einzieht«, sagt Nicole lächelnd –, versuche ich zu verstehen, dass wir hier, in diesem Gesamtkunstwerk in der South Bronx, tatsächlich wohnen werden. Auch wenn es 150 Dollar am Tag kostet. Unser Budget für dieses Jahr ist ein heilloses Durcheinander, aber bisher konnten wir alle Mieten bezahlen. Dass am Ende des Monats nichts übrig bleibt, daran mussten wir uns in New York sowieso schon gewöhnen – und wann hat man schon mal ein ganzes Haus für sich?

»Sucht ihr eigentlich für die Zeit vorher auch noch?«, fragt Seth. »Ja«, gebe ich unumwunden zu. »Es gibt da jemanden, den ihr treffen solltet. Kurt, ein alter Freund. Er ist antiquarischer

Buchhändler und lebt in einem alten Haus in Washington Heights mit Tausenden Büchern. Er vermietet auch unter. Aber vor allem weiß er alles über New York. Einer der wunderbarsten Menschen, die ich kenne.« Nicole nickt, und wir verabschieden uns. Vor der Tür gebe ich Emma High Five und Christina einen Kuss. Wir werden als Stadtnomaden zwar nicht alt und reich mit Immobilien, aber so kann es trotzdem weitergehen.

Die Übriggebliebenen

7th Ave, Chelsea, Manhattan

Christina

»Hach, Chelsea«, ruft unser britischer Freund Paul. »Ich weiß noch so gut, wie ich zum allerersten Mal in New York war. Da bin ich im Chelsea International Hostel abgestiegen. Ich stand auf dem Dach des Hostels, habe über das Häusermeer von Manhattan geschaut und wusste: Hier will ich nie wieder weg.« Viele unserer Freunde und Bekannten haben solche Geschichten, solche New-York-Momente, in denen ihnen klar wurde: New York or Nowhere! In den unterschiedlichsten Lebensphasen und aus den unterschiedlichsten Gründen. Mein Vater nannte es mal den Ort, an dem man endlich versteht, warum man von zu Hause weggegangen ist. In New York, vielleicht mehr als in anderen Städten, entscheidet sich ein großer Teil der Bewohner ganz bewusst dazu, genau dort zu leben, ist hergezogen oder geblieben, trotz aller Schwierigkeiten und Herausforderungen, wie der extrem hohen Lebenskosten und des stressigen Alltags, über die der Gedanke an diese ganz speziellen New-York-Momente dann immer wieder hinweghilft.

Mein eigener New-York-Moment war eigentlich mehr ein lebenslanges diffuses New-York-Gefühl, das, seit ich hier lebe, in speziellen Momenten immer wieder bekräftigt wird: wenn ich mir morgens ganz früh einen Kaffee hole, die Stadt langsam aufwacht und die Sonne schräg von Osten her hereinfällt, wenn das Orchester der Metropolitan Oper zum Saisonauftakt die Nationalhymne spielt und das ganze Publikum aufsteht und mitsingt, wenn mir in der U-Bahn wieder einmal auffällt, dass jeder einzelne Mensch im ganzen Wagen komplett verschieden und auf seine ganz eigene Weise spannend aussieht, wenn ich die *New York Times* aufschlage, wenn mitten im winzigen Weinladen ein weltbekannter Schauspieler in Ruhe die Rotweinflaschen betrachtet und alle anderen so tun, als bemerkten sie ihn nicht, der erste Blick auf die Skyline nach der Landung oder wenn wieder einmal ein mir völlig unbekannter New Yorker völlig unvermittelt die nettesten Dinge zu mir sagt. Wie neulich erst, nachdem ich mir eine Dreiviertelstunde lang mit einer Frau im YMCA stumm die Bahn im Pool geteilt hatte. »Mit Ihnen zu schwimmen ist großartig. Ich würde jederzeit wieder mit Ihnen schwimmen«, sagte sie zwischen zwei Kraulzügen, als ich gerade aus dem Wasser kletterte, einfach so.

Viele New-York-Momente unserer Freunde und Bekannten spielen in Chelsea, dem Bauchnabel Manhattans, mittendrin. Postleitzahlenbezirk 10001. Auch das allererste gemeinsame Wohnungsloch von Felix und mir war hier, aber damals, direkt nach der Ankunft in der Stadt, waren wir beide so überwältigt und überfordert, dass wir alles nur wie durch glitzernden Nebel mitbekamen.

Unser Schlüssel für unsere zweite Chance in Chelsea hat einen neongrünen Plastikanhänger. »Casa Bella« steht darauf. Als »wunderschönes Künstlerloft« hatte die Sizilianerin Katja ihre Wohnung im *Listings Project*-Newsletter beschrieben. »Ich bin mir sicher, dass ihr Chelsea lieben werdet!« Katja verbringt einen Großteil des Jahres in ihrer sizilianischen Heimat, aber ihre jüngere Schwester Oriana lebt in Brooklyn, kümmert sich um die Vermietung der Wohnung und zieht auch gerne hin und wieder selbst für ein paar Tage ein. Oriana zeigt mir das gelb und blau gestrichene Apartment direkt über einer Pizzeria an der 7th Avenue. Ein lang gezogener und vollgestellter L-förmiger Raum, nach vorne heraus Fenster mit drei Glasscheiben, um den Lärm der lauten Avenue abzuhalten, nach hinten raus die klassische New-York-Aussicht auf die Backsteinwand des Nachbarhauses. Die Wohnung ist keine wirkliche Casa Bella, aber liegt mitten in Chelsea, und ich bin froh, dass wir in diesem Viertel etwas Bezahlbares gefunden haben. Also sage ich Oriana zu, und sie überreicht mir den Schlüssel mit dem neongrünen Plastikanhänger.

Für den Umzug ist Felix nicht da, weil er ein paar Wochen beruflich in Deutschland zu tun hat. Aber aus der Ferne bestellt er mir an einem Sonntagnachmittag einen Fahrservice an die Upper West Side. Ich trage all unsere verbliebenen Habseligkeiten auf die Straße und bin relativ zufrieden: Zwei Koffer, zwei kleine Taschen, Spielzeugkiste, Kinderwagen, Windelkarton – ein bisschen besser sind wir mit dem Reduzieren schon geworden. Allerdings schleppen wir immer noch Emmas kleine Matratze und ein Kissen von Felix, das er sich gegen meinen Widerstand zu Beginn des Projektes noch gekauft hat, mit uns rum. Es ginge also noch deutlich schlanker, aber es sind ja auch noch ein paar Stationen. Das von Felix bestellte Auto kommt und fährt Emma, mich und das Gepäck die vierzig Straßenblocks und zwanzig Minuten nach Chelsea. Während der Fahrt telefonieren Felix und ich, sodass er zumindest ein bisschen beim Umzug dabei ist.

Emma findet in der neuen Wohnung sofort ein Puppenhaus und eine Kiste mit italienischen Kinderbüchern, beides war mir bei der Besichtigung gar nicht aufgefallen. Neben der Pizzeria im Erdgeschoss gibt es an der Straßenecke ein Café, mehrere U-Bahn-Linien um die Ecke und direkt gegenüber von unserem Haus einen Whole-Foods-Supermarkt mit angeschlossenem Drogeriemarkt. »Das ist doch genau das Gebäude, in das Katie Holmes mit ihrer kleinen Tochter eingezogen ist, nachdem sie sich von Tom Cruise getrennt hat«, sagt meine Freundin Ena, als ich ihr von unserem neuen Wohnort erzähle. Das Büro von Enas Fotoagentur ist nur drei Straßenblocks weiter nördlich auf der 7th Avenue, und mit Prominenten, gerade hier in der Gegend, kennt sie sich bestens aus. »Nach der Scheidung haben wir ständig Fotografen zu dem Whole Foods geschickt.«

Chelsea gibt einem sofort dieses spezielle New-York-Gefühl, 24 Stunden am Tag alles bekommen zu können, was man sich nur wünschen könnte. Dieses irrige Gefühl, dass sich die Welt um einen selbst dreht. Das überkommt mich schon am ersten Abend. Von Norden her leuchten verführerisch die bunten Lichter des Times Square. So praktisch habe ich noch nie gewohnt, so mittendrin, direkt an einer der Hauptadern Manhattans.

Nach dem Aufwachen am ersten Morgen kommt mir als Erstes ein Song von Joni Mitchell in den Kopf: »Chelsea Morning«. Sie singt darin vom Verkehrslärm auf den Straßen von Chelsea, der wie die Melodie eines Liedes zum Fenster hineinkommt. Von der 7th Avenue dringt diese Melodie auch schon wieder herauf, es herrscht Dauerstau, Hupen und Sirenen tönen. Emma klettert auf die Sofakante und zählt durch die drei Glasscheiben gelbe Taxis. Chelsea, Sehnsuchtsort so vieler Künstler und Literaten, verändert sich rasant, das wird mir wieder einmal klar, als ich mich mit Emma auf den Weg zum Kindergarten mache. Inzwischen ist das Viertel weitgehend orange, die Farbe der Absperrungen und Baufolien, die an jeder Ecke deutlich machen, dass hier gerade neue Glashochhäuser entstehen. Vor allem die Gegend um die High Line, jene zum Park umfunktionierte und bei Touristen extrem beliebte Hochbahntrasse, auf der sich gerade die ersten Krokusse durch den Schnee schieben, ist alle paar Monate nicht mehr wiederzuerkennen. Wo gerade noch freie Himmelssicht war, ist dann wieder ein neuer Wolkenkratzer in die Höhe gewachsen.

Dabei war Chelsea vor nicht allzu langer Zeit noch dreckig und verrucht, der »Wilde Westen« Manhattans, wie mir unser Freund Dirk erzählt. Dirk haben wir über Ena und Roderick kennengelernt. Er stammt von einem Bauernhof in einem kleinen Dorf im Norden Deutschlands und arbeitet inzwischen bei einer Bank in New York.»1998 war ich zum ersten Mal hier und habe jemanden aus Chelsea kennengelernt, mit dem ich dann durch alle Clubs gezogen bin. Das Roxy, den Tunnel, das Twilight.« Dirks New-York-Moment.»Ich musste dann leider wieder zurück nach Deutschland, aber ich hatte mich wirklich komplett in New York verliebt, und der Abschied fiel mir sehr schwer. Von da an gab es immer eine Stimme in meinem Hinterkopf, die gesagt hat: Komm zurück!« Das Roxy sei beispielsweise eine berühmte Rollschuhdisco gewesen, das »Studio 54 auf Rollschuhen«, in dem sich die Schwulenszene regelmäßig zu legendären Partys getroffen habe.»2007 musste der Club schließen, und heute stehen an der Stelle Luxuswohnungen.«

2009 zog Dirk nach zahlreichen Praktika und Besuchen endlich ganz nach Chelsea.»Da habe ich ein komplett anderes New York vorgefunden. Die meisten von uns fanden es dann ehrlich gesagt langweilig, es war nicht mehr viel los. Die Zeit der Partys in Chelsea war vorbei. Wir Schwulen ziehen ja immer in eine Gegend und räumen sie auf – und dann kommen all die reichen Heterosexuellen, es wird teuer, und dann ziehen die Schwulen weiter. Als ich hergezogen bin, waren die Schwulen schon nach Hell's Kitchen weitergezogen. Aber ich habe mich entschieden, in Chelsea zu bleiben, weil es sich einfach immer wie zu Hause angefühlt hat.«

Dirk erzählt mir das alles auf einem Spielplatz, denn inzwischen ist er alleinerziehender Vater einer per Leihmutter in Mexiko zur Welt gekommenen Tochter. Bella ist nur wenige Monate nach Emma geboren, und die beiden sind dicke Freundinnen. Dirk und Bella leben immer noch in seiner ersten Bude in Chelsea: einem Zimmer mit Gemeinschaftsbad auf dem Flur, denn die Miete ist für New York unschlagbar günstig. »Mein Chef bei der Bank sagt mir immer, dass ich in eine größere Wohnung umziehen muss, aber ich möchte gerne dortbleiben, solange es geht. Es ist eine Mischung aus Vergangenheit und Gegenwart, ich laufe durch die Straßen und sehe all diese neuen Wolkenkratzer, aber gleichzeitig erinnere ich mich an die alten Zeiten, und es fühlt sich immer noch gut an, hier zu sein – egal wie sehr es sich verändert hat.«

Dirk legt großen Wert auf sein Aussehen, trägt die schwarzen Haare zum Man Bun hochgezwirbelt und die T-Shirts muskelbetonend eng. Jeden Morgen, wenn Bella noch schläft, geht er ins Fitnessstudio. »Da sehe ich dann die ganzen jungen Typen, und es tut mir richtig leid für sie, dass sie diese alten Zeiten nie erlebt haben. Chelsea hat seinen Charakter verloren – und die Schwulenszene auch. Die Menschen gehen nicht mehr raus, sondern schauen auf ihr Handy, um andere Menschen kennenzulernen. Früher waren wir auf Drogen, jetzt sind wir auf Netflix. Die Szene war so leidenschaftlich, und wir hatten so viel Spaß – vielleicht manchmal zu viel, sodass wir jetzt auch mal erwachsen werden mussten. Aber es ist schwierig, in kürzester Zeit von hundert auf null runterzugehen. Wenn du für die Party lebst und deine Karriere nebenbei betreibst, bist du immer auf diesem High, und dann ist es schwer zu akzeptieren, dass du 30, 35, 40 wirst und zurücktreten musst. Viele können das nicht. Einer hat mir letztens gesagt: ›Ich habe Angst, dass danach nichts mehr kommt.‹ Wir haben schließlich das pralle Leben gelebt!

Aber ich habe mich entschieden, eine Familie zu gründen, ein Kind zu haben, und damit meinem Leben einen neuen Sinn zu geben.«

Dirk schaut zu Bella, die gerade mit Emma über ein Klettergerüst tobt. »Hin und wieder schaffe ich es noch in einen Club, aber es fühlt sich schon so an, als ob diese Zeit langsam zu Ende geht. Ich hätte gerne ein zweites Kind, und dann brauche ich wirklich mehr Platz, und ich weiß, dass ich mir den hier nicht leisten kann. Und bevor ich aus meinem Zimmer und in eine andere Gegend von New York ziehe, würde ich die Stadt lieber ganz verlassen, ein neues Abenteuer ausprobieren und hoffentlich eines Tages ein neues Chelsea finden.«

Ein paar Tage später kommt Felix aus Deutschland zurück – mit einer schlechten und einer guten Nachricht. Amol hat die Wohnung in Long Island City, in der unsere verbliebenen Möbel inzwischen monatelang Airbnb-Gäste bedient haben, nun doch richtig vermietet. Unsere Sachen müssen so bald wie möglich raus. Die gute Nachricht: Amol hat sich gerade ein Wochenendhaus auf der Halbinsel Rockaway im Süden von Queens, in der Nähe des JFK-Flughafens, gekauft, und wir können die Sachen in dessen Garage unterbringen. Als wir am nächsten Samstag mit einem gemieteten Kleintransporter in Long Island City vorfahren, haben Amol und sein Verwalter Matte schon angefangen, die Wohnung auszuräumen, es herrscht Chaos. Gemeinsam laden wir alles in den Kleintransporter, auch Emmas kleine Matratze und Felix' Kissen schmuggeln wir darunter. Dass wir nach all dem Ausmisten mit unseren verbliebenen Sachen immer noch fast einen Kleintransporter füllen können, schockiert mich. Was ist das denn alles für Zeug? Warum haben wir das behalten? Und reden wir uns das mit dem Reduzieren immer nur schön, aber machen es gar nicht wirklich?

Die Garage in Rockaway ist kein so idealer Ort zum Lagern wie die Wohnung in Long Island City. Zwar scheint sie trocken und weitgehend schimmelfrei, aber höchst verstaubt und mit Eichhörnchen in der Decke. Außerdem ist Amols Wochenendhaus mit dem Auto rund eine Stunde von Manhattan entfernt – mal eben vorbeikommen, um etwas zu holen, wie in Long Island City, geht jetzt nicht mehr. Aber professionelle Lagerplätze in New York sind wahnsinnig teuer, und Amol bringt unsere Habseligkeiten nach wie vor umsonst für uns unter, deswegen sind wir eher dankbar als besorgt und hängen unsere Sachen so gut wie möglich mit Filzdecken ab.

Zurück in Chelsea kommen wir am Chelsea Hotel vorbei, einst Lieblingsabsteige der Künstler und Literaten. Leonard Cohen traf dort Janis Joplin und sang später: »I remember you well in the Chelsea Hotel. You were famous, your heart was a legend.« Sid Vicious soll in dem Hotel seine Freundin umgebracht haben, starb aber noch vor Prozessbeginn an einer Überdosis Drogen. Die berühmt-berüchtigte Absteige zwei Straßenblocks südlich von uns ist inzwischen seit Jahren geschlossen und komplett eingerüstet. Aber eines Tages lese ich in der New York Times, dass dort trotzdem noch Menschen ausharren. Im Netz finde ich eine E-Mail-Adresse von Debbie und Ed, die in dem Artikel vorkommen, und lade sie zu uns zum Abendessen ein. Zu meiner Überraschung schreibt Ed nur ein paar Stunden später zurück und sagt zu.

»Das passiert uns immer wieder mal«, sagt Debbie unbeeindruckt, als sie in unserer Casa Bella steht, »dass wir in die Häuser anderer Menschen eingeladen werden, einfach nur, weil wir im Chelsea Hotel wohnen«. Debbie und Ed sind ein angegrautes älteres Pärchen mit einer etwas betulichen, aber liebenswürdigen, offenen Art. 1995 seien sie im Chelsea Hotel gelandet, sagt Debbie. »Wir haben damals in Washington, D.C. gewohnt, aber waren eigentlich nur auf politischen Kundgebungen oder Demonstrationen unterwegs, und das ist uns auf die Nerven gegangen. Ed hat an der University of Maryland gelehrt, und ich habe mir dann einen Job in New York gesucht. Als ich den gefunden hatte, bin ich in die Stadt gefahren, um uns eine Wohnung zu suchen. Wir hatten vom Chelsea Hotel gehört und von den vielen Schriftstellern, die dort lebten, also bin ich reingegangen und habe mit dem Besitzer gesprochen, Stanley Bard. ›Ich suche eine Wohnung – hast du eine frei?‹ Er hat gesagt: ›Nein, habe ich nicht, und es wäre sowieso zu teuer für dich, das kannst du dir nicht leisten.‹ Ich bin dann gegangen, habe mich auf der anderen Seite der Straße positioniert und mir die Menschen angeschaut, die da rein und raus gegangen sind, und bin richtig wütend geworden: Die sahen auch nicht so aus, als ob sie Geld hätten, aber sie waren drin. Ich würde auch noch reinkommen! Ich habe mich dann durch die Kleinanzeigen der *Village Voice* gewühlt und ein Angebot für 500 Dollar gefunden, das war sogar damals wenig. Ich war skeptisch, aber habe angerufen, und der Typ sagt, ja, das sei zur Untermiete, aber in einem etwas merkwürdigen Ort, im Chelsea Hotel. Und ich sagte nur: ›Willst du mich veralbern?‹ Es war ein etwas komisches Arrangement, da ich erst mal nur für ein paar Wochen in seinem Zimmer wohnen konnte, und dann musste er wieder eine Zeit lang rein, weil er sonst seinen Platz im Chelsea Hotel verloren hätte, dafür musste man eine bestimmte Anzahl Tage im Jahr da sein. Aber ich war drin.«

Kurz darauf kam Ed dazu und verstaute all seine Sachen in dem winzigen Zimmer mit Gemeinschaftsbad auf dem Flur. »Damals gab es viel weniger Menschen hier in dem Viertel und auch viel weniger Touristen – es gab ja auch noch nicht die High Line. Es war eine viel engere Gemeinschaft. Es war eine Nachbarschaft mit Latinos und Häusern, in denen man einzelne Zimmer mieten konnte. Das gibt es jetzt beides so gut wie gar nicht mehr hier. Und im Chelsea Hotel lebten damals nicht nur Künstler und Literaten, sondern auch Menschen vom Rand der Gesellschaft, wie Drogendealer oder Prostituierte. Eine Zeit lang haben Prostituierte neben uns gewohnt – und die klingen einfach deutlich besser in der Theorie als in der Praxis. Es waren drei junge Mädchen um die zwanzig, eine war schwanger, und wann immer eine einen Kunden hatte, mussten die beiden anderen in dem Bad auf dem Gang warten, das wir uns mit ihnen geteilt haben. Wenn wir aufs Klo mussten, haben wir an die Tür geklopft, und dann spazierten die beiden raus, meistens in Unterwäsche, und haben im Gang gewartet, bis wir fertig waren. Die haben auch im Bad gewaschen und danach überall ihre Unterwäsche zum Trocknen aufgehängt.«

250 Zimmer gab es damals, die Hälfte dauervermietet, die andere Hälfte fungierte als Hotel. »Jeder, der eincheckte, schien etwas mit Kunst zu tun zu haben, das hat es so besonders gemacht. In nur einer Woche konnten wir fünfzig neue Menschen um uns herum haben, einen Bluesmusiker, einen Punkrocker und einen Geiger – und die haben natürlich alle auf ihren Instrumenten geübt. Es war einfach ein ganz spezieller Ort, schon beim Reinkommen spürte man diese elektrische Energie. Einmal war Dee Dee Ramone unser Nachbar, und das habe ich herausgefunden, weil da gerade irgendwo im Hotel gebaut wurde. Dee Dee war ja Musiker, also schlief er natürlich den ganzen Tag, aber die Bauarbeiten haben ihn aufgeweckt, und er hat laut aus dem Fenster gebrüllt: ›Ihr Arschlöcher, was macht ihr da? Ich kann nicht schlafen!‹ Aber es hat nicht aufgehört, und dann war er irgendwie verwirrt und dachte, der Lärm käme aus dem Nebenzimmer, also klopfte er wie irre an unserer Tür. Ich habe aufgemacht, und vor mir stand ein fuchsteufelswildes dürres Männlein in Unterhose. Ich wusste natürlich, wer er war, schließlich war er Dee Dee Ramone, also habe ich gesagt: ›Dee Dee, der Lärm kommt nicht von mir, das sind die Bauarbeiter.‹ Und dann ist er wieder abgezogen.«

Ein paar Jahre blieb nach dem Einzug von Debbie und Ed ins Chelsea Hotel noch alles beim Alten. »Jedes Mal, wenn man in die Eingangshalle kam, hat man diese spezielle Energie gespürt – deswegen sind wir geblieben«, sagt Ed. »Ich bin ja auch Schriftsteller und war in der ganzen Zeit, in der wir dort leben, noch nie ohne Inspiration. Es gab einfach diese Energie, die durch das

Haus jagte, und teilweise lag das einfach daran, dass man all diese verschiedenen wundersamen Menschen kennengelernt hat. Jeder dort hatte schon immer irgendwas mit Kunst zu tun, es kam nie vor, dass mal ein Börsenmakler oder ein Rechtsanwalt neben einem wohnte, sondern jeder hatte immer das Ziel, etwas Schönes zu kreieren, und verstand die Probleme, die dabei auftauchen. Daraus entstand eine merkwürdige Kollegialität. Und natürlich gab es ständig Partys, in die wir einfach reinstolpern konnten, oder Kunstausstellungen, Performances oder Buchlesungen.«

Aber nach und nach verändert sich das Haus und das Viertel drum herum. Das YMCA auf der anderen Straßenseite – das, vor dem die Village People einst zu dem gleichnamigen Song sangen und tanzten, wie heute Schlagerfans auf der ganzen Welt – wurde verkauft und zu Luxuswohnungen umgewandelt. Das Chelsea Hotel wurde stückweise renoviert, Besitzer Stanley Bard schließlich rausgeschmissen und das Gebäude wieder und wieder verkauft. »Heute habe ich nur noch negative Gefühle dem Ganzen gegenüber«, sagt Ed. »Die Bard-Familie hat das Hotel sechzig Jahre lang besessen, und Stanley war es, der diese kreative Atmosphäre dort geschaffen, zusammengehalten und gepflegt hat. Wenn man mal spät dran war mit der Miete, war das kein Problem, er hat es verstanden, dass Künstler kein regelmäßiges Einkommen haben. Jetzt wissen wir gar nicht mehr, wer das Hotel überhaupt gerade besitzt.«

Rund achtzig Dauermieter sind schon aus dem Hotel vertrieben worden, fünfzig Zimmer sind noch bewohnt. Debbie und Ed haben jahrelang vor Gericht mit einem Anwalt gegen ihren Rausschmiss gekämpft – bislang erfolgreich. »Es gibt viele miese Tricks, die die Besitzer noch ausprobieren könnten, um uns loszuwerden. Aber ich habe das Gefühl, sie trauen sich gerade nicht so richtig, denn es gibt nun einmal noch fünfzig weitere Parteien, und allen müssten sie viel Geld bezahlen. Aber es ist komplett anders als früher im Chelsea Hotel: Es sind nur noch die Oldtimer, die an ihren Zimmern hängen. Wir hoffen, dass sie es immerhin nicht zu Luxuswohnungen umbauen, sondern als Hotel belassen, wenn auch als Luxus-Boutique-Hotel. Das zieht dann vielleicht wieder Künstler an, und dann können wir die alte Dynamik wieder in Schwung bringen. New York funktioniert doch in Zyklen. Wir haben nicht vor wegzugehen und die anderen Übriggebliebenen auch nicht. Wir hoffen alle, dass sich das Chelsea Hotel irgendwann wieder zu seinem alten Selbst zurückwandelt.«

Ein paar Tage später laden uns Debbie und Ed zum Gegenbesuch ein. Durch einen Seiteneingang betreten wir das vollkommen eingerüstete Chelsea Hotel; die frühere Lobby ist entkernt und abgesperrt. Bei zwei freundlichen älteren Damen, die unter Neonlicht an einem Holztresen stehen und plaudern, melden wir unseren Besuch an. Weil wir zu früh sind, was uns sonst nie passiert, fahren wir mit dem mit Plastikplanen ausgekleideten Aufzug erst mal in den zehnten und höchsten Stock. Von dort klettern wir über ein paar Treppen und durch eine nur angelehnte Tür aufs Dach. Das Chelsea Hotel ist eines der höchsten Gebäude der Gegend. Ein Teil des Daches ist eingerüstet, ein anderer besteht aus kleinen eingezäunten und begrünten Terrassenabschnitten, die aussehen, als würden sie gepflegt und benutzt. Der Rest des Daches wirkt verwaist. Die vielen überwucherten Blumentöpfe, die kreuz und quer verteilt herumstehen, scheinen seit Jahren nicht gegossen oder gejätet worden zu sein. Über dem Hudson River geht gerade die Sonne unter und taucht das Häusermeer um uns herum in ein goldenes Licht.

Vorsichtig tasten wir uns durch die angelehnte Tür zurück ins Haus. Niemand scheint uns gesehen oder gehört zu haben. Durch das Treppenhaus steigen wir in den achten Stock hinab, wo Debbie und Ed schon vor ihrem Zimmer stehen, um uns in Empfang zu nehmen. »Das ist sonst alles nicht so einfach zu finden hier«, sagt Debbie, während sie uns freundlich umarmt und durch die Tür in ihr Zimmer führt, in die gerade mal zwanzig Quadratmeter, in denen sie gemeinsam mit Ed seit rund zwanzig Jahren lebt. Ein Bett, ein Sessel, ein kleiner Kühlschrank und ein Kickertisch, von dem sich Ed einfach nicht trennen will und der die Mitte des Raumes vollständig ausfüllt. Drum herum Bücherregale, Bücherregale und noch mehr Bücherregale, an den Wänden hängen dicht an dicht Kunstwerke. »Das meiste haben wir im Müll gefunden oder auf Flohmärkten«, sagt Debbie. Das Gemeinschaftsbad ist auf dem Flur, einen Herd oder gar eine Waschmaschine haben die beiden nicht. »Setzt euch«, sagt Ed.

Felix und ich schauen uns unsicher um und zwängen uns dann auf die Bettkante. Platz für Gäste gibt es hier nicht. Ed verteilt die vier Teller der beiden (mehr haben sie nicht) und Sprudelwasser in Plastikbechern. Dann zaubert er aus dem kleinen Kühlschrank in der Ecke, der nicht größer ist als eine Minibar im Hotel, Taco-Chips mit Guacamole und Tomaten mit Mozzarella und Basilikum hervor und lässt sich im einzigen Sessel nieder. »Hier ist mein Arbeitsplatz«, lacht er. »Hier habe ich alle meine Bücher geschrieben. Aber seit Beginn der Bauarbeiten vor sieben Jahren kann ich nur noch mit Kopfhörern arbeiten.« Debbie, die bei einer Wohltätigkeitsorganisation arbeitet, zieht sich einen Klappstuhl zwischen den Bücherregalen hervor und setzt sich neben Ed. »Ich bin froh, dass ich wenigstens tagsüber in mein Büro gehen kann und diesem Lärm und Staub hier entkomme.« Es ist so eng, dass wir Knie an Knie sitzen. Ich kann Debbie und Ed nur schwer zuhören, zu sehr lenkt mich ihr Zimmer ab. Wo immer ich auch hinschaue, ständig entdecke ich etwas Neues – die Flasche Mundwasser am Rand des winzigen Waschbeckens in der Ecke, die Sonnenblumen in einer Vase auf dem Kickertisch, der völlig abgewetzte Perserteppich auf dem Boden, das alte Hoteltelefon mit Kabel auf einem Beistelltisch oder das Funkeln des Empire State Buildings in der Ferne durch die beiden kleinen, verblichenen Fensterscheiben. »Kommt mit, wir geben euch eine Tour«, sagt Ed, nachdem wir aufgegessen haben. Debbie und er zeigen uns ihr kleines Bad auf dem Gang und die schon völlig entkernte Nachbarwohnung. Auf dem Boden liegt überall Baumaterial. Am Fenster hängt ein Renovierungsplan für das Stockwerk. Zimmer und Bad von Debbie und Ed sind mit grauen Querstrichen markiert. »Tenant occupied«, hier wohnt ein Mieter. Drum herum sind Grundrisse für Luxussuiten eingezeichnet. Die beiden leben mitten auf einer Großbaustelle, während um sie herum ein ganzes Hotel entkernt und neu wiederaufgebaut wird.

Zu viert stöbern wir durch die neonbeleuchteten Stockwerke. »Hier wohnte Madonna«, sagt Debbie beiläufig oder: »Das war das Zimmer von Leonard Cohen.«Debbie und Ed kennen jeden Winkel, wissen, wo noch Reste des alten Charmes übrig geblieben sind, wo die Besitzer Überwachungskameras installiert haben und wer hinter den wenigen Türen wohnt, die mit Plastikplane und Reißverschluss gegen den Baustaub abgedichtet sind. »Tenant occupied« steht auch auf diesen Planen. Ab und zu schlägt irgendwo eine Tür oder wir hören dumpfe Geräusche von Fernsehern, einmal einen Streit. Auf einem Stockwerk sitzt eine alte Frau auf dem Flur vor einem Bauventilator und grinst uns an, als wir vorbeikommen. »Hier ist es schön kühl.« Ansonsten wirkt das Chelsea Hotel gespenstisch ausgestorben.

Eine Tür im sechsten Stock ist nur angelehnt, dahinter ist ein Lichtschimmer zu sehen. »Vielleicht ist Toni zu Hause«, sagt Ed und klopft. »Einen Moment«, ruft jemand, dann erscheint ein schwarzhaariger Mann in T-Shirt und Jeans in der Tür. »Hi, Toni, wie geht's?«, fragt Ed. »Wir haben Freunde dabei und wollten mal bei dir vorbeischauen.« Toni nickt. »Na klar, kommt rein.« Hinter der Tür muss ich erst mal kurz stehen bleiben, damit meine Augen sich an das schummrige Licht in Tonis Wohnung gewöhnen können. Alles ist in dunkles Rot getaucht, die Wände sind mit Mustern, Blumen und Tieren bemalt. Dazwischen stehen plüschige Möbel, wie in einem Filmset von Dracula. Toni gähnt. »Entschuldigt bitte, es ist spät geworden gestern. Ich habe mit meinen Jungs Poker gespielt.« Er sei Fotograf, sagt Toni und zeigt auf ein großformatiges, gerahmtes Schwarz-Weiß-Bild eines halb nackten Mannes, das an der Wand lehnt. »Und er schmeißt die besten Partys im Chelsea Hotel, immer noch«, sagt Ed und lacht trocken. »Allerdings geht man da meistens mit einem anderen Partner, als man gekommen ist.« Es ist spät geworden, und Toni, die Kreatur der Nacht, in dessen Wohnung die Zeit stehen geblieben ist, hat noch ein Fotoshooting. Debbie und Ed begleiten uns zum Ausgang. Wir umarmen uns und lassen die beiden zwischen den Geistern der Legenden im Chelsea Hotel zurück.

Noch lange wird Felix und mich dieser Besuch beschäftigen, und noch oft werden wir uns darüber unterhalten. Wie man so wohnen kann, wie Debbie und Ed, jahrzehntelang auf so engem Raum und schon seit so langer Zeit inmitten einer Großbaustelle. Ist es bewundernswert oder einfach nur bescheuert, sich so etwas anzutun? Die Miete von rund tausend Dollar im Monat ist für die Gegend natürlich extrem günstig, aber dafür haben die beiden auch nur ein Minizimmer mit so ziemlich allen Unannehmlichkeiten drum herum, die man sich vorstellen kann. Letztendlich werden die beiden inzwischen fast nur noch von Sturheit und Trotz im Chelsea Hotel gehalten – und von der vagen Hoffnung darauf, dass es irgendwann einmal wieder so wird, wie es vielleicht nie war. Andererseits gibt das Chelsea Hotel den beiden einen Lebensinhalt und vielleicht auch die reizvolle Aussicht darauf, dass ein klein bisschen von dem verrucht-berühmt-berüchtigten Image auf sie abfärben könnte. Sie sind stolz darauf, wo sie wohnen, definieren sich darüber und grenzen sich so auch von anderen Menschen und deren Wohnsituationen ab. Als ich den beiden einige Tage später ein paar Fotos von unserem Besuch schicke, bedankt sich Ed und schreibt:»Besonders mag ich das Bild in unserem Zimmer, denn es macht sehr deutlich, dass wir nicht in einem langweiligen Vororthaus wohnen.«

Definieren wir unseren Wohnort? Oder definiert unser Wohnort uns? Wir haben ein paar Bekannte, die in kleinen teuren Buden auf der Upper East Side wohnen, nur um, wenn sie nach ihrer Adresse gefragt werden, antworten zu können: Park Avenue. Zumindest unterstelle ich ihnen das – und kann mich auch noch daran erinnern, dass ich unsere Adresse auf der Upper East Side immer gerne betont habe, beim Taxifahren zum Beispiel: 80th Street, zwischen Madison und Park Avenue. Da schwingt mit: Wir haben es geschafft, wir können es uns leisten, da zu wohnen – auch wenn es eigentlich arrogant und albern ist, schließlich hatten wir immer ziemlich leere Konten und eine relativ kleine und auch vergleichsweise bezahlbare Wohnung, wenn auch zwischen lauter Reichen. Upper East Side soll Erfolg vermitteln, Chelsea Hotel Coolness. Wo ein Mensch lebt, sagt etwas über ihn aus, über seinen Status, seine Werte und vielleicht sogar über seine politische Einstellung – ob man es will und aktiv sucht oder nicht. Bis zu einem gewissen Grad kann es ja auch Sinn machen, sich unter Gleichgesinnte zu mischen und einen Wohnort zu finden, der mit dem eigenen Selbstverständnis übereinstimmt und das auch ausstrahlt. Aber vielleicht muss man sich von diesem geliehenen Selbstvertrauen, von diesem übergestülpten Image auch frei machen können, um sich letztendlich nicht von seinem Wohnort definieren zu lassen, sondern selbstdefiniert zu bleiben?

In New York ist das alles sowieso noch einmal komplizierter, weil sich hier alles so schnell verändert. Eine Gegend, die gerade noch als underground-cool galt, kann ein paar Jahre später schon völlig überteuert und ansatzweise spießig sein – wie Chelsea. New York walzt immer voran. Keine Rücksicht, keine Sentimentalität. Stete Veränderung gilt hier als Fortschritt. Aber viele bleiben dabei auf der Strecke, bei ihnen hinterlässt dieser angebliche Fortschritt tiefe Wunden. Nostalgie muss man sich in New York abtrainieren. Wer sich emotional zu sehr an diese Stadt bindet, der lädt sie geradezu dazu ein, sein Herz immer und immer wieder zu brechen. Chelsea ist durch, der Kampf ist verloren, auch wenn einige letzte Übriggebliebene wie Debbie und Ed oder auch Dirk sich immer noch mit allerletzter Kraft an ihr Bild vom Chelsea früherer und besserer Tage klammern. Chelsea ist vorbei.

An unserem letzten Abend in der Casa Bella klingelt es an der Haustür. Ich drücke auf den Einlasser und höre ein rascheldes Geräusch im Treppenhaus. In mit Zeitungspapier ausgestopften Hosen kommt Ted die steile Treppe heraufgeklettert. Wir hatten ihn immer wieder eingeladen, aber dass er wirklich vorbeikommt, hätte ich nie gedacht. Ted verbringt seine Nächte im

Hauseingang der koreanischen Kirche nebenan, er ist obdachlos. Jeden Abend haben wir ihn gesehen, irgendwann angefangen uns zu grüßen, und schließlich waren wir ins Gespräch gekommen. Ted widerlegt in kürzester Zeit jedes negative Klischee über Obdachlose, das man sich nur ausdenken kann: Seine grauen Haare sind akkurat kurz geschnitten, seine Gesichtshaut glatt rasiert, seine Zähne gepflegt. Er bettelt nicht, riecht gut und trägt flecken- und knitterfreie Kleidung, meist Jeans und Jacke. Wenn Ted, der uns erzählt, dass er weder trinkt noch raucht oder Drogen nimmt, sich mit einem unterhält, benutzt er lange Sätze, mit beeindruckender Schärfe und Vokabular. Wir sind inzwischen auch bei Facebook befreundet, wo Ted täglich Fotos aus Chelsea postet.

Er sei ursprünglich aus Boston, erzählt Ted uns. Wie genau er auf den Straßen New Yorks gelandet ist, will er nicht sagen, aber das sei schon eine ganze Weile her. Den Hauseingang der Kirche an der lauten 7th Avenue hat er zu seinem Stammplatz erkoren, weil ihn die Betreiber nicht verscheuchen. In einer anderen Kirche um die Ecke darf er außerdem die Dusche und den Computer benutzen, nicht weit entfernt ist eine Obdachlosenhilfe, wo Ted Frühstück, Mittagessen und Abendessen bekommt. Die Pizzeria unter uns füttert ihn mit durch, dort darf er auch die Toilette benutzen. In der Gegend leben außerdem mehrere andere Obdachlose, mit denen er sich angefreundet hat. Auch mit der Polizei, die ihn früher oft belästigt hätte, habe er sich inzwischen arrangiert. Den kalten Temperaturen trotzt Ted mit mehr als einem Dutzend Lagen aus Hosen, Decken und Zeitungspapier. So hat sich Ted in Chelsea eingerichtet. Trotzdem lebt er in ständiger Angst davor, überfallen oder von seinem Stammplatz vertrieben zu werden.

In unserer Wohnung hält es der scheue Ted nicht lange aus. Zu ungewohnt, zu überwältigend. Essen will er auch nichts, nur eine Dose Mineralwasser lässt er sich aufschwatzen, dann raschelt er wieder die Treppe hinunter auf seinen Stammplatz. Ted

kennenzulernen hat uns demütiger gemacht. Wir spielen obdachlos, wie privilegiert. Ted ist es wirklich.

In der Stadt der Bücher

West 160th St, Washington Heights, Manhattan

Felix

Kurt empfängt uns dort, wo Manhattan am schmalsten und höchsten ist und wo East und Hudson River ständig eine frische Brise schicken: in Washington Heights, nördlich von Harlem. Wir klingeln an einem schmalen Sandsteinhaus auf der 160. Straße. Im Fenster stehen vier große Lettern: WORD. Ein älterer Mann öffnet und mustert uns mit eisblauen Augen hinter einer dicken Hornbrille. Es ist Kurt, der Hausherr. Er trägt ein dunkelgrünes Hemd, die schwarzen Haare hat er streng nach hinten gekämmt, seine Stimme ist sonor. Er muss früher ein Frauenschwarm gewesen sein. »Kommt rein.«

Als wir die knarzende Treppe hinaufsteigen, erhasche ich einen Blick ins Wohnzimmer, in dem Schaufensterpuppen mit kunstvollen Kleidern stehen, umgeben von Bücherregalen. Kurt führt uns in einen hohen Raum mit Erker, das letzte Sonnenlicht des Nachmittags fällt auf einen massiven Schreibtisch und eine Chaiselongue, auf der sich eine Katze ausstreckt. Die anderen drei Seiten des Raums füllt eine endlose Landschaft aus Buchrücken. Wir haben Bücher hinter uns, vor uns, links und rechts, oben und unten, es müssen Hunderte, vielleicht Tausende sein, die sich hier aneinanderpressen und das Tageslicht aufsaugen. Die einzigen Unterbrechungen sind einzelne quer gestellte Bücher, die mit dem Cover zu uns zeigen. Eine Sammlung an Werken, für die mehrere Menschenleben nicht genügen.

Die *New York Times*, in der ich mehrere Porträts über Kurt gefunden habe, schrieb einmal: »Er weiß wahrscheinlich mehr über Uptown-Manhattan als alle seine Bücher zusammen.« Ein nettes Kompliment, denke ich, als wir inmitten dieser Stadt aus Büchern stehen und meine Augen versuchen, einen Überblick zu gewinnen. Kurt verschwindet in einer dunkelgrün gekachelten Nebenkammer. »Kaffee?«

Er bedeutet uns hinzusetzen. Christina lässt sich auf einem Stuhl neben einer kleinen Tischlampe nieder, die ein Schlaglicht auf eine Bücherecke über den Sklavenhandel wirft. Ich wähle einen Sessel am Fenster, hinter mir Buchrücken aus Ägypten. Die Farben der Buchrücken sind blass, manche tragen kunstvolle Illustrationen oder Goldschrift. Viele sind vergilbt. In der Mitte des Regals tut sich eine Lücke im dunkeln Holz auf, eine Art Altar, auf dem Voodoomasken, kleine Zeichnungen und afrikanische Skulpturen sitzen. Der graue Kater erhebt sich und schnurrt um Kurts Beine, während der sich in seinen Schreibtischstuhl sinken lässt und sein dunkelgrünes Hemd mit dem dunkelgrünen Leder der Sitzfläche eins wird.

Kurt zeigt mit einer getragenen Geste aus dem Fenster auf die gegenüberliegende Straßenseite, wo eine großzügige Villa auf einer Anhöhe steht. »Wir blicken hier auf die Jumel Mansion, einst Hauptquartier von George Washington, dann das Haus von Eliza Jumel, einer Prostituierten, die Politikergattin und Immobilienmilliardärin wurde. Die größte horizontale Geschichte Amerikas.« Sein Finger schwenkt nach rechts. »Das große Haus, gleich ein paar Türen weiter von uns aus, ist 555 Edgecombe Avenue, auch Triple Nickle genannt. Das wichtigste Wohnhaus der afroamerikanischen Elite New Yorks. Count Basie, Duke Ellington, Joe Luis, Kenneth Clark, Coleman Hawkins ...« Er verliert sich in Namen, von denen ich viele nicht kenne. »Diese Ecke hier«, sagt er schließlich feierlich und hebt seinen Finger, »ist eine historische Kreuzung. Hier treffen die Founding Fathers auf die Founding Brothers.«

Er stamme aus Minnesota, redet Kurt weiter, ohne eine Pause zu machen. Er sei auf einer Farm aufgewachsen, als Weißer unter Weißen, streng religiös, ohne Kultur. Erst in New York hätte er sich tief hineinbegeben in die afroamerikanische und schließlich die afrikanische Literatur, die zu seinem Spezialgebiet wurde. »Ich war nie auf dem College. Ich war auf der Book Row.« So habe man einst die Gegend im East Village zwischen Union Square und Astor Place genannt, in der sich Dutzende kleiner Buchhandlungen aneinanderreihten. Heute sei nur noch die berühmteste von allen übrig: Strands Book Store, spezialisiert auf seltene antiquarische Bücher, in dem Kurt lange jobbte.

Nach Jahren als angestellter Buchverkäufer eröffnete er in den Achtzigerjahren eine eigene kleine Buchhandlung in Brooklyn Heights, spezialisiert auf Antiquarisches. Sein Können blieb nicht lange unerkannt. Feuilletonisten und Autoren, Künstler und Denker verkehrten bei ihm, und dann kamen die reichen Sammler. Kurt entdeckte ein neues Geschäft: Privatbibliotheken sortieren oder komplett einrichten. Die Studierzimmer der Astors, die Buchwand von Andy Warhol, die massive Bibliothek der legendären *Vogue*-Chefin Diana Vreeland – alles Kurts Werk. Er wurde zum Bibliothekar der Hautevolee von Manhattan.

Hier kreuzt sich Kurts Leben mit dem von Seth, unserem zukünftigen Vermieter aus der Bronx, der uns mit Kurt zusammengebracht hat. Während Seths Eltern nähten, was die Kennedys, Garbos und Trumans trugen und vor die Fenster ihrer Suiten hängten, suchte Kurt aus, was sie sich ins Regal stellten, um andere zu beeindrucken. Intellektuelle Handwerker im Reich der Schönen und Berühmten.

Ich schaue kurz zu Christina und sehe ihr Gesicht im Halbschatten leuchten. Das Staunen meines Lieblingsmenschen macht mich glücklich. Sie, die so viel liest, wie sie nur kann, die auf unsere erste gemeinsame Reise einen eigenen Bücherrucksack mitnahm – den ich die meiste Zeit trug –, hat gerade einen neuen Meister gefunden.

Wie Kurt im Halbdunkel inmitten einiger der seltensten gedruckten Werke Amerikas und Afrikas sitzt, während die letzten Sonnenstrahlen des Tages ein geheimnisvolles Licht auf ihn und seine Sammlung werfen, hat beinahe etwas Feierliches. Ich komme mir vor wie in einer Traumwelt, als wären wir in einem *Indiana Jones*-Film gelandet, bei dem verrückten Professor, der uns gleich die Schatzkarte zustecken wird. Kurt zuzuhören ist wie Spa für die Ohren. Er baut minutenlange Wortschlösser für uns in den Raum, zaubert ganze Häuserblocks aus der Luft in sein Studierzimmer. Er lässt das New York verschiedenster Epochen vor uns auferstehen, eng besetzt mit Fabeln von Gangstern, Geistern und Berühmtheiten, die für einen Moment auf der Chaiselongue Platz nehmen, bis er sie mit einem Handstreich wieder verscheucht.

Dann kehrt er zurück in die Gegenwart. Wir können ein paar Fragen einweben, aber er weiß so viel, dass jede Antwort zu einer neuen Reise wird, geleitet von seiner sonoren Stimme. Ich sehe nach einer Weile aus dem Augenwinkel, wie Christina den roten Knopf auf ihrem iPhone drückt und beginnt mitzuschneiden. Ein Versuch, Kurts Einführungsseminar in seine Welt aufzubewahren. Später höre ich ihn auf Band sagen: »Das ist es, was Trump zeigt. Die Konsequenzen sind im Hier und Jetzt. Die Verdummung ist vollzogen. (...) Es ist hart, Freundschaften zu erhalten in dieser dysfunktionalen Kultur. (...) Habt ihr von ›Indivisible‹ gehört? Ich gehe zu verschiedenen Gruppen, um zu sehen, wo ich hinpasse. Gestern haben mich Freunde zu einem Meeting in Brooklyn eingeladen. Aber das waren Mainstream-Demokraten. Die waren nur traurig, dass Hillary nicht gewählt wurde.

Das war ein wenig zu viel für mich. (...) Dann war ich bei einem Treffen der Manhattan Alliance, ein paar alte Leute in einer Kirche. Schon eher Bernie Sanders. Aber keine jungen Leute. Keine farbigen Menschen. Bin ich da am richtigen Ort? Nein. Ich bin am richtigen Ort, wenn ich der einzige Weiße bin.«

Irgendwann traue ich mich zu fragen: »Würden Sie uns bei sich aufnehmen?« »Das würde ich«, sagt Kurt. »Gerade warte ich noch auf Antwort von Stammgästen. Sie waren oft hier. Und sie zahlen viel. Sie arbeiten noch an ihren Reisedaten. Aber ich möchte, dass ihr hier wohnt. Wisst ihr, wie viele Leute hierherkommen und fragen: ›Kann ich hier wohnen und einen Blooooog schreiben?‹« Er zieht das Wort in die Länge. »›Nooooo‹, sage ich dann. Denn da bleibt nichts hängen für mich. Kein trickle down. Nur trickle up. Wir leben hier nicht in Reagan-Land. Aber ich habe euren Blog gelesen und dachte: Die sind okay.«

»Es muss auch kein ganzer Monat sein«, sagt Christina äußerst diplomatisch. Kurt verlangt 250 Dollar die Nacht, wir könnten uns gar keine vier Wochen hier leisten. »Lasst mich euch erst mal die Wohnung zeigen«, sagt Kurt und erhebt sich. Wir folgen ihm ins Souterrain. Auf dem Weg kommen wir wieder am Wohnzimmer mit den Schaufensterpuppen vorbei. »Camilla, meine Frau, ist Kostümdesignerin«, erklärt Kurt. »Sie hatte gerade eine Ausstellung, drüben in der Jumel Mansion. Aber eigentlich kleidet sie Stars ein. Nach den Anschlägen vom 11. September brach mein Geschäft zusammen. Das Telefon stand zwei Jahre lang still, niemand wollte alte Bücher. Dann bekam meine Frau einen Anruf von Celine Dion. Sie sollte ihre Show in Las Vegas ausstatten. Drei Shows am Tag, sieben Tage die Woche, dreißig Tänzer. Das hat uns gerettet.« Noch eine Handwerkerin für die Berühmten.

Am Fuße der Treppe im Parterre erreichen wir einen schmalen, niedrigen Flur. Rechts eine kleine Küche, links mannshohe Bücherstapel. Dahinter öffnet sich ein dunkler Raum, etwas niedriger als Kurts Bibliothek, aber mit mindestens ebenso vielen Büchern und Schallplatten. Wieder müssen es Tausende sein. Das einzige nicht intellektuelle Möbel ist ein großes Doppelbett, das inmitten der Wände voller Buchrücken steht. »Das hier war mein Buchladen«, sagt Kurt. Im Fenster stehen die vier Lettern, die wir bei der Ankunft sahen: WORD. Er schaltet einen Plattenspieler an, der in einer kleinen Bücherlücke steht. Eine Trompete murmelt ihr Solo aus den Ecken des Raumes. »Alles hier ist geordnet.« Er zeigt in verschiedene Richtungen. »Sklaverei. Sport. Jazz.« Jeder Regalzentimeter ist eine Hausnummer in Kurts Gedächtnis, dies ist seine Stadt, eine Stadt aus Papier. Er hätte hier bis vor einigen Jahren Bücher verkauft, sagt er. Inzwischen sei Airbnb lukrativer.

Im nächsten Zimmer wieder ein Bett und dahinter wieder Bücher, auf sich durchbiegenden weißen Regalen, die bis zur Decke reichen. »Das ist meine New-York-Bibliothek«, sagt Kurt. Eine ganze Wand, nur New York! Hier ein Wälzer über die Book Row, dort eine historische Abhandlung über das Abby Theater, ganz oben im Eck *The Bronx Is Burning*, ein Standardwerk, umgeben von Raritäten aus demselben Stadtviertel. Christina und ich können unser Glück kaum fassen. »Ich will das alles lesen«, sagt Christina, und sie meint es ernst. »Fang damit an«, sagt Kurt, greift über uns ins Regal und reicht Christina ein Buch über die Jumel Mansion, das alte Haus von gegenüber. »Die Geschichte der Mansion ist fantastisch. Es wird auch erklärt, warum der Geist von Miss Jumel bis heute darin herumspukt.« Wieder muss ich an *Indiana Jones* denken. Diese Bücherwand ist unser Ort X, der Punkt auf der Schatzkarte, an dem wir graben wollen.

Am selben Abend schreibe ich Kurt eine E-Mail, in der ich unsere Frage, ob er eine Chance sieht, dass wir bei ihm wohnen können, noch einmal wiederhole. Er antwortet:

»Das tue ich, wenn ihr noch etwas Geduld habt, und, nur um das noch zu erwähnen, eure Chancen sind enorm gestiegen, seit wir uns begegnet sind, wegen eures Charmes und wegen des nicht vorhandenen Charmes von jemand anderem. Ich erwarte definitive Klarheit am Mittwoch. Kurt«

Wir sind begeistert, aber müssen auch Kassensturz machen, denn nun kommen zwei teure Wohnungen auf uns zu: Kurts Buchparadies und das Haus in der Bronx von Seth und Nicole. Schnell ist klar: Wir können uns keinen vollen Monat bei Kurt leisten. »Vielleicht müssen wir unsere Ein-Monat-eine-Neighborhood-Regel brechen«, überlegt Christina. »Ich glaube, außer uns beiden interessiert sich niemand ernsthaft dafür, ob wir uns daran halten«, sage ich. Wir müssen beide lachen.

Als ich kurz vor dem Einzug bei Kurt wieder nach Deutschland muss, nehme ich Emma mit. Am Flughafen Berlin habe ich dreißig Minuten Zeit, Emma an Christinas Eltern zu übergeben. Es ist fast wie ein Kidnapping. Wir rennen zum Auto. Tür auf, Kind hinein, Kindersachen in den Kofferraum, noch ein Abschiedskuss, Tür zu. Das Auto verlässt mit quietschenden Reifen die Tiefgarage, ich renne zu meinem Flieger nach München. Zwar habe ich vorher mit Emma darüber gesprochen, dass Oma und Opa sich ein paar Tage um sie kümmern werden und sie dann mit meiner Mutter zurück nach New York fliegt, aber was sie wirklich von unserem Leben denkt, ist schwer einzuschätzen. »Um ein Kind zu erziehen, braucht es ein ganzes Dorf«, den Wahlspruch zitiere ich immer, wenn jemand staunt oder kritisiert, dass wir unser Kind für Wochen in Deutschland zurücklassen und auf der anderen Seite des Atlantiks weiterleben. Emma wächst ganz anders auf als ich! Zwischen zwei Kontinenten, drei Sprachen und acht Millionen Menschen, und mit Großeltern, die sie nur mit dem Flugzeug erreichen kann und die quer über Deutschland verteilt leben. Was macht das mit ihr? Wie wird sie das mal verarbeiten? Christina und ich malen uns manchmal aus, wie sie gegen unseren Lifestyle rebelliert und sich für ein Leben als Sparkassendirektorin mit Reihenhaus und Schrebergarten in Mittelfranken entscheidet; übel nehmen könnte ich es ihr nicht.

Vielleicht besuchen wir sie dann an ihrem dreißigsten Geburtstag, den sie zu Hause im kleinen Kreis feiert, und ich erzähle ihr, dass ich Fotos von ihr über die Cloud geteilt habe, Stationen ihres ersten Lebensjahres, damals 2014. Und ich gebe ein bisschen an, gerade so laut, dass die anderen Gäste es hören können. »Wir hatten dich ja überall mit dabei. Bei Annie Leibovitz. Bei Anna Wintour. Christina, weißt du noch? Haha! Von Boston bis Bermuda, von Michigan bis Medellín. Schau mal, die Fotos! Das war alles noch vor deinem ersten Geburtstag! Und Mami und ich, wir dachten uns, vielleicht machen wir jetzt, dreißig Jahre später, gemeinsam noch mal so eine Reise? Zurück an einen Ort aus deinem Geburtsjahr? Du hast das ja immer so gerngehabt, ›Neue Hause‹ hast du immer gesagt, als du mit uns durch New York gezogen bist, ein ganzes ...« »Ach, lass mal, Papi«, wird sie mich dann unterbrechen und mir die Hand auf den Arm legen. »Achim hat für den Sommer schon die Ostsee gebucht.« »Achim?« Und sie wird mir lächelnd erklären, dass das ein Kollege von ihr sei, der sitze da drüben, sie hätten zusammen ein Haus gemietet, mit acht Leuten von der Sparkasse, so wie auch schon letztes Jahr. »Das war super für unseren Flow im Team. Und ich habe auf dem Heimweg noch Oma und Opa besucht.« Achim wird kurz herüberwinken, und Christina und ich werden uns ansehen, und ich werde tief Luft holen. »Fliegen ist außerdem heute ...«, wird Emma dann noch sagen, aber ich werde abwinken.

Eine Woche später sitze ich wieder im Flieger zurück nach New York. Und irgendwo über Neufundland, genau da wo der Jetstream das Festland trifft und es immer ruckelt in der Maschine, denke ich wieder an Emma. Ich hatte schon früher Flugangst, aber sie für eine kurze Zeit besiegt. Bis Emma auf die Welt kam. Seitdem leide ich wieder unter der Höhe, der Ungewissheit, den Rucklern, und fliege gleichzeitig beruflich häufiger denn je. Auf dem Hinflug, als Emma neben mir saß, hatte ich mit ihr zu tun, das lenkte mich ab. Jetzt vermisse ich sie und ihre Entspanntheit. Sie ist schon jetzt in vielerlei Hinsicht cooler als ich.

Zurück in New York ziehen Christina und ich bei Kurt ein. Diesmal geht es mit dem Taxi. Wir haben nur noch vier Ikea-Taschen und zwei Koffer. Aber Christina ist nicht fit – sie bekommt Fieber, und die Wand mit den New-York-Büchern, die wir uns vornehmen wollten, muss warten. Ich versuche, die Gegend zu verstehen, jogge am Coogan's Bluff entlang, der Steilküste von Washington Heights, die gleich am Ende unserer Straße beginnt und auf der Clint Eastwood im gleichnamigen Film mit dem Motorrad über die Felsen heizt; ich bringe Wäsche in die ausschließlich spanischsprachigen Lavanderias auf der Amsterdam Ave und hole Kaffee bei Taszo, dessen Betreiber, ein tunesischer Fotograf, schwört, kein Gentrifizierer zu sein.

Das Leben in einem ehemaligen Buchladen ist ganz anders als unsere bisherigen Wohnungen. Jeder Zentimeter ist voller Geschichten, die Jazzschallplatten allererste Sahne, die Bilder an der Wand zeigen Prominente mit Kurt. Das Apartment ist so vollgestellt, dass vom Türrahmen bis zum Heizkörper im Bad alles für eigene antiquarische Subsammlungen herhalten muss. Besonders fasziniert mich die Heizkörperbibliothek, bequem vom Toilettensitz erreichbar:
- *The Unexpurgated Memoirs of Bernard Mergendeiler*
- *The Naked Mind of Buddy Hackett*
- *Beautiful Thoughts*
- *Phyllis Diller's Marriage Manual*
- *The Cloisters. Medieval Art and Architecture*
- *Reading the OED – One Man, One Year, 21,730 Pages*

Alle klingen für mich wie Fantasietitel – und das Buch über den Mann, der das gesamte Oxford English Dictionary gelesen hat, erklärt seinen Sinn auf der Rückseite:»Ich lese das OED, damit Sie es nicht lesen müssen«, lässt sich der Autor zitieren. So ähnlich ist es auch mit Kurt. Sein Leben lang hat er Bücher für andere gelesen, bewertet, gehandelt oder einsortiert. Lesen, damit andere es nicht müssen – oder sich die Rosinen herauspicken können.

Wir sind es nicht gewohnt, bei jemandem zur Untermiete zu wohnen, und so wage ich mich nur ab und an aus dem Apartment zu Kurt hinauf. Aber er empfängt mich immer mit der gleichen Freundlichkeit und sonoren Wortgewandtheit in seiner Stadt aus Papier. Mit 400 Bücherkisten sei er in das Haus hier eingezogen, erzählt er einmal. Es hätte einem Deutschen aus Düsseldorf gehört, Gunnar Kaldewey, Künstler und Buchsammler, ein Artgenosse. Er wollte es verkaufen, und Kurt wollte es haben, aber er bekam nicht genug Geld von der Bank. Spontan, in einem Zug sehr ungewöhnlicher Großzügigkeit, habe Kaldewey entschieden, Kurt einen persönlichen Kredit zu geben, um das Haus abbezahlen zu können. »Es gab eine Frau, die zwei Millionen in bar geboten hat, aber er hat abgelehnt. So viel hat es ihm bedeutet, dass sein Haus ein Buchparadies bleibt.« Kurt schüttelt den Kopf. »Es war unglaublich. Wir hätten uns das hier nie leisten können. Niemals. Wir gehören nicht zu den Leuten, die in solchen Häusern leben. Wir verdienen dieses Haus gar nicht. Ich denke mir das jeden Tag: Du verdienst es nicht, hier zu wohnen.«

»Hey, dad.« Im Halbdunkel der Tür zu Kurts Studierzimmer steht ein Mann mit langen dunklen Locken. »Hey, Ad«, sagt Kurt. Ad dreht sich um und geht die Treppe hinauf. »Mein Sohn Adam«, sagt Kurt. »Er wird Lehrer.« Kurt macht eine lange Pause. »Ich bin so stolz auf ihn. Adam ist autistisch. Bis er fünf war, hat er kaum ein Wort gesprochen. Ich habe ihm vorgelesen, jede Nacht, jahrelang. Und eines Tages kamen Wörter aus seinem Mund. Heute wohnt er zwar noch bei uns, aber er schließt gerade sein Studium ab. Er wird Kinder unterrichten. Er hat sein eigenes Leben.«

Die Frühlingssonne taucht Jumel Terrace in ein goldenes Licht, und Christina erholt sich. Wir erkunden gemeinsam das Viertel, das sich mit seinen Hügeln, Friedhöfen, Museen und der Mischung aus Hochkultur und karibischer Enklave so ganz anders anfühlt als die tiefer liegenden Teile Manhattans, eher wie eine Mischung aus Paris und San Francisco als New York. Am mittleren Sonntag unserer drei Wochen im Buchhimmel besuchen wir Triple Nickle, 555 Edgecombe Avenue, die einstige Wohnburg der afroamerikanischen Kunstelite. Am Klingelbrett hängt ein Zettel mit schnörkeliger Handschrift:

Parlor Entertainment

#107

Doors Open 3:15

Music 3:30

Jeden Sonntag empfängt die Jazzpianistin Marjorie Eliot ein paar Musiker und Dutzende wildfremde Menschen in ihrer Wohnung, Apartment 107, im dritten Stock. Die Zuschauer sitzen auf Klappstühlen, es sind viel zu viele für die kleine Zweizimmerwohnung. Wir sitzen in der Küche, die Reihen gehen hinter uns auf den Flur bis hinaus auf dem Gang, alles nur, um ein paar Töne aus dem kleinen, in grünes Licht getauchten Wohnzimmer zu erlauschen, in dem Marjorie am Flügel sitzt und mit einem Saxofonisten, einem Bassisten und einem Schlagzeuger spielt. Sie haut in die Tasten, als sei sie nicht längst über achtzig, sondern zwei Generationen jünger. Zwei Helferinnen, selbst alte Damen, verteilen Kekse und Limonade. Es ist fast unwirklich schön, und obwohl Marjorie inzwischen Gegenstand eines Dokumentarfilms ist und in Reiseführern gepriesen wird, beschleicht einen während des Konzerts das Gefühl, man sei kein Fremder, sondern bei guten Freunden zu Gast.

Am Tag darauf frage ich Kurt, ob wir trotz der kurzen Zeit, die wir bei ihm haben, vielleicht ein Neighborhood-Dinner hosten könnten. Kurt schlägt vor, seine Freunde gleich morgen Abend zu einem Abendessen einzuladen, das wir spendieren. Keine ganz uneigennützige Idee, aber ein völlig neues Format auf unserer Reise durch die Stadt: Zum ersten Mal sind wir nicht Gastgeber des Dinners, sondern selbst Gäste. Kurt sagt bedeutungsschwanger, es gebe nur ein mögliches Gericht für diesen Abend: Pollo entero, ganzes Huhn, mit Tostones, frittierten Kochbananen, Reis und Avocado. Bestellen, so Kurt, könne man das einzig und allein bei Malecon, einem Restaurant zehn Blocks weiter nördlich, benannt nach Havannas Flaniermeile. Das Malecon trüge den Beinamen El Rey de Pollo, König des Hühnchens. Im Malecon steht eine lange Schlange von Menschen, die genau wie ich auf eine Audienz beim Hühnchenkönig warten. Jeder Platz ist besetzt und der Salsa aus den Lautsprechern so laut, dass ein paar Wartende Tanzschritte ausprobieren. »Pollo Entero!« Eine Kellnerin reicht mir einen Berg aus Dutzenden Plastiktüten, in deren Mitte das Huhn stecken muss. Als ich hinaustrete, stehe ich auf der Plaza de las Americas, einem großen Platz, auf den nicht nur das Malecon seine Türen öffnet, sondern auch der United Palace, ein herrschaftlicher Bau von der Größe Notre Dames, der auf großen Postern Salsa-Bands ankündigt. Auf der Plaza sitzen alte Carribeños auf Parkbänken und spielen Domino. Würde man ihnen eine Zigarre anstecken und einen Oldtimer durchs Bild fahren lassen, wären alle Stereotypen Havannas in einem Bild abgehakt. Wie anders Washington Heights hier ist! Keine Founding Fathers oder Brothers – stattdessen Karibik pur.

Als ich zurück bei Kurt ins Esszimmer im ersten Stock komme, begegne ich zum ersten Mal seiner Frau Camilla. Sie nimmt meine Plastiktüten entgegen und entpackt das Huhn in einer vom Esszimmer abgetrennten Küche, die kaum einen Meter breit ist und bis unter die Decke voller Kochutensilien hängt. Camillas Temperament ist unbändig: Wenn sie lacht, dröhnen alle Schüsseln in der Kochnische. Sie ist das genaue Gegenstück zu ihrem Mann.

»Nelson!«, ruft Kurts Stimme, als es an der Tür klingelt. Nelson sei steinalt und ein Phänomen, hat Kurt vieldeutig angekündigt. Ich gehe nachsehen. Als Nelson durch die Tür federt, fühle ich mich zurückversetzt nach Harlem, in das neidisch-bewundernde Gefühl, komplett underdressed zu sein. Nelson trägt ein flamingofarbenes Jackett, akkurat zugeknöpft, darunter ein graues Flanellhemd, dunkle Jeans und blanke Lederstiefel. An seiner Hand blitzt ein silberner Siegelring, der die exakt selbe Farbe wie sein kurz geschorenes Haar hat. Seine Aura lässt mich kerzengerade stehen. Mir ist klar: Mit ihm legt man sich besser nicht an. Er habe gehört, es gebe hier Essen, sagt Nelson mit breitem New Yorker Akzent, und lächelt ein wenig spöttisch. Ich grüße schüchtern, und es klingelt schon wieder, eine ältere Dame in Nelsons Alter, Evelyn, und ihre Gehilfin Mokie treten ein, beide ebenfalls aus der afroamerikanischen Community von Sugar Hill und mit Kurt und Nelson befreundet.

Wir setzen uns, und nach einer kurzen Einführungsrede halte ich vor allem die Klappe. Auch Christina ist stiller als sonst. Alle hier kennen sich seit Jahrzehnten, und wir sind zu Gast in

ihrem Leben. Die Anekdoten werden mit jedem Bissen Pollo und jedem Glas Rotwein ein bisschen bunter – als hätten wir VIP-Sitze bei einem Neighborhood Poetry Slam ergattert, erfahren wir von Evelyns Hochzeit vor sechzig Jahren ein paar Straßen weiter, die nach dem Ritual der Yoruba, einem westafrikanischen Urstamm, stattfand, »einfach weil wir Lust darauf hatten«, und die erst Jahre später zu der Erkenntnis führte, dass das Paar nach amerikanischem Recht gar nicht verheiratet war; wir lernen alles über Kurts Lieblingstier in der Neighborhood, ein dreckiger, alter weißer Enterich, genannt »Broadway Duck«, der jahrelang an der Ecke 161. Straße und Broadway mit den Dominikanern Domino spielte und abgestandenes Bier trank; und wir reisen zurück nach »Frankfurt on the Hudson«, dem früheren Namen des Viertels, dessen Avenues von Kaffeehäusern flankiert waren und das als Enklave europäischer, vornehmlich deutscher Juden bekannt wurde, die in den Dreißigern vor den Nazis flohen. Auch Kurt und Camillas Haus war einst Wohnsitz einer jüdischen Familie aus Deutschland, und gleich um die Ecke sei Henry Kissingers Familie nach ihrer Flucht aus Deutschland eingezogen, erzählt Kurt. »Sein Bruder lebt bis heute hier. Er hat überhaupt keinen Akzent, ganz anders als Henry. Ich habe ihn mal gefragt, woran das liegt. Er meinte: ›Das liegt daran, dass mein Bruder nie irgendjemandem zuhört.‹«

Immer wieder fällt mein Blick auf Nelson. Er flößt mir eine Menge Respekt ein, obwohl er bisher vor allem Hühnchen gegessen und sich bis auf einige spöttische Kommentare zurückgehalten hat. »Washington Heights«, sagt er einmal, als würde er eine Predigt beginnen, »fängt auf der 155. Straße an. Von Fluss zu Fluss. Und es endet, Fluss zu Fluss, auf der 181. Straße.« Dann verfällt er wieder in Schweigen.

Die Frage, wo Harlem endet und wo Washington Heights anfängt, bestimmt von da an die Runde. Die Immobilienmakler verkaufen die Gegend inzwischen unter dem Namen »Harlem Heights«, weil Harlem an Popularität zugenommen hat und Washington Heights aussticht, auch wenn sie nach dem ersten amerikanischen Präsidenten benannt wurde, der einige Monate in der Jumel Mansion lebte. Schließlich stellt Kurt Nelson die Frage, die sonst wir für gewöhnlich einwerfen:»Was war deine erste Erinnerung an die Neighborhood?«

Nelson sagt, es sei das Klavier gewesen, das sein Vater gekauft hatte, und das zerlegt in Einzelteile mit einem Kran durch das Fenster des Hauses gehievt wurde.»Das sorgte für Aufsehen in der ganzen Gegend. Ich war damals vier. Es war das Fenster gleich hier.« Er zeigt Richtung Tür. Nelson wohnte damals gegenüber.»Heute hat Nelson ein Immobilienmonopol in der Neighborhood«, sagt Camilla und lacht.»Er hat das größte Haus von allen«, ergänzt Kurt.»Es ist ein Museum. Ihr solltet euch das anschauen. Es ist unglaublich.« Nelson nickt.»Aber es kostet. Money. Geld.« Er wechselt plötzlich ins Deutsche.»Es kostet Geld, damit es sich kein Bettler kaufen können.« Auch wenn der Satz grammatikalisch wenig Sinn ergibt – warum spricht Nelson Deutsch? Warum lebt er in einem Museum?»Ich zeige normalerweise meinen Presseausweis«, gebe ich zurück.»Sind Bettler jetzt Journalisten?«, fragt Nelson.»Nein, die Journalisten sind Bettler geworden«, sagt Sebastian, ein deutscher Journalist und Freund von uns, der auch in der Gegend wohnt und zum Dinner dazugekommen ist.»Ich vertraue beiden«, sagt Nelson und lächelt sein spöttisches Lächeln. Und dann, nach einer langen, etwas unbequemen Pause, fügt er hinzu:»Ihr könnt jederzeit vorbeikommen.«

Ich google Nelson unter dem Tisch auf meinem Handy. Angeblich hatte er früher einen Sonntagssalon für Schriftsteller, den Jack Kerouac und Allen Ginsberg frequentieren. Er wurde in Ghana zum König eines Dorfes gekrönt, sein dortiger Name ist Nana Anakwa. Er lebte lange in Brasilien. Sein Haus ist voller afrikanischer, lateinamerikanischer und asiatischer Masken, Statuen und Schriften. Aber so viele Schichten man von Nelson abschält, ob online oder hier beim Dinner, es kommen immer neue zum Vorschein. Nelson ist wie die Bücher in Kurts Haus – zu viel für ein Menschenleben.

Es klingelt wieder, und Seth und Nicole, deren Haus wir in ein paar Tagen beziehen werden, stehen im Wohnzimmer. »Seth, God in Himmel!«, kauderwelscht Kurt. »All diese Krauts hier!« Seth und Kurt haben sich lange nicht gesehen – wegen Hillary Clinton, meinte Kurt vorneweg, man sei sich da sehr uneins gewesen vor der Wahl und auf Sendepause gegangen. Jetzt werden sie sich schnell wieder einig, dank der Drogen. Washington Heights, so erklären alle am Tisch unisono, war eines der korruptesten, gefährlichsten und am tiefsten in die Crackepidemie und den Drogenhandel verstrickten Viertel der Stadt. Dazu gehörte auch die Polizei: das 30. Revier, zuständig für die Gegend, ging als »Dirty Thirty«, mit dem größten Korruptionsskandal der NYPD, in die Geschichte ein.

Evelyn erzählt, wie sie eines Nachts eine Verfolgungsjagd beobachtete. Sie schaute aus dem Fenster, und ein junger Mann rannte die Straße hinauf und schrie um Hilfe, er werde umgebracht. Er sei die Eingangstreppe des Nachbarhauses hinaufgerannt und habe sich hinter der Glastür verschanzt. Sein Verfolger habe daraufhin eine Mülltonne, die damals noch aus Blech waren, hochgehoben, durch die Glastür geworfen und den Jungen herausgezerrt. Wahrscheinlich hatte er einem Dealer Drogen geklaut, das sei damals oft passiert, meint Evelyn, und in den etwas dunkleren Straßen um die Jumel Mansion wurden die Drogenkonflikte dann ausgetragen.

Das scheint das Stichwort für Nelson zu sein. Er holt tief Luft und sagt einen Satz, der mir für einen Moment das Blut in den Adern gefrieren lässt: »Ich bin stolz, sagen zu können, dass ich jemanden angeschossen habe.« Als hätte man die Sauerstoffzufuhr abgedreht, erstickt jegliches Gespräch am Tisch. Alle Augen richten sich auf Nelson. »Weil ich die Nase voll hatte von diesem Shit.« Totenstille. »Yeah.«

Christina findet als Erste ihre Stimme wieder. »Wow, was?« Sebastian lacht, etwas unsicher. »Manchmal glaube ich, du lebst im falschen State«, sagt Seth, »of mind«, fügt er hinzu. »Glaubst du, man sollte Bullshit einfach so akzeptieren?«, fragt Nelson und schaut Seth an, der direkt neben ihm sitzt. Seine Augen funkeln. »Noch nicht mal, wenn er mit FedEx geliefert wird«, sagt Seth. Christina, Camilla und ich lachen. Das tut gut. Nelson lacht nicht. »Jemand hat das Auto seiner Mutter gestohlen. Es ist echt eine gute Geschichte«, sagt Kurt, und er klingt durchaus begeistert. »Come on, Nelson. Du schaust also aus dem Fenster«, versucht Seth zu rekonstruieren. »Du siehst jemanden, der das Auto klaut, und gehst raus und schießt ihn über den Haufen?« Nelson sieht Seth wieder an, er verzieht keine Miene. »Ich habe das Haus nicht verlassen.« «Du hast vom Fenster aus auf ihn geschossen?« »Ja.« »Mit was?« «Einer 44er Magnum mit Hohlspitzgeschoss.« »Holy shit, Nelson.« Nun schwingt auch in Seths Stimme etwas Unruhe mit. »Schau mich bitte nicht so an, wenn du so etwas sagst. Ich glaube dir das alles.«

»Ich hatte einfach genug von diesem fucking shit«, sagt Nelson. »Die haben ihr Auto immer wieder ausgeraubt, sind eingebrochen, all das. Und ich sitze da eines Abends mit meiner Freundin, und sie sagt: ›Hörst du das? Klingt, als wäre da was zu Bruch gegangen.‹ Und ich gehe zum Fenster und sehe diesen Typ ins Auto klettern. Und ich werde stinksauer. Ich sage zu meiner Freundin: ›Ich erschieße diesen Hurensohn.‹ ›Du willst jemanden erschießen, wegen eines Autos?‹, fragt sie. Und das ganze liberale Blabla fängt an durch meinen Kopf zu rasen. Aber es macht keinen Sinn, die Polizei zu rufen. Ich denke an 911, den Notruf. Ich bin schon kurz davor aufzugeben und das Telefon abzuheben, da setzt sich der Typ in den Beifahrersitz und wühlt das Handschuhfach durch. Und ich habe diesen völlig freien Blick auf seine Schulter und weiß: Aus dem Winkel werde ich ihn nicht umbringen.« »Nur eine mitgeben«, sagt Camilla, Kurts Frau. Nelson macht eine bedeutungsvolle Pause. »Die Wucht der Kugel war so stark, dass es den Typen gegen das Lenkrad und rückwärts aus dem Auto geschleudert hat. Er schrie und schrie und rannte los, da kam der Hausmeister aus

Nummer 421, mit einem Baseballschläger. Er hat ihm noch mal richtig eine mitgegeben.«

Dann fragt er in die Runde:»Habt ihr schon mal Tomatenmark gesehen? So sah das aus im Auto. Am Morgen kam meine Mutter, stieg ins Auto und sagte:›Nelson, was hast du gemacht?‹ ›Na ja, dein Auto ist hier‹, sagte ich. Und sie antwortete nur:›Mh, mh, mhmm.‹ Und fuhr los.«

Ich weiß nicht recht, wie ich reagieren soll. Kurt und Camilla scheinen die Geschichte zu kennen. Seth und Nicole sehen Nelson mit großen Augen an. Christina zieht die Augenbrauen hoch und versucht ein Lächeln, genau wie Sebastian. Evelyn und Mokie schauen auf die Tischplatte. Kurt übernimmt das Wort, als wären wir ein Schwurgericht und er wolle Nelson entlasten. Es habe damals in den Achtzigern einen Journalisten gegeben, der in der *Village Voice* einen Artikel schrieb, in dem er den Bewohnern dieser Neighborhood empfahl, sich Waffen zur Selbstverteidigung zu besorgen.»Das hat zwar die journalistische Karriere dieses Mannes beendet, aber es entsprach dem Zeitgeist. Das hier war der Wilde Westen. Die Kreuzung 158. Straße und Amsterdam Avenue war die Gegend mit der höchsten Mordrate in den Vereinigten Staaten. Man geht davon aus, dass hier in dieser Neighborhood bis in die Neunzigerjahre hinein die höchste Drogendichte weltweit geherrscht hat.«

Nun findet auch Evelyn ihre Sprache wieder.»Wenn ich damals vom West Side Highway kam und auf der 158. Straße fuhr, um zur Post zu kommen, dann bin ich auf den Broadway abgebogen, einen großen Kreis gefahren und von hinten an die Post heran. Denn wenn man auf der 158. weiterfuhr, wurde man von Autos eingekesselt, die sich an beiden Enden des Blocks quer zur Straße stellten – und entweder ausgeraubt oder musste Drogen kaufen.«»Der normale Drogenkonsument war der mittelalte weiße Mann aus den Vororten«, sagt Kurt.»Nicht schwarz, nicht Latino, nicht urban. Sondern ein Typ von außerhalb. Und du hast von hier aus Brücken in alle Richtungen, in die Bronx, nach New

Jersey. Das heißt, die Konsumenten konnten hier rein und raus –
so.« Er schnippt mit den Fingern.

Am nächsten Morgen jogge ich wieder durch Coogan's Bluff,
den steil abfallenden Park mit weiten Blicken Richtung East River und Bronx. Hinter einem Baum sehe ich eine Spritze auf dem
Boden liegen. Ein paar Meter weiter noch eine – und noch eine.
Der letzte Rest einer Epidemie, die viele Tausend Menschen in
diesem Viertel das Leben gekostet hat, nicht nur weil sie überdo-
sierten, sondern vor allem, weil sie in Gangfehden um die Hoheit
über den Kokain- und Crackhandel aufgerieben wurden. Noch
vor zwanzig Jahren hätte ich hier wahrscheinlich nicht so unbeschwert laufen können, hätten Christina und ich uns nicht so
wohlgefühlt in dieser Ecke der Stadt. Die konstante Veränderung, die New York erlebt und die so vielen Menschen das Leben
schwer macht – in Washington Heights hat sie viel mit Aufat-
men zu tun.

Je schneller die Tage vergehen, die wir noch in der Neighborhood haben, desto mehr fängt uns der beginnende Frühling
hoch oben in Manhattan ein. Gleich um die Ecke von Kurt und
Camilla entdecken wir das improvisierte Café einer kleinen
Cateringfirma, die am Wochenende ausprobiert, direkt aus ihrer Küche auch Kunden vor Ort zu bedienen. Vor dem kleinen
Schaufenster steht eine Bank, und die Sonnenstrahlen des
Frühlings machen sie zum Magnet für die Gegend. Wir begegnen Paaren, Hunden, Familien aus allen Ethnien und Schichten,
alle angezogen vom guten Essen und Kaffee am Sonntagmorgen. Der Wilde Westen, der nur ein paar Meter weiter Menschen in Angst und Schrecken hielt und Nelson zur Magnum
greifen ließ, er ist verblasst. Stattdessen strahlt diese Ecke der
Stadt heute etwas aus, das vielen Manhattanites irgendwann
verloren geht und was auch wir selten in der Stadt finden:
Ruhe.

Kurz vor dem Auszug Richtung Bronx stellen wir Kurt vor
eine fast unlösbare Aufgabe: Wir bitten ihn, für unseren Blog die

fünfzehn besten Bücher aus den fünf New Yorker Stadtteilen zu empfehlen. Kurt wäre nicht Kurt, wenn er diese Aufgabe ablehnen würde. Nach einigen Stunden Bedenkzeit holt er uns zu sich ins Studierzimmer. Hier sind seine Empfehlungen:

Jimmy Breslin: *Forsaking All Others*
»Das erste New-York-Buch, das mir in den Sinn kommt, ist von Jimmy Breslin. I got such a fucking kick out of it. Es ist eine dominikanisch-italienische Story – mitten im Drogenhandel der Bronx. Ein dominikanischer Mafioso in einem Gefängnis im Norden New Yorks freundet sich mit einem Italiener an, dessen Familie im Heroinhandel steckt. Als er aus dem Gefängnis entlassen wird, geht er zum Vater seines Zellengenossen, um Arbeit zu finden und zurück in die Szene, in das ganze Spiel reinzukommen. Er fährt über die George Washington Bridge nach Alpine, Fort Lee, kommt dort an, und die Tochter des Mafiosos ist dieses hübsche, toughe Jersey Girl. Ehe man sich versieht, haben die beiden eine Affäre. Breslin ist aus meiner Zeit in der Stadt, den frühen Siebzigern. Er ist ein populistischer Schreiber im Stil der *Daily News* oder der *New York Post*. Er ist ein Connaisseur von New York City und nicht nur Manhattan. Er

kennt die Bronx, Queens, Brooklyn, Staten Island, die Arbeiterklasse, Räuber und Gendarmen, aber vor allem kennt er den Volksmund New Yorks. Die Sprache der Straße. Ich glaube, niemand hat das besser hinbekommen als Breslin.«

Tom Wolfe: *The Bonfire of the Vanities*
»*Das Fegefeuer der Eitelkeiten*, Tom Wolfes Roman über die Achtziger, als Gier über allem stand und wir den Aufstieg der großen Konzernplünderer erlebten, die Firmen aufkauften, zerhackten und die Stücke einzeln verscherbelten – dieses Buch bringt all das auf den Punkt. Ich kannte Tom, als er es schrieb. Das ist ein ganz wichtiger New-York-Roman. Vielleicht der letzte wichtige New-York-Roman.«

Patti Smith: *Just Kids*
»Ich kannte Patti seit den frühen Siebzigern. Tatsächlich traf ich sie lange bevor ich nach New York kam. Mein erster Job war in einem Buchladen in Minneapolis. Ich hatte zuvor im Theater gejobbt, als ich mit der Highschool durch war. Dort lernte ich zum ersten Mal, was Kultur war. Meine Familie war nicht gebildet. Ich liebte das Theater, aber ich begann das Lesen noch mehr zu lieben als die Theaterszene. Es war, als hätte mich das Lesen befallen. Also begann ich in einem Buchladen zu arbeiten. Patti kam eines Tages vorbei, weil sie eine Buchtour für ihren ersten Gedichtband machte, *Seventh Heaven*, und Ausgaben signierte. Sie sagte, ich sähe aus wie James Dean und ob ich zu ihrer Lesung kommen wolle. Ich kam, zusammen mit meinem besten Freund. Wir waren betrunken und riefen die ganze Zeit dazwischen – und sie, der Punk, der sie war, liebte das. Sie sagte mir zum Abschied: ›You oughta live in New York, they'd like you.‹ Ich bin ihrem Rat gefolgt.«

Henry Miller: *The Rosy Crucifixion: Sexus, Nexus, Plexus*
»Henry Miller war zwischen meinem sechzehnten und zwanzigsten Lebensjahr das, was ich unter der Stadt verstand, in der ich den Rest meines Lebens verbringen würde. Ich las ihn von Minneapolis aus: Sexus, Nexus und Plexus, seine drei autobiografischen Memoiren von New York, bevor er nach Paris übersiedelte. Es handelt davon, wie er June trifft, ein Taxigirl, also eine Art Stripteasetänzerin,

und als Kurier für Western Union arbeitet. Das Buch lehrte mich, dass New York und Brooklyn mindestens genauso sexy waren wie Paris. Und da hat es mich richtig gepackt. Die Romantik der Boroughs. Als ich hierherkam, lebte ich erst mal im Jugendghetto, dem East Village – sehr dekadent, aber wunderbar. Ein echter New Yorker wirst du erst, wenn du aus dem Jugendghetto wegziehst und in den anderen Stadtteilen lebst.

Mezz Mezzrow: *Really The Blues*
»Dieses Buch wurde von einem weißen Jazzmusiker geschrieben, der das Harlem der Zwanziger- und Dreißigerjahre beschreibt: Mezz Mezzrow. Mezzrow spielte unter anderem mit der Austin High Gang in Chicago, zu der auch Benny Goodman gehörte und die den Sound des Chicago Jazz prägte. Mezzrow selbst war kein herausragender Klarinettist, aber seine Autobiografie ist das erste Buch in Jazzsprache, dem Jazzman Slang. Musiker hatten immer ihre eigene Sprache – das hört man in New Orleans genauso wie in Chicago –, aber niemand hatte sie je aufgeschrieben. Dieses Buch hat sogar ein Glossar, in dem all die seltsamen Hipsterbegriffe erklärt werden. Und Mezzrow war angeblich der erste Typ, der Marihuana in Harlem verkauft hat, und zwar so erfolgreich, dass man hier in den Zwanzigern und Dreißigern einen Joint als ›Mezz‹ oder ›Mezzrow‹ bezeichnete. Wenn das mal kein Claim to Fame ist.«

Dorothy Day: *The Long Loneliness*
»Ich kenne kein Buch aus Staten Island außer der Autobiografie von Dorothy Day, die das Catholic Worker Movement, eine Sozialbewegung abseits der Kirche, gestartet hat. Sie ist Christin, fast schon eine mystische katholische Figur, und verwandelt sich in eine radikale soziale Aktivistin. Das Buch spielt im ländlichen Staten Island, lange vor der Reality-TV-Serie *Jersey Shore*. Übrigens, wenn ihr dort seid, verpasst auf keinen Fall die Staten Island Mall. Ein krasser Trip.«

Edgar Allan Poe: *The Angel of the Odd*
»Wer hat eigentlich wirklich den Ton angegeben für New York? Walt Whitman und Edgar Allan Poe, zwei der wichtigsten Schrift-

steller des frühen 19. Jahrhunderts. Das romantische Konzept von Amerika wurde durch die beiden geboren. Und Poes *Angel of the Odd* ist lustig und wunderbar.«

Federico Garcia Lorca: *Poet in New York*
»Ein weiteres Buch von enormer Wichtigkeit für mich, als ich es in jungen Jahren las, bevor ich hierher kam, und seitdem ein Vademecum – so nennen wir ein Buch, das du immer hast und zu dem du immer wieder zurückkehrst –, ist Federico Garcia Lorcas *Poet in New York*, und daraus ganz besonders sein Gedicht ›King of Harlem‹.«

Teju Cole: *Open City*
»Tejus Buch ist wahrscheinlich das beste, das ich im letzten Jahrzehnt gelesen habe. Ich war sehr lange sehr geschmeichelt davon, denn ich hatte Teju kennengelernt, und so viele Leute kamen zu mir und sagten: ›Du bist in dem Buch!‹ Ich stritt das ab und las es zweimal, um sicherzugehen; ich fand mich nicht. Ich war nicht drin. Aber ich war schon sehr erstaunt, dass so viele Menschen, sogar meine Nachbarn, das Gefühl hatten, ich käme darin vor. Ich meine, reingepasst hätte ich schon! Aber als ich Teju davon erzählte, sagte er nur: ›Du bist nicht drin.‹ Ich habe nichts als Bewunderung für Teju. Ich würde sagen, er ist mein Lieblingsschriftsteller der Jetztzeit. Er ist ein Reiseschriftsteller in einer Zeit, in der es nichts weniger Romantisches gibt als Reisen.«

Marlon James: *A Brief History of Seven Killings*
»Als ich Seite 616 dieses Buchs aufgeschlagen habe – da war ich ... fiktionalisiert. Die Szene beginnt mit meiner üblichen Pendelstrecke und endet mit einem Typen wie mir, dem mein Haus gehört und der zuerst verprügelt und dann in seiner eigenen Badewanne fast ertränkt wird – von vier Typen, die dem Autor ähneln. Es war in den späten 2000er-Jahren, als Mister James Teilzeitbewohner und -familienmitglied unseres Hauses wurde. Er hat Teile seines großartigen *Book of Night Women* und des ›Man Booker Preis‹-gekrönten *A Brief History of Seven Killings* hier auf meinen Ländereien auf meine Kosten geschrieben, und das ist der Dank.«

Irving Howe: *World of Our Fathers*
»Ich wurde antisemitisch erzogen. Ich musste mich selbst vom Rassismus ent-erziehen. Ich musste mich selbst von Vorurteilen befreien. Die gehen nicht einfach so weg, ich musste sie wirklich ent-lernen. Und Irving Howes Buch über die Lower East Side ist wundervoll. Es macht dich mit allen bekannt, die du kennen musst, und allen, die du kennen willst; eine großartige Geschichte. Es gibt das schwarze New York, das puerto-ricanische New York, das dominikanische New York, das Reiche-Leute-New-York, das Beatnik-New-York, das Punk-New-York – es gibt alle diese New Yorks, aber das jüdische New York ist etwas ganz Besonderes.«

Miguel Piñero: *Short Eyes*
»Es gibt ein fesselndes, faszinierendes, lohnenswertes Gesamtwerk an nuyoricanischer Dichtkunst, Romanen und Dramen, und Miguel Piñero ist mein Favorit. Sein Stück *Short Eyes* wurde sogar verfilmt, mit einem wunderbaren Soundtrack von Curtis Mayfield. Diese Szene der Dichter, wirklich guter Poeten, sehr Street, sehr cool, ist heute im Nuyorican Poets Café im East Village lebendig.«

Oscar Hijuelos: *The Mambo Kings Play Songs of Love*
»Hier geht es um das kubanische New York zu Zeiten des Palladiums, in den Fünfzigern, als Machito und Chano Pozo und Mongo Santamaría und all diese unglaublichen Leute alle dazu brachten, den Mambo zu tanzen. Sogar Charlie Parker spielte ihn, inspiriert von diesen Musikern, und es gab sogar eine eigene jüdische Mambo-Subszene. Latin Music war in New York schon lange vor dem Jazz beliebt. Hijuelos hat ein halbes Dutzend Bücher darüber geschrieben, vor allem aus dem kubanischen New York. Es ist so charmant, so gut, man kann die Musik quasi spüren.«

Thomas Wolfe: *Only The Dead Know Brooklyn*
»Weil Brooklyn so groß und so divers ist, dass es mehr als ein Menschenleben braucht, um es zu kennen. Was für ein großartiger Titel.«

James Baldwin: *Another Country*

»Lass uns zum Schluss noch mal zurücktaumeln in die Vororte von Minneapolis, als ich begann, New York zu lesen. Ich war ein ketterauchender, langhaariger, berauschter, pickliger Teen, der James Baldwins Harlem-Romane gelesen hat – lange bevor ich überhaupt wusste, wovon er redet. Alles was ich in den Sechzigern über die Seelen schwarzer Menschen wusste, war, was ich im Fernsehen gesehen oder im Kurzwellenradio gehört hatte. Als ich Baldwin gelesen habe, war ich zu jung und unerfahren, um es zu verstehen. *Just Above My Head* war genau das – es ging über mein Verständnis hinaus. Aber ich habe genug verstanden, um abzuhauen, in ein anderes Land. Und hier bin ich. James Baldwin hat mich gerettet.«

Emotionen auf dem Festland

East 140th Street, Mott Haven, Bronx

Christina

»Es kommt mir vor, als hätte mich eine göttliche Vorsehung zu diesem Dinner geführt«, sagt Noëlle mit leicht zitternder Stimme. Die junge Frau mit Brille und hellbraun gefärbten, perfekt frisierten Haaren hatte schon eine ganze Weile lang hibbelig auf einem Holzstuhl in der Küche unseres Hauses in der Bronx gesessen und ihre schlanken Finger mit den manikürten Nägeln geknetet. Mit sichtlich zunehmender Nervosität hatte sie Libertad und Monxo zugehört, einem puerto-ricanischen Aktivistenpaar, das ausschweifend von seinem Kampf gegen Gentrifizierung, Luftverschmutzung und Immobilienspekulation in der Bronx erzählte. Als Monxo ans Ende seiner Ausführungen gekommen zu sein schien und sich eine Flasche seines selbst gebrauten und als Gastgeschenk mitgebrachten Bieres aus dem Kühlschrank holte, stand Noëlle auf und räusperte sich. »Es ist deshalb wie eine göttliche Vorsehung für mich, weil ich hier zwischen euch hart arbeitenden Aktivisten gelandet bin.«

Monxo dreht sich zu Noëlle und betrachtet sie. »Ich glaube, ich kann mich an dich erinnern«, sagt er, und sein gerade noch so jovialer Tonfall ist plötzlich eiskalt. »Du siehst, dass ich ein Messer herausziehe …« Stille. Niemand sagt etwas. Mir kommt es vor, als würde unsere ganze Küche kurz erstarren. »… um mein Bier zu öffnen«, löst Monxo die Anspannung und lacht laut auf. Freundlich klingt auch das nicht. Dann öffnet er wirklich mit dem Messer die Bierflasche in seiner Hand und lehnt sich herausfordernd an die Küchenzeile. Noëlle knetet noch stärker an ihren Fingern herum, gibt sich aber unbeeindruckt. »Ich rede jetzt. Und ich werde das alles gleich in den richtigen Kontext stellen.«

Felix schaut quer durch die Küche zu mir rüber. »Wo um Himmels willen sind wir denn hier reingeraten?«, lese ich in seinem Blick – und ich denke genau dasselbe. Ein spaßiges Neighborhood-Dinner hatte der Abend werden sollen, wie schon bei unseren vorherigen Stationen. Aber das gerade war ernst.

»Ich erzähle euch jetzt erst mal etwas über mich«, sagt Noëlle, und ihre Stimme festigt sich. »Ich bin dreißig Jahre alt und stamme aus der Bronx. Es gab aber eine Zeit, noch bis vor zwei Jahren, da habe ich meinen Erfolg daran gemessen, wie weit ich es von hier wegschaffe. Die Eltern meines Freundes leben in Long Island City, und mein Plan war, auch dorthin zu ziehen und gemeinsam ein neues Leben zu beginnen. Ich hatte keinerlei Wertschätzung für die Bronx übrig. Zusammen mit meinen Freunden habe ich mich immer beschwert, dass man hier nichts machen kann. Wir sind in die Bars und Clubs nach Manhattan oder Brooklyn gegangen, dorthin, wo es schon entwickelt und hip war. Die Mentalität, die ich aus der Bronx mitgenommen hatte, war: Mach die Schule fertig, schaff es aus dem Viertel raus – und blicke nie wieder zurück. Aber: Ich bin immer noch hier in der Bronx und will jetzt auch nicht mehr weg. Ich habe verstanden, was Sache ist.«

Monxo lehnt immer noch mit herausforderndem Blick an der Küchenzeile und nippt hin und wieder an seinem Bier. Seine Frau Libertad sitzt auf einem Stuhl in der Ecke und hat die Arme vor der Brust verschränkt. »Eines Tages habe ich über eine Online-Petition erfahren, dass die Barnes & Noble-Filiale im Norden der Bronx schließen muss, weil die Miete zu hoch wurde«, erzählt Noëlle mit fester Stimme weiter. »Das hat mich völlig umgehauen, denn dieser Laden war wie meine Bar, immer wenn ich gestresst war, bin ich dorthin gegangen und habe ein Buch gelesen. Natürlich habe ich dann die Petition gegen die Schließung unterschrieben und alle meine Freunde auch dazu überredet, aber wirklich besser ging es mir danach nicht. Ich habe angefangen, mich zu informieren, und gelernt, dass dieser Laden das einzige Buchgeschäft in der ganzen Bronx ist – und das, obwohl das Viertel rund 1,5 Millionen Einwohner und zehn Colleges hat. Da habe ich spontan entschieden: Ich mache einen Buchladen auf. Und weil der Barnes & Noble-Laden dann wirklich zugemacht hat, stehe ich jetzt kurz davor, den einzigen Buchladen in der ganzen Bronx zu eröffnen – und bin dabei völlig unbeabsichtigt irgendwie auch zur Aktivistin geworden.«

Per Online-Spendenaufruf sammelte Noëlle mehr als 150 000 Dollar ein und zog die Aufmerksamkeit der Lokalpresse auf sich. So hatte auch ich sie entdeckt und ihr spontan eine Einladung zum Neighborhood-Dinner geschickt. »Plan mich ein«, schrieb sie mir schlicht zurück. »Sorry, dass ich so kurz angebunden bin, auf dem Sprung.« Ihre spontane Schnapsidee, einen Buchladen zu eröffnen, hatte sich zu einem Wirbelwind entwickelt und Noëlles Leben durchgefegt, ähnlich wie unser Umzugsprojekt. »Es ist völlig verrückt und völlig anders als alles, was ich bisher gemacht habe, und ein wahnsinniges Abenteuer.«

Aber – wie wir – stieß auch Noëlle mit ihrer eigentlich so harmlos klingenden Idee auf Widerstand. »Ich bin doch einfach nur ein Mädchen, das einen Buchladen aufmachen will, aber auf einmal war ich mitten in dieser ganzen Gentrifizierungsdebatte. Eine Frau kontaktierte mich und sagte, sie wolle mich unterstützen. Ich kannte sie nicht, aber sie schien nett, und sie nahm mich auf ein paar Veranstaltungen mit. Später habe ich dann gelernt, dass sie umstritten ist, weil manche Menschen ihr vorwerfen, dass sie die Gentrifizierung in der Bronx unterstützen würde. Aber nur weil ich zweimal öffentlich mit ihr gesehen wurde, bekam ich dann auf einmal heftigen Gegenwind von Aktivisten wie euch«, Noëlle zeigt auf Libertad und Monxo, »die sagen, ich würde die Gentrifizierung unterstützen. In meinem Laden will ich Bücher und Wein anbieten – für Menschen, die neu in die Bronx kommen, aber auch für die, die schon lange hier leben, sodass wir alle zu richtigen Nachbarn werden und nicht nebeneinander her leben. Aber dann haben mir plötzlich einige Menschen vorgeworfen, dass Bücher und Wein zu nobel für die Bronx seien, zu kultiviert. Damit würde ich Menschen von anderswo her anziehen und mich zum Katalysator für diejenigen machen, die uns hier aus dem Viertel rausschmeißen wollen. Selbst meine Familie hat mich immer wieder gefragt: ›Warum willst du deinen Laden ausgerechnet hier in der Bronx eröffnen?‹ Selbst sie haben dieselben Vorurteile, dabei leben sie hier. Ich weiß aber, dass es in der Bronx einen Markt für Bücher und Wein gibt – und ich will mein Viertel besser machen. Ich will junge Menschen inspirieren, auch hier zu bleiben, oder – wenn sie schon gehen müssen – das Viertel besser zu hinterlassen, als sie es vorgefunden haben. Ich will doch nur meinen schicken Job aufgeben und arm und glücklich in meinem Buchladen sein. Und ich will das alles so verantwortungsbewusst wie möglich machen – aber trotzdem gerate ich die ganze Zeit in Schwierigkeiten.«

Noëlle ist jetzt den Tränen nah. Erwartungsvoll schaut sie Monxo an, der immer noch an der Küchenzeile lehnt und Bier nippt, und Libertad, die ihre Arme inzwischen entschränkt und auf dem Schoß verstaut hat. »Puh«, schiebt Noëlle noch hinterher, »seit zwei Jahren steckt das alles in mir drin, so lange warte ich jetzt schon darauf, euch kennenzulernen. Das musste ich jetzt dringend loswerden.« Monxo blickt immer noch grummelig, aber nicht mehr feindselig. »Bücher sind halt wie süße Kätzchen oder Babys«, sagt er mit seinem starken spanischen Akzent. »Da kann niemand etwas dagegen sagen. Aber genau deswegen ist so eine

Idee mit einem Buchladen wie gemacht dafür, dass andere Menschen aufspringen und sie für ihre Zwecke ausnutzen – damit musst du jetzt bis ans Ende deiner Tage leben.« Libertad steht von ihrem Stuhl auf und geht einen Schritt auf Noëlle zu.»Ich möchte dir wirklich gratulieren. Wir finden Bücher und Wein großartig und kommen gerne in deinen Buchladen, sobald er aufgemacht hat.« Und dann umarmen sich mitten in unserer Küche die gerade noch verfeindeten Antigentrifizierungsaktivisten der South Bronx.

Spontaner Applaus von den anderen Gästen. So ideologisch diskutiert und dann so emotional versöhnt wurde noch auf keinem unserer Neighborhood-Dinner. Der Krieg um die Gentrifizierung, der in Stadtvierteln wie Dumbo und Chelsea längst verloren ist, hat seine Front in den Süden der Bronx verlagert und trifft hier, so habe ich das Gefühl, auf Menschen, die schon so vieles gesehen und überstanden haben, dass sie mit deutlich härteren Bandagen kämpfen als anderswo.

»Will eigentlich irgendjemand noch richtiges Essen?«, fragt Felix in die Runde. Bislang hatten wir nur Getränke und Snacks angeboten, aber wie immer geplant, in einem Restaurant noch mehr zu bestellen.»Ich brauche nichts«, sagt Noëlle.»Mir geht es gerade gut – und ich möchte viel lieber noch die Geschichten der anderen hier hören.« Zustimmendes Nicken aus der Runde. »Mehr Geschichten!«

Und so überrascht uns die Bronx schon wieder. Nichts in diesem einzigen Bezirk New Yorks, der nicht auf einer Insel, sondern auf dem amerikanischen Festland liegt, war bisher so, wie wir es uns vorgestellt hatten. Oder hatten wir vielleicht gar keine so richtige Vorstellung? Das Klischeebild der Bronx besteht vor allem aus brennenden Mülltonnen, Straßenkriminalität und Armut. Dass das nur noch zu einem ganz geringen Teil der Wahrheit entspricht, das war uns bei den wenigen Besuchen seit unserer Ankunft in New York schnell klar geworden. Aber so richtig einordnen konnten wir das Viertel trotzdem nie – der

Geburtsort von Hip-Hop und Graffiti faszinierte, aber schien gleichzeitig auch immer weit weg und wenig attraktiv.

Monat für Monat hatten wir die Bronx vor uns hergeschoben, bis uns die E-Mail von Seth und Nicole erreichte und ihr rotes Backsteinhäuschen mit Garten in der baumgesäumten Straße in Mott Haven plötzlich als kleines Paradies am Horizont auftauchte. Seit dem Einzug wachen wir nun jeden Morgen bei Vogelgezwitscher aus dem Garten und Hühnergegacker aus dem Nachbargarten auf. Morgens klingelt die Zeitungsausträgerin an der Haustür und drückt uns die *New York Times* bei einem kleinen Plausch persönlich in die Hand – das haben wir noch in keinem anderen Viertel erlebt. Zum ersten Mal seit unserer Ankunft in der Stadt wohnen wir in einem ganzen Haus mit Keller, Erdgeschoss und erstem Stock und gewöhnen uns nur langsam an die vielen Treppen und Zimmer. In jeder Ecke entdecken wir nach und nach noch mehr von den kleinen liebevoll-künstlerisch-ironischen Details von Seth und Nicole, die sich das Haus mit bewundernswerter Konsequenz und ganz speziellem Stil zu eigen gemacht haben: An den Hausschlüsseln hängen Madonnenfiguren aus Plastik. Das Bad ist komplett schwarz gestrichen. An die Wand im Wohnzimmer sind überdimensionale Spielkarten mit bunt angemalten Bauernhofszenen geklebt, das Bühnenbild eines Stückes, das Seth einmal in Freiburg entwarf. Von der Dachterrasse aus schauen wir über das Häusermeer der Bronx. Im Garten gießen wir Blumen und füllen Vogelfutter in das kleine Holzhäuschen, das Seth mit einer speziellen Seiltechnik vor räuberischen Eichhörnchen geschützt hat. Fast andächtig wohnen wir, umgeben von so viel Schönheit und Bedachtsamkeit. Nur der Weg zum Kindergarten in Chinatown, für den Felix oder ich mit Emma morgens und abends eine knappe Stunde in einer überfüllten U-Bahn der Linie 6 zubringen müssen, reißt uns täglich aus unserem Paradies heraus.

»Willkommen in der Bronx« hatten Seth und Nicole uns auf einem Zettel auf dem marmornen Küchentisch hinterlassen.

Auf einer Kugelschreiberzeichnung daneben hält ein erstaunlich gut getroffener Seth ein Willkommensschild in der Hand, Nicole muss ihre langen dünnen Beine und Arme knicken, um noch in die Ecke des Papiers zu passen. Neben den Willkommensgruß hatten die beiden eine mit Computer geschriebene, vier Seiten lange Gebrauchsanweisung für Haus, Viertel und Bewohner gelegt. »Bitte stellt sicher, dass ihr den Boden des Badezimmers nach dem Duschen abtrocknet«, steht da zum Beispiel, »er ist aus Holz und geht leicht kaputt.« Und: »Immer die Haustür abschließen.« Auch die Nachbarn beschreiben Seth und Nicole mit der ihnen eigenen Detailverliebtheit. »Ein Mann namens Don Torres wird morgens vor dem Haus herumhängen und kehren, grüßt ihn und so weiter, aber gebt ihm auf keinen Fall Geld, bitte. Er wird von uns bezahlt. Bei warmem Wetter hängt normalerweise Walter bei der Kirche gegenüber ab, genauso John. Beides sehr gute Menschen.« Die Kontaktdaten von all ihren Freunden im Viertel haben Seth und Nicole uns auf den Zetteln genauso hinterlassen wie die Adresse von ihrem und schnell auch unserem Lieblingsmexikaner um die Ecke, La Morada. »Großartiges Restaurant mit Essen aus der Region Oaxaca, geführt von Natalia Saavedra und ihrem Ehemann, beides illegale Einwanderer aus Mexiko. Sie ist die Mutter von uns allen hier. Marco Saavedra und seine Schwester Jajira arbeiten dort, sind wunderbar und engagieren sich sehr in der Einwanderungspolitik. Er ist ein ›Dreamer‹, einer der vielen offiziell im Land geduldeten minderjährigen Immigranten, und Teil einer Gruppe radikaler illegaler Einwanderer. Er ist zurück nach Mexiko gegangen und noch mal illegal eingereist, um sich verhaften zu lassen. Er wird es euch erklären. Wunderbare Menschen. Es gibt auch noch eine Schwester, deren Name uns gerade nicht einfällt. Das Essen wurde schon vom Restaurantkritiker der *New York Times* gefeiert. Probiert alles aus.«

Gemeinsam mit Felix' Mutter, die mit großen Bedenken angesichts der Bronx-Klischees zu Besuch kommt und Emma nach ein paar Wochen in Deutschland wieder mitbringt, schlemmen wir uns durch die Karte von La Morada und erkunden mit einem von Freunden geliehenen Auto das Viertel: den blühenden Botanischen Garten, den großen Zoo mit den schönen alten Gebäuden und weitläufigen Freigehegen und das wunderschön restaurierte Anwesen Wave Hill mit Blick über grüne Gartenanlagen auf die Klippen von New Jersey. Am Sonntagmorgen gehen wir spontan in die Kirche auf der anderen Straßenseite und werden beim Gospelgottesdienst als einzige Weiße von den anderen Kirchgängern nicht nur herzlich begrüßt, sondern nach der Messe sogar umarmt: »Willkommen in der Neighborhood!« Am frühen Montagmorgen gehen wir auf den Fischmarkt, den nach Tokio zweitgrößten der Welt, und schwatzen den Händlern die Snacks für unser Neighborhood-Dinner günstig ab.

Die Zeit in der Bronx habe sie endgültig für unser Projekt eingenommen, sagt Felix' Mutter später. »Was mich eigentlich mit am meisten überzeugt hat, war, dass Emma keinerlei negative Reaktionen in irgendeiner Weise gezeigt hat. Als ich mit ihr in der Bronx ankam und sie dann vor dem Haus stand und gesagt hat ›Neue Hause?‹, war ich überzeugt. Und dann rannte sie im Haus auch einfach schnurstracks auf ihre Spielkiste zu und war angekommen. Das war eine wunderbare Wohnsituation, und das konnte ich mir am Anfang gar nicht vorstellen: dass

solche Situationen überhaupt entstehen können, dass ihr ein ganzes Haus findet und das Kind an die frische Luft kann.« Das reale Leben in der Bronx zerstört alle Klischees in unseren Köpfen. Nicht ein einziges Mal fühle ich mich auf der Straße unwohl oder habe Angst. Die Menschen um uns herum sind in einem Ausmaß freundlich, hilfsbereit und zuvorkommend, wie ich es anderswo in New York noch nicht erlebt habe. Wir finden leckeren Kaffee, herausragend gutes italienisches Essen – denn rund um die Arthur Avenue ist das hiesige und wesentlich ursprünglichere Little Italy – und wunderschöne Straßenzüge und Plätze. Offen bleiben und sich selbst vor Ort ein Bild machen, nicht nach Hörensagen urteilen, sondern allem selbst eine Chance geben – so banal und selbstverständlich das klingt, so sehr macht das doch den entscheidenden Unterschied, wie mir die Bronx noch mal in aller Deutlichkeit vor Augen führt.

Die Hardcore-Bronx-Fans Monxo und Libertad hatten Seth und Nicole uns in ihrer Gebrauchsanweisung wärmstens ans Herz gelegt. »Sie leben auf der Alexander Avenue in einem wunderschönen Haus. Beide lehren an der New York University, er braut außerdem Bier, und sie leitet das Loisaida Nachbarschaftszentrum in Manhattan. Beides wunderbare Menschen, und es lohnt sich, sie zu treffen.« Als das Paar aus Puerto Rico dann wirklich zu unserem Neighborhood-Dinner kommt, erzählen sie uns, wie sie in die Bronx und zum Aktivismus kamen. »2004 wollten wir eigentlich eine Wohnung in Clinton Hill in Brooklyn kaufen«, fängt Libertad an. »Aber zufällig kam ich dann hier in Mott Haven vorbei, weil eine Freundin, die hier gewohnt hat, depressiv war und jemanden zum Reden brauchte. Ich war vorher noch nie hier gewesen und sah, dass auf der Alexander Avenue ein Haus zum Verkauf stand. Es kostete ein bisschen mehr als die Wohnung in Clinton Hill, aber war ein hundert Jahre altes Steinhaus mit vier Stockwerken. Ich habe mich dann über die Geschichte und den Charakter des Viertels informiert und den Kauf der Wohnung in Brooklyn erst mal auf Eis gelegt. Wir haben uns gefragt: Können wir das, wir sind doch noch so jung, können wir Hausbesitzer sein? Aber ein Haus zu besitzen ist in New York die größte Freiheit, die man haben kann – zu mieten hält einen immer zurück. Wir haben das Haus dann gekauft und als einen Ort für Kunst und Menschen, die wir bei uns unterkommen lassen wollten, genutzt. Ein ganzes Jahrzehnt lang haben wir das Haus genossen – und dann haben wir ein Kind bekommen. Seitdem sind uns die ganzen sozialen Probleme und die Probleme mit der Umweltverschmutzung in der Bronx viel bewusster geworden, und wir haben angefangen, uns mit unseren Nachbarn zu organisieren, und eine Gruppe namens South Bronx Unite gegründet.«

Mott Haven wurde einst von deutschen und irischen Einwanderern bevölkert, dann kamen Zuzügler aus Lateinamerika und der Karibik. Die Stadt ließ riesengroße soziale Wohnungsanlagen bauen, auch unsere baumgesäumte Straße mit Backsteinhäuschen ist davon umgeben. »Seit wir hierher gezogen sind, haben sich die Nachbarschaft und die Menschen darin nicht groß verändert, und das liegt vor allem an der Dichte der sozialen Wohnungsbauten«, meint Monxo. Gerade im Süden ist die Bronx nach wie vor eine der ärmsten Gegenden der USA und wirkt gegenüber den anderen Stadtteilen in vielem benachteiligt. Luftverschmutzung und Asthmaraten sind hoch. Während in den vier anderen Vierteln die Ufer zu Parks ausgebaut werden, ist ein großer Teil des Zugangs zum Wasser in der Bronx immer noch von Industrie zugebaut. Der Müll der anderen Stadtteile wird auf langen Güterzügen durch die Bronx abtransportiert.

»Wir haben uns entschieden, hier eine Familie aufzubauen und Kinder zu haben«, sagt Monxo. »Wir haben eine Verantwortung, diesen Ort für unsere Kinder besser zu machen. Normalerweise wird man mit Kindern wahrscheinlich konservativer, aber in dieser Gegend nicht – wir haben uns hier alle in fortgeschrittenem Alter politisch radikalisiert.«

Das Engagement von Monxo und Libertad hat nicht nur positive Folgen. »Wenn sich Menschen um ihre Nachbarschaft kümmern, dann zieht das immer auch die Spekulanten an«, sagt Libertad. »Dieses Viertel ist an der Frontlinie einer neuen Welle der Gentrifizierung, aber wir kämpfen. Die South Bronx ist ein magischer, ein legendärer Ort. Hierherzuziehen war die beste Entscheidung aller Zeiten. Dieser Ort ist Teil unserer Identität geworden.«

Ob sie den Kampf gegen die Gentrifizierung von Mott Haven gewinnen werden? Das können Monxo und Libertad nicht garantieren, aber sie berichten von Teilerfolgen. »Wir haben zum Beispiel noch nie gegen Polizeigewalt protestiert, dafür hatten wir einfach zu viel anderes zu tun. Aber nachdem im Fall des Afroamerikaners Eric Garner, der 2013 in Staten Island im Schwitzkasten eines Polizisten ums Leben gekommen ist, die zuständigen Polizisten freigesprochen worden sind, rief uns plötzlich ein Vertreter der Stadt New York an. Die Nachricht war da noch gar nicht an der Öffentlichkeit, aber er gab uns die Information und bat uns, dafür zu sorgen, dass die Proteste in der Bronx friedlich verliefen. Natürlich haben wir denen gesagt, dass sie sich da schön selbst drum kümmern sollen, sie haben das ja schließlich verbockt – aber das war ein großer Sieg. Auf einmal wurde uns klar, dass die anerkennen, was wir für eine Macht hier haben und was für eine moralische Autorität wir geworden sind – sogar bei einem Thema, um das wir uns noch nie gekümmert hatten. Auch jedes Immobilienprojekt hier in der Gegend, das die Zustimmung der Stadt braucht, geht inzwischen über unseren Tisch. Früher haben sie einfach alles durchgewalzt, aber jetzt wissen sie, dass wir da sind und dass wir ihre politische Veranstaltung zur Hölle oder sie auf Twitter fertigmachen können. Also legen sie sich nicht mehr mit uns an, sondern kontaktieren uns, um mit uns zusammenzuarbeiten. Das ist auch ein Sieg.«

Aber der Druck der Gentrifizierung bleibt und macht auch vor der Haustür von Monxo und Libertad nicht halt. »Mindestens zweimal die Woche bekomme ich Anrufe von Menschen, die unser Haus kaufen wollen«, erzählt Monxo. »Mindestens dreimal die Woche bekomme ich Angebote per Post. Einmal traf ich mich wegen einer anderen Sache mit einem Investor, und er fragte sofort nach meiner Adresse. ›Ich weiß, warum du fragst‹, habe ich ihm dann gesagt, ›und niemals werde ich mein Haus verkaufen. Ich bin aus Puerto Rico, und wir haben dieses Haus nicht als Investment gekauft, das ist mein Zuhause. Die einzige Möglichkeit für dich, es jemals zu betreten, ist, wenn ich sterbe. Dann werden wir die Trauerfeier in meinem Wohnzimmer abhalten, denn dort werde ich sterben.‹ Er hat dann nie wieder gefragt – aber alles um uns herum aufgekauft.«

Monxo und Libertad an der Vorfront des Antigentrifizierungskampfes im Süden der Bronx, ihr dramatischer Kleinkrieg und die anschließende Versöhnung mit Noëlle in unserer Küche, ein ganzes Viertel ohne Buchladen und Noëlles Ringen darum, das zu ändern, die plaudernde New-York-Times-Austrägerin und die Umarmungen der Menschen in der Kirche – nach dem Monat in der Bronx und dem emotionalen Neighborhood-Dinner sind wir aufgewühlt und fasziniert. Das Viertel ist ganz anders als die vier anderen der Stadt – und gleichzeitig gibt es viel mehr Gemeinsamkeiten, als die gruselig-falschen Klischees es einen glauben lassen. Oder, wie unser Freund Christian, der auf der Upper East Side wohnt, aber aus purer Neugier zu fast jedem Neighborhood-Dinner kommt, danach per SMS kommentiert. »Bronxites – wie Manhattanites, nur mit mehr Emotionen.«

Im Reich der grünen Engel
East 4th St, East Village, Manhattan

Felix

Der scharfe Marihuanageruch steigt schon im Treppenhaus in meine Nase. Ich klopfe an der roten Tür von Apartment C-1. Eine Frau mit verschwitztem Gesicht und angegrauten Haaren öffnet. »Ich bin Kate, komm rein.« Sie stellt den Putzeimer ab und zeigt mir ihr Zuhause. Wohnzimmer, Schlafzimmer, Küche, Bad. Die Wohnung wirkt vollgestellt, aber auch warm und freundlich, mit ungewöhnlich viel Himmel im Fensterrahmen.

Kate ist sichtlich nervös, sie kratzt sich immer wieder am Kopf und fährt sich durch die Haare. »Ich muss noch so viel machen«, seufzt sie. »Du glaubst nicht, wie es hier vor Kurzem noch aussah.« Ich verstehe nicht, was sie meint; für mich sieht die Bude nach dem ersten Eindruck aus, als wäre sie jahrelang nicht aufgeräumt worden. Alte Papierlampen, beschmierte Schrankwände, Einmachgläser mit trockenen Kugelschreibern, verstaubte Buddhas und ein großes, offensichtlich von Katzenkrallen zerfetztes Sofa, notdürftig unter einer roten Plüschdecke versteckt. Das Apartment wirkt wie ein Museum der Jahre, in denen Kate hier Bücher geschrieben und übersetzt und ihre

Tochter großgezogen hat. Inzwischen geht die Tochter aufs College, und Kate hat sich in ein Holzhaus im Wald irgendwo zwischen hier und Kanada zurückgezogen. So erzählt sie es, ohne genauer zu erklären, warum sie dem East Village den Rücken gekehrt hat. Wahrscheinlich lebt sie hauptsächlich davon, dass sie hier immer noch ihre jahrzehntealte Miete zahlt – und Untermieter wie wir den Marktpreis.

»Wer hat denn zuletzt hier gewohnt?«, frage ich. Kate fährt sich wieder durch die Haare. »Eine Gang von Drogen dealenden Ex-Models«, sagt sie und kichert. Ich schaue sie an und bin mir einen Moment lang nicht sicher, ob sie mich für voll nimmt. »Sie haben hauptsächlich Marihuana verkauft. Lustigerweise bin ich über meine Schwester draufgekommen. Sie hat mir einen Artikel aus der GQ geschickt, mit der Überschrift ›Queens of the Stoned Age‹. Da ging es um eine Bande von Ex-Models, die vom East Village aus Drogen verchecken. Beim Lesen dachte ich mir dann: ›Moment mal, die Geschichte kommt dir bekannt vor‹. Meine Mieterin war Ex-Model, sie zahlte die Miete immer in cash. Ich las weiter, und plötzlich erwähnte der Artikel die Nummer meines Apartments – zum Glück nicht die genaue Adresse – und dass die Models nur einen Block entfernt von einer Polizeistation dealten. Ich versuchte noch zu verstehen, was ich da lese, als eine E-Mail in meinem Postkasten landete, in der mein Ex-Model verkündete, dass sie ausziehen würde – und zwar noch am selben Tag!« Kate schüttelt den Kopf.

»Zwei Jahre war ich nicht mehr in dieser Wohnung gewesen, sie hat mich nie reingelassen, mir das Bargeld immer an der Tür übergeben. Also mache ich mich auf den Weg in die Stadt und komme erst mal nicht rein. Das Schloss wurde ausgetauscht. Ich musste einen teuren Schlüsseldienst holen. Und dann bin ich fast in Ohnmacht gefallen. Es war ein echter Schock! Die Wohnung war in einem katastrophalen Zustand. Die Wände kahl, meine Bilder fehlten, das Waschbecken tropfte, Kabel schauten überall raus, vermutlich hat es Kurzschlüsse gegeben. Ein paar meiner Möbel waren in der Ecke aufgetürmt, ansonsten war alles weg. Nur ihren riesigen Fernseher und den Sitzball haben sie zurückgelassen, wohl als Ersatz für meine Stühle, die sie auch mitgenommen hatten. Ich glaube, von den Models hat nie jemand wirklich in der Wohnung gewohnt. Es war nur ihr Hauptquartier. Sie sind so überstürzt abgehauen, dass sie sogar ein bisschen was von ihrer Ware dagelassen haben. Willst du's sehen?« Kate geht ins Schlafzimmer und kommt mit einer Blechkiste wieder zurück. Sie sieht aus wie eine der Kisten, in denen meine Mutter ihre Weihnachtsplätzchen aufbewahrt. Kate hebt den Deckel, und Dutzende kleiner Klarsichthüllen kommen zum Vorschein, in denen gelbe und grüne Gummibärchen, Lutschbonbons und Schokostückchen mit Marihuanagehalt stecken. Auf einem der Schokoladeetiketten steht: *Mask Bros. Since 2004.*

Handcrafted Delights. Manhattan / Brooklyn / Queens. Wahrscheinlich eine Anspielung auf Mast Brothers, eine Hipsterschokolade aus Brooklyn. Nur dass es hier um handgemachte Grasschokolade geht.

»Hast du sie probiert?« »Na klar!« Kate lächelt. »Ich habe auch viel an meine Freunde verschenkt. Alles ziemlich gute Qualität.« Sie greift zu einem Schreibblock und schlägt ihn auf. »Kuck mal, hier ist der Lieferplan oder so was Ähnliches.« Auf einer handgezeichneten Tabelle ist die Buchhaltung des Drogenrings von Samstag, den 28. Februar, verzeichnet. Ganz oben stehen neben »Straßen« die Namen der Austräger für den Tag: »Lou/Lars/Riley/Alex/Sam«. Darunter sind fein säuberlich »Name«, also der Kunde, das Viertel, Bestellungseingang, mögliche Lieferzeit und die Bestellung, die mit Kürzeln wie «2mb, 2spk, 1c« angegeben wird, in Spalten eingeteilt. C könnte für Cookie oder Caramel stehen, spk vielleicht für Space Cake, und mb für medium brownies? Kate weiß es auch nicht. Den Uhrzeiten ist zu entnehmen, dass die Gang am 28. Februar ein halbes Dutzend Bestellungen pro Stunde aufnahm.

»Das lag auch noch herum.« Kate zieht ein verschmiertes Whiteboard hinter einer alten Kommode hervor. Die rote Handschrift darauf ist verwischt worden, aber sie ähnelt derjenigen auf dem Schreibblock. Aus der Nähe setzen sich die Schriftreste zu einer Werbetafel zusammen, auf der einzelne Sorten erklärt und angepriesen werden. Unter »Cabbage Patch Hybrid« zum Beispiel steht: großartig für soziale Aktivitäten, Kreativität und Gelächter; süß und erdig mit einem Hauch von Frucht. Unter »Gorilla Give«: sehr stark, auf die Kristalle achten! Erdiger Piniengeschmack; großartig für Regentage.

»Am seltsamsten fand ich das Vorhängeschloss an der Schlafzimmertür«, erzählt Kate weiter. »Ich meine, das ist das Zimmer, in dem meine Tochter und ich jahrelang gewohnt haben, und jetzt war das plötzlich ein Hochsicherheitstrakt. Hinter den Schrankwänden, die meine Tochter als Pubertierende mit Edding verschönert hat, lagen kleine Tresore mit Vorhängeschlössern. Im Wohnzimmer gab es einen gesicherten Indoor-Briefkasten – wahrscheinlich für das Geld.«

Kate überreicht mir einen Schlüssel mit einem roten Dinosaurieranhänger. »Hier, Wohnungs- und Hausschlüssel. Ich muss noch fertig putzen, aber ihr könnt eigentlich ab sofort rein.« Ich schaue mich noch einmal um. Der Fernseher und der rote Sitzball passen eindeutig nicht hierhin, den Rest der Bude hat Kate beinahe wieder in den Urzustand eines vollgestopften New Yorker Apartments verwandelt. Offenbar hat sie einen Teil ihrer alten Möbel aus dem Waldhaus hier einquartiert. Es muss eine Menge Arbeit gewesen sein, ganz alleine die Drogenhöhle in ein Wohnquartier zurück zu verwandeln.

Noch im Treppenhaus rase ich über die Zeilen des *GQ*-Artikels. Der Autor, Suketu Mehta, ist ein Pulitzerpreis-nominierter Schriftsteller, der die »Green Angels«, wie sich die Gruppe in Kates Apartment nannte, monatelang begleitete. Er beschreibt Honey, die Anführerin, als blondes, blauäugiges, schwangeres Ex-Model und exkommunizierte Mormonin aus den Rocky Mountains. Sie habe 2009 mit dem Dealen begonnen und sich schrittweise mit anderen Models verbündet, um die wachsende Kundenzahl zu bedienen. Die Taktik blieb immer gleich: Auf den ersten Kontakt hin, den Honey meist auf Partys oder über Freunde knüpfte, folgte ein kurzes Telefonat, bei dem man seine Vorlieben und Adresse nannte. Dann war man Teil der Kundenkartei und schickte nur noch einen harmlosen Text an eine Handynummer, zum Beispiel »can we hang out?«, als würde man sich für ein Treffen verabreden wollen. Kurz danach klingelte es an der Tür, und draußen stand eine zauberhaft aussehende, extrem entspannt dreinblickende Frau mit einem kleinen Päckchen voller hochwertigem Gras zum extrahohen Preis. Ein cooles Model, das dich high macht. Ein Ausbruch aus dem Alltag für die Elite der Stadt. Und eine Schmuggelmethode, die äußerst sicher ist: Models würden generell seltener von der Polizei durchsucht.

Der Autor beschreibt Honey und ihre grünen Engel als Pioniere einer neuen Industrie. Die Legalisierung von Cannabis als Arznei schreitet voran, von Kalifornien über Colorado wälzt sie sich ostwärts durch die USA, Staat für Staat. Irgendwann wird sie auch in New York angekommen sein, so seine These, und wer neben Rihanna auch noch Justin Bieber und Hip-Hop-Stars wie Peaches und FKA Twigs als Stammkunden aufführt, habe schon gewonnen.

Auf 27 000 Dollar pro Woche schätzt der Autor den Gewinn der Gang. Sogar die Boten machten noch 300 bis 400 Dollar am Tag. Einige würden davon ihre Studentenkredite abbezahlen.

Schließlich schreibt der Autor, wie er das Hauptquartier der Green Angels besucht: »Ich drücke die Klingel von C1, mit schwarzem Filzstift markiert. Ich laufe durch den Hausflur und schaue auf das blecherne alte Klingelbrett, auf dem keine Klingel mehr dorthin führt, wofür sie einst gedacht war. Und tatsächlich: Über der Klingel von F2 steht mit schwarzem Filzstift geschrieben: C1«. Nur Stunden nachdem GQ mit der Story an den Kiosken und im Netz erschien, schickte Honey die E-Mail mit der Auszugsnotiz an Kate.

Ich schaue über die Straße und den Sportplatz hinweg und sehe das Schild der Polizeistation leuchten. Was für eine Operation. Und alles in Sichtweite der Cops. So illegal die Green Angels gewesen sein mögen: ich kann nicht anders, als still und heimlich das unternehmerische und organisatorische Geschick unserer Vormieterin zu bewundern.

Doch vor dem Umzug aus der Bronx in die ehemalige Zentrale der Grünen Engel geht es für mich noch einmal ganz weit weg: Ich fliege einmal quer über den Kontinent nach Alaska, um eine Reportage über einen der sonderbarsten Wohnorte der Welt zu schreiben: Whittier. Er liegt in einer versteckten Bucht, die nur über einen Eisenbahntunnel zugänglich ist, und die circa 300 Bewohner leben in einem einzigen, großen Hochhaus. Es ist das höchste und wahrscheinlich dickste Haus im erdbebengeplagten Alaska und sieht aus, als hätte man einen New Yorker Wohnblock ausgeschnitten und in eine Gletscherlandschaft geklebt. Im Inneren der sechzehn Stockwerke gibt es eine Polizeiwache, ein Krankenhaus, eine Kirche und einen Supermarkt. Eigentlich muss man gar nicht vor die Tür, was im bitterkalten, stürmischen Winter in der Bucht sehr hilfreich sein kann. Ich solle auf keinen Fall gegen den Wind parken, teilt man mir bei der Ankunft mit – sonst könne beim Aussteigen die Autotür umknicken.

Ich versuche nachzuvollziehen, wie und warum die Menschen an diesem unwirtlichen Ort so eng aufeinander wohnen. Das Gebäude hat die US-Armee zusammen mit einem Güter- und Frachtbahnhof und Hafen einst als Vorposten im Koreakrieg in die einsame Bucht gebaut, dann drohte es zu verfallen, bis die

Bewohner, die sich an ihr Leben gewöhnt hatten, das Haus der Armee abkauften und ein Städtchen gründeten. Heute wohnen neben Armeeveteranen auch Menschen aus den Philippinen, Samoa, Guam, China und allen Ecken Amerikas in dem Block in der Einsamkeit. Die meisten sind hier, weil sie in Alaska nach einem besseren Leben suchten und die Mieten im Hochhaus viel günstiger sind als auf der anderen Seite des Tunnels und im nahe gelegenen Anchorage. Sie kommen erst für ein, zwei Jahre und bleiben dann ganz, holen schließlich auch noch ihre Verwandten nach in das Hochhaus in der Ödnis. YouTube, Playstation und der einzigartige Ausblick aus der menschengemachten Höhe über die Wildnis, das graue Wasser und die weißen Berge über dem Prinz-William-Sund vor ihrem Fenster helfen dabei nur bedingt. Die Bewohner von Whittier müssen miteinander klarkommen, denn viel mehr Zivilisation als die eigenen Nachbarn gibt es hier nicht.

Sie habe sich sehr umstellen müssen, als sie mit Mann und Kind von der Großstadt Anchorage hierherzog, sagt eine Lehrerin in der Schule, die zum Haus gehört. Ständig würden einem die Nachbarn im Kram herumschnüffeln. Egal ob man jemanden mag oder nicht, man begegne ihm garantiert täglich zweimal im Aufzug. Hätte man ein Problem, könne man dem nicht aus dem Weg gehen. Man müsse es miteinander klären – und sich am nächsten Morgen wieder freundlich grüßen.

Es ist so anders als in New York, wo menschliche Bindung kurzatmig ist, wo Anonymität den Alltag bestimmt. Das einsame Haus in Whittier wirft seine Bewohner zurück auf die Ursprünge des Wohnens, die erzwungene Gemeinsamkeit in der Höhle, mit denselben Menschen tagein, tagaus. Ich könnte das auf Dauer nur schwer aushalten. Ich bin mittlerweile von ganzem Herzen verwöhnter Städter, mit allen Vor- und Nachteilen, das wird mir hier in der Ferne deutlich wie nirgends sonst.

Auf dem Rückweg von Alaska treffe ich Christina und Emma in Las Vegas. Es ist mein Geburtstag, und wir feiern ihn mit einem Roadtrip. Gleichzeitig versuchen Christina und ich, das Tetris unseres Lebens weiterzuspielen und ein paar Schichten abzutragen. Autofahren in den USA ist dafür nicht das Schlechteste. Niemand rast, drängelt oder hupt, und hinter der langen Geraden, hinter dem Horizont, liegt immer ein neues Panorama, das zum Nachdenken und Diskutieren anregt. Der Blick aus der Windschutzscheibe verhindert, dass man dem anderen in die Augen blickt – man spricht seine Sorgen und Ängste in die weite Landschaft hinein. Wo stehen wir? Wie sehr hat uns dieses Jahr erschöpft und bereichert? Was wird aus uns, wenn das Umziehen in Kürze zu Ende geht und dieses verrückte Experiment genauso plötzlich aufhört, wie es angefangen hat? Wir beschließen, es auf uns zukommen zu lassen. So kurz vor dem Ziel aufgeben wollen wir nicht – auch wenn Kate bereits erwähnt hat, dass sie ihre Wohnung im East Village gerne dauerhaft vermieten würde.

Als wir wieder in New York landen, fahren wir in die Bronx, um unsere Sachen zu packen. Wir sind überfordert: Wie räumt man ein ganzes Haus auf? Wir fangen oben an. Als wir gerade das Badezimmer im ersten Stock in den Urzustand versetzen, hören wir unten die Haustür quietschen. Ich hänge mich über das Geländer und sehe Seth und Nicole ihre Koffer ins Wohnzimmer tragen. Sie sind zurück, einen halben Tag zu früh! Wir begrüßen uns, ein wenig peinlich berührt, dann ziehen Seth und Nicole sich auf die Terrasse zurück und schneiden Rosen, um uns Raum zum Aufräumen zu lassen. Wir raffen schnellstmöglich unser Zeug zusammen und nehmen ein Taxi ins East Village. Im Eingang unseres neuen Zuhauses türmen sich Reste von Ikea-Regalen, darüber hängt ein Zettel, der zur Mitnahme einlädt. Wieder wabern Schwaden von Marihuana durchs Treppenhaus. Kurz vor unserer roten Wohnungstür kommt uns ein älterer Mann entgegen. Er würdigt uns keines Blickes. Das muss der andere Urzeitmieter sein, von dem Kate erzählt hat. Der Rest der Bewohner, sagte sie, bestünde im Frühjahr und Herbst aus Studenten

der New York University und dazwischen, in der Sommerpause, aus Praktikanten von Finanzfirmen.

Ich stecke den Schlüssel mit dem Dinosaurieranhänger ins Schloss. Der elfte Wohnungsschlüssel in elf Monaten. »Neue Hause?«, fragt Emma. »Neue Hause«, sage ich. Mehr will sie nicht wissen. Es ist ihr Code geworden für unser Projekt, und als gäbe es nichts Selbstverständliches, stellt sie in jeder neuen Wohnung immer nur diese einzige Frage. Längst haben Christina und ich den Begriff übernommen. »Neue Hause!«, rufen wir und stoßen die Tür auf. Am nächsten Morgen bringe ich Emma zum Kindergarten. Zum ersten Mal muss ich dafür mit ihr nicht in die U-Bahn steigen. Die aufgehende Sonne lässt die Feuertreppen vor den Backsteinfassaden leuchten. Von einem mexikanischen Straßenstand an der Ecke duftet es nach gebratenem Speck. Verkaterte Studenten laden ihre Wäscheberge bei der Lavanderia im Nachbarhaus ab. Ich schiebe Emma im Kinderwagen über die große Houston Street, hinein in die enge Orchard Street, vorbei an den Klamottenhändlern und Bars, über die Delancey und weiter hinunter bis zur Ecke Grand Street, wo die rote Markise der Victoria Children's Group leuchtet. »Kinngarten!«, ruft Emma – und ich kann nicht fassen, nur fünfzehn Minuten von Tür zu Tür gebraucht zu haben.

Nach der Ruhe und Ernsthaftigkeit der Bronx wirkt alles, was wir im East Village entdecken, erst mal wie ein großer Spielplatz für Erwachsene. Emma ist das einzige Kind im Haus, ach was, auf dem ganzen Block. Unsere Nachbarn sind Mitte zwanzig, trinken vor unserem Schlafzimmer auf der Feuerleiter, haben Sex im Hinterhaus gegenüber unser Küche und rauchen so viel und so beständig Gras, dass die Schwaden, die durch die Bodenritzen ziehen, uns morgens lächelnd aus dem Haus gehen lassen.

Als ich mein Büro auch noch in einen Coworking-Space am Astor Place, nur fünf Minuten zu Fuß von der Wohnung verlege, ist das Gefühl des Angekommenseins im Village perfekt. Mein Leben gelingt mir jetzt zu Fuß, U-Bahn fahren wird zum lästigen Überfluss. Supergutes Yoga? Fünf Blocks nach Norden, bei Yoga To The People im Haus mit der alten Inschrift »Schützengemeinschaft« auf St. Marks Place, zehn Dollar die Stunde. Wahnsinnspizza? Tag und Nacht bei 99 Cent Pizza, einem Straßenverkauf

auf der 2nd Avenue, hundert Meter Luftlinie entfernt. Den coolsten Park der Stadt zum Abhängen mit Freunden? Washington Square, zehn Minuten zu Fuß, inklusive Livemusik, Wasserfontäne und Kletterspielplatz.

Fast am meisten Spaß macht mir meine neue Abendroutine: Um kurz vor sechs schnalle ich mir den Rucksack fest auf den Rücken und renne vom Büro los, um Emma abzuholen. Wer zu spät kommt, muss fünf Dollar Strafe zahlen, aber ich lerne die Ampelphasen und kleinen Seitenstraßen der Lower East Side kennen und bringe meine Laufzeit auf unter zehn Minuten. Ich genieße den Lauf im letzten Abendlicht durch die lebenden und lärmenden Straßen, klingle außer Atem an der Glastür des Kindergartens, fahre mir schnell durch die Haare – und muss jedes Mal daran denken, dass man mir durch die Überwachungskamera dabei zusieht, wie ich versuche, wie ein normaler Papa auszusehen.

Wenn Emma in den Kinderwagen geklettert ist, laufen wir zurück nach Norden und halten auf dem Nachhauseweg an ihrem neuen Lieblingsort: 1st Street Ecke 1st Avenue – ein von Platanen umringter Spielplatz, auf dem immer mindestens ein halbes Dutzend ausrangierte Trecker, Roller oder Bagger herumstehen und der trotz seiner Lage an einer Hauptverkehrsader wie ein warmes Nest wirkt. Christina holt uns dort ab und bringt einen Becher Cappuccino aus dem Lazy Llama mit, dem vielleicht besten Café des Viertels. Gemeinsam gehen wir nach Hause und holen uns Thai, Sichuan, Indisch, Italienisch – alles nur vom Besten, alles einen Steinwurf entfernt.

Auch wenn unsere Wohnung vor lauter Trödelmarktausstattung kaum Platz bietet und nachts Partyschreier und Polizeisirenen durch die Gehörgänge pflügen – die besondere Atmosphäre um uns herum umarmt uns. Wir fühlen uns, zum ersten Mal auf der Reise, angekommen. Und unser Haus, ein sogenanntes Tenement Building, in dem sich früher arme europäische Immigranten stapelten, gibt sich zwar keine Mühe, uns freundlich zu behandeln, aber bietet große Unterhaltung. Es ist mehr Bühne als Wohnort. Mal warten Tauben vor der Wohnungstür, mal Bierflaschen. Mal ist der Flur überschwemmt, mal Teil eines spontanen Raves. Nur Worte wechselt man untereinander kaum, denn das Kommen und Gehen ist so intensiv, dass Nachbar von Partybesucher zu unterscheiden nicht der Mühe wert ist und man einander höchstens zunickt. Kommuniziert wird in dem Wohnameisenhaufen vor allem mit handschriftlichen Notizen. Zum ersten Mal fällt uns das auf, als der Hausmeister ein Blatt in den Hausflur hängt, das in großen roten Lettern jegliches Untervermieten via Airbnb verbietet. »Dieses Gebäude ist eine Müllkippe – warum sollte jemand hier untervermieten?«, steht ein paar Tage später handschriftlich darauf. »LOL« fügt jemand hinzu. »Ich zahle 60 000 Dollar im Jahr für dieses Loch«, schreibt ein anderer daneben. Und schließlich, ein paar Tage später, ein verzweifelter Aufruf am unteren Rand des Papiers: »REPARIER BITTE DIE KLINGEL!«

Tatsächlich taugt das blecherne Klingelbrett mit der berüchtigten schwarzen Filzinschrift »C1«, die zu unserem Apartment führt, nur wenig. Die Klingeln und Bewohner haben so häufig gewechselt, dass niemand mehr weiß, wo welcher Buchstabe steht und wo er letztlich läuten muss. Folgerichtig taucht auch hier ein Zettel auf, mit dem krakeligen Hinweis: »Außer Betrieb – Klingel außen benutzen« – ein Hinweis auf ein neues Klingelschild, das vor der Tür zwar eingebaut, aber noch nicht in Betrieb genommen wurde. »Kein Schlüssel – keine Post« steht mit dickem schwarzen Filzstift am Morgen danach über dem Gekrakel. Und zwei Tage später, in derselben Schrift, etwas verzweifelter: »Briefträger braucht Schlüssel.«

Der Zettel verschwindet, der Briefträger bekommt wieder Zugang, da wendet sich eine Nachbarin direkt an ihn und hängt einen Brief in schnörkeliger roter Schrift an ihren Briefkasten im Flur, auf dem sie flehentlich bittet, keine Pakete mehr abzustellen; sogar ihre Geburtstagsgeschenke seien geklaut worden.

Wir fühlen mit ihr, auch unsere *New York Times* hat es noch nicht in die Wohnung geschafft, obwohl der Kundenservice beteuert, sie werde täglich geliefert.

Unsere Vermieterin Kate versteht sich ebenfalls sehr gut auf die Sprache der Zettel. Immer wieder stoßen wir in unserer Wohnung auf Botschaften;»Wird weggeräumt« hängt an Regalen und Umzugskisten, die sich in einem Eck türmen,»leere Schublade« klebt als Aufforderung an uns an mehreren Kommoden,»Bitte Glühbirne austauschen« liegt recht unmissverständlich unter einer Lampe, und mein Favorit klebt innen an der Wohnungstür:»Schloss zerfällt, bitte nicht benutzen.«

Sorgen über die stets unverschlossene Tür machen wir uns nicht, auch wenn sich ab und zu Bierflaschen schwenkende Mädels in der Adresse irren und bei uns einkehren wollen; insgesamt wirken die Nachbarn eher wie harmlose Kids – mit Ausnahme des kriminellen Hausflurs. Nachdem man uns schwört, die Zeitung werde wirklich geliefert, sehe ich eines Morgens beim Rückkehren vom Joggen den Zusteller, nur einen Häuserblock entfernt. Genau in den zehn Minuten, in denen ich nach oben renne, mich dusche und umziehe, schlägt der Dieb schon zu. Von diesem Zeitpunkt an hoffe ich täglich auf ein Wiedersehen, aber der Zusteller kommt nie zur gleichen Zeit und möchte einfach nicht in den dritten Stock steigen, um die Zeitung vor unserer Wohnungstür abzulegen, sondern setzt sie wie Freiwild im Hausflur aus. Insgesamt drei Mal gelingt es uns im ganzen Monat, durch halsbrecherische Treppenrennmanöver im Morgengrauen, das gerollte Papier in die Sicherheit unserer vier Wände zu retten. Den Räubern begegnen wir nie, aber wir versuchen uns mit der Vorstellung einer Politikstudenten-WG zu trösten, die morgens sehnsüchtig auf den Austräger lauert und dank unserer Spende bessere Noten schreibt.

Nach dem ersten Rausch sind wir erschöpft von der Mischung aus Party, 24-Stunden-Läden und engen Straßen mit vielen Polizeieinsätzen um uns herum. Begegnet man in New York jemandem, der sehr müde aussieht, ist die Wahrscheinlichkeit hoch, dass seine Adresse irgendwo zwischen 1st und 14th Street liegt. Einmal gelingt Christina und mir die Flucht aus dem Rummel: in den uralten Schwitzkammern der türkisch-russischen Bäder auf der 10th Street. Wir lassen uns tief im Keller des Hauses von einem dicken Russen mit duftenden Eichenblättern abklatschen und in einer dampfigen Kellersauna die glühend heiße Luft ins Gesicht wedeln. Zum Abkühlen steigen wir aufs Dach; das Dampfbad bietet eine kleine Freiluftterrasse mit Liegestühlen, durch Strohwände und Platanen von Blicken und Lärm geschützt. Als wir mitten in dieser Oase wegdämmern, wabert aus der Ferne der weiche Sound eines Saxofons über uns:»Summertime, and the livin' is easy.«

Auf dem Heimweg entdecke ich den Saxofonisten. Er steht gleich um die Ecke der Bäder am Straßenrand, zwischen roten Pylonen, unter dem Gerüst einer Baustelle. Der Sound seines Baritonsax ist so voll und tief, dass er sich wie eine warme Decke auf das Viertel legt. Sein Name sei Dusty Roads, sagt er bei einer Zigarettenpause, er stehe seit sechs oder sieben Jahren schon an dieser Stelle.»Ich gebe den Leuten Kultur. Sie geben mir Dollar.«

Ich lasse aus Dankbarkeit ebenfalls fünf zurück und überlege, wie recht Dusty doch hat. Das East Village um uns herum ist nicht nur ein Rummelplatz, eine blinkende Kakofonie an Bars, Feiernden und schlecht Schlafenden. Schon die Geschäfte und Ideen der Menschen auf unserem Block vermitteln so viel mehr: Das Experimentaltheater»La Mama«; die 4th Street Food Coop, ein Biogemüseladen zum Mitarbeiten; der Vinylraritätenladen Good Records; oder der Schokoladenladen Obsessive Chocolate Disorder, geführt von Sebastian Brecht, tatsächlich ein Enkel von Bertolt Brecht.

Immer schwingt im Village ein tief liegender Anspruch auf Kultur mit. Obwohl die meisten besetzten Häuser, verrauchten Punkclubs und revolutionären Buchläden, die die Gegend um den Tompkins Square Park einst so legendär machten, nur noch auf Schwarz-Weiß-Fotos existieren, bilde ich mir ein, den Geist dieser Zeit immer noch zu spüren. Die schwachen Pulsschläge eines einst starken, freiheitsliebenden, nie im Takt mit dem Mainstream pochenden Herzens der Insel.

Wer die Überreste des alten Village begaffen will, muss die Adresse des bekanntesten Clubs der Siebziger, genannt CBGB, aufsuchen. In dem schwarz gemauerten Raum im Erdgeschoss von 315 Bowery, der von den Ramones über Patti Smith und die Talking Heads bis hin zu The Police alles aufbot, was in den vergangenen Jahrzehnten von New York aus die Welt eroberte, verkauft heute der Designer John Varvatos teure Männermode. Die abgewetzten Plakate, die Graffiti und sogar ein Drumset von damals sind noch da, aber seit der Schließung des Clubs im Jahr 2006 nur noch Memorabilien hinter Plexiglas. Mumifizierter Punk, benutzt als Kaufanreiz für Herrensocken und Lederjacken – die neben dem Schlagzeug gibt es ab 1898 Dollar.

Beim Versuch, den Ausverkauf des alten New Yorks zu verstehen, landet man schnell auf dem wütenden, scharfsinnigen Blog *Jeremiah's Vanishing New York*, ein scheinbar endloser Strom an schlechten Nachrichten über verschwindende, einzigartige Adressen. Der Blogger Jeremiah ist der Chefnostalgiker der Stadt. Und der Totengräber ihrer Ikonen. Sobald irgendwo ein legendärer Club, ein uriges Diner oder eine Traditionsbäckerei schließt, ist er zur Stelle und stattet dem Sterbenden einen letzten Besuch ab.

Viele Jahre war wenig über den Blogger bekannt, außer dass er viele Petitionen und Demonstrationen gegen Gentrifizierung lostrat, kommentierte oder unterstützte – aber vor Kurzem ließ er seine Maske fallen. Anlass ist ein dickes Buch, das den gleichen Titel trägt wie sein Blog: *Vanishing New York* – das verschwindende New York. Es ist sein Lebenswerk, sein Thema, seine jahrelange Leidenschaft und unermessliche Energie, zwischen zwei Klappen gepackt. Zum Erscheinen des Buches widmen ihm die New Yorker Medien viele Zeilen. Der *New Yorker* und die New York Times gehen mit ihm spazieren, die Village Voice hebt ihn gar aufs Cover: ein glatzköpfiger, stämmiger Mann mit rotem Vollbart, der eigentlich Griffin Hansbury heißt und seinen Lebensunterhalt bis heute als Psychoanalytiker verdient. Auf dem Village Voice-Titelbild sitzt Jeremiah alias Griffin mit der Reporterin im Fenster von Cup and Saucer, einem wunderbaren alten Diner mit klassischem Frühstück vom Grill auf der Lower East Side, das Christina, Emma und ich während unseres Monats in Chinatown entdeckten und wohin wir meinen Bruder und seine Familie zum Frühstück ausführten. »Jeremiah was here«, steht auf dem Cover – Jeremiah war hier, um wieder mal die letzte Salbung zu erteilen für ein Stück altes New York.

Wie so viele andere kann Cup and Saucer die stets höher kletternde Miete nicht mehr bezahlen und muss schließen. Für Jeremiah ein weiteres Opfer eines immer gleichen Musters. »Klar gibt es Läden, die werden schlecht geführt und schließen«, sagt er. »Aber die Läden, um die es mir geht, Läden wie dieser, die sind voll, die laufen gut, seit Jahrzehnten. Die werden ermordet.«

Was Jeremiah der Village Voice auch verrät, ist, dass er im East Village lebt. Es ist der Morgen unseres vorletzten Tages im Viertel, als ich den Text lese, und der Tag, an dem wir spontan entscheiden, ein Last-Minute-Neighborhood-Dinner zu organisieren. Ich schreibe ihm eine Mail. Dann schreibe ich auch noch alle anderen an, die uns in den vergangenen Wochen begeistert haben: den Chocolatier und Brecht-Enkel; der Hobbyastronom, der sein riesiges Teleskop an Sommerabenden auf den Gehsteig stellt und Passanten in die Sterne schauen lässt; der Barmogul, der ein halbes Dutzend angesagte Läden im Viertel betreibt; die Frau, die einen kleinen Buchladen hat und das Community Board, also den Nachbarschaftsrat, organisiert; aber anders als sonst antwortet niemand. Vielleicht ist es einfach zu kurzfristig.

Am Nachmittag landet plötzlich doch noch eine E-Mail im Postfach. Absender: Jeremiah Moss. Er hätte heute Abend ein Event zur Veröffentlichung seines Buches in Brooklyn, schreibt er, aber danach komme er gerne vorbei. Begeistert schicke ich eine letzte E-Mail ab: an den berühmten Autor der GQ-Story über die Green Angels. Er antwortet, ganz Journalist, binnen Minuten: Er selbst hätte keine Zeit, aber vielleicht ein Freund, der die Geschichte verfilmen wolle und im East Village lebe – ob er ihm Bescheid geben könne?

Am Abend versammeln wir drei unserer besten Freunde in unserem kleinen Wohnzimmer – Christian von der Upper East Side, der längst Stammgast unserer Dinner ist, und Lars und Chinyere aus Bushwick. Wir essen Snacks und harren der Dinge. Wir haben keine Ahnung, ob und wann jemand kommt. Gegen neun Uhr klopft es plötzlich. Vor der Tür steht der Mann mit dem roten Bart: Jeremiah Moss. Er grüßt schüchtern. Von der Buchparty in Brooklyn hat er außerdem seine Partnerin mitgebracht; ehrfürchtig macht die Runde ihm einen Platz auf unserem durchgesessenen Plüschsofa frei.

»Was wäre deine Überschrift für das East Village?«, frage ich Jeremiah, der bevorzugt, dass wir ihn mit seinem Alter Ego ansprechen. Er holt weit aus: »Dass New York im Verlauf des 19. Jahrhunderts so progressiv wurde, ist den Immigranten aus Osteuropa und Südeuropa, den Afroamerikanern aus den Südstaaten, den Bohemians und den Queers zu verdanken, die alle zur selben Zeit hier auftauchten. Sie haben hier, im East Village, das geschaffen, was ich die Seele von New York nenne. Und diese Seele ist völlig ausgelöscht worden. Es begann schon in den Siebzigern, aber so richtig dezimiert wurde sie in den letzten Jahren. Ich bin 1993 hierhergekommen, ich bin in einer Kleinstadt in der Arbeiterklasse aufgewachsen, ich komme aus einer Familie von Trump-Wählern. Wir ... wir sind sehr verschieden.« Er stockt.

»Ich wollte an einem Ort sein, an dem ich existieren konnte, und 93 war das für mich das East Village. Jetzt ist es das nicht mehr. Es ist Hyper-Mainstream, eine Partymeile für Verbindungstypen. Früher war das hier der Ort, an dem man diesen

Leuten entkam. Und jetzt sind die zehn beliebtesten Leute von jeder Highschool alle im East Village. Ich bekomme eine Menge Gegenwind dafür, dass ich Menschen so persönlich angreife. Man darf zwar über Gentrifizierung diskutieren, soll aber niemanden persönlich kritisieren. Aber diese Leute sind dafür verantwortlich. Meine Überschrift für das East Village lautet: ›Hundert Jahre Gegenkultur – ausgelöscht in fünfzehn Jahren.‹ Die frühen Feministinnen, die Anarchisten, die Sozialisten, die Queers, die Künstler, die Schriftsteller, die Tänzer – alle weg. Ein ganzes Jahrhundert, eine Tradition – einfach vernichtet. Zum ersten Mal ist mir 2005 aufgefallen, dass sich etwas verändert. Damals habe ich den Blog gestartet. Aber was seither passiert, das ist echt eine ganz andere Liga. Ich streite mich oft mit einem Freund, der auf der Upper West Side wohnt, darüber. Er ist dort aufgewachsen und sagt, die Stadt hat sich schon immer verändert. Es ist nicht leicht, Menschen darüber aufzuklären, dass es hier nicht um den ganz normalen Wandel geht. Und für mein Buch musste ich noch mal viel tiefer graben, um zu lernen, was eigentlich passiert ist. Ich habe gelernt, dass New York in den Siebzigern auf dem Weg in eine Sozialdemokratie war und die Banker das nicht wollten. Also landeten sie einen Coup: Neoliberalismus. Sie zwangen die Stadt in Sparprogramme und in Deregulation, verschoben Geld von den Bürgern zu großen Firmen. Immobilienentwickler bekamen milliardenschwere Steuererleichterungen. Sie sind es, die die Stadt seit den Achtzigern kontrollieren, und Michael Bloomberg ist ihr Held.«

Jeremiah macht keinen Hehl daraus, dass er politisch weit links denkt und handelt. Die Unterdrückten der Stadt, die kleinen Läden und Unternehmer sind es, für die er kämpft. Der Medienmilliardär und Mäzen Michael Bloomberg, der von 2002 bis 2013 die Stadt regierte, ist für ihn kein erfolgreicher Unternehmer, sondern ein Wegbereiter des entfesselten Kapitalismus. »Jeder, der heute im Rathaus sitzt, ist von den Immobilienmogulen abhängig. Und keiner wird sie jemals aufhalten. Neoliberalismus ist nicht natürlich. Gentrifizierung ist nicht natürlich. Es ist ein vom Staat gesponserter Landraub.«

Wir nicken im Kreis. Keiner kann wirklich gegen diese starken Worte argumentieren. Jeder, der in New York wohnt und kein Millionär ist, leidet unter den gierigen Vermietern und Immobilienhaien. Jeder, der die steigenden Obdachlosenzahlen – um die 60 000, ein Drittel davon Kinder – und die Zahl der leer stehenden Wohnungen – etwa 80 000 – nebeneinanderlegt, muss daran scheitern, die offensichtliche Unbarmherzigkeit des Systems zu ignorieren. In New York rechts zu sein, rechts zu denken, ist nicht nur unpopulär, es ist auch ein Privileg derer, die viel mehr haben als die anderen.

Wir erzählen Jeremiah von unseren Eindrücken aus dem Viertel: wie es direkt um uns herum tatsächlich eine studentische Partymeile ist und wie es dann, je weiter man nach Osten läuft, in die so genannte Alphabet City zwischen den Avenues A, B, C und D, plötzlich puerto-ricanisch wird und viel nachbarschaftlicher und auch viel grüner, mit Gemeinschaftsgärten, die auf den Ruinen abgebrannter Häuser entstanden. Plötzlich grüßen Menschen auf der Straße sich – und uns.

»Menschen, die sich selbst als höhere Schicht einstufen, neigen eher dazu, dich auf der Straße zu ignorieren«, kommentiert Jeremiah. »Menschen, die sich einer niedrigeren Klasse zugehörig einstufen, nehmen dich mit größerer Wahrscheinlichkeit als emotional relevant wahr. Sie werden dich ansehen, dich ansprechen, eine Verbindung suchen. Denn je weniger Geld du hast, desto mehr brauchst du andere Menschen. Je mehr Geld du hast, desto unabhängiger bist du. Wenn du also weiter nach Osten gehst hier im Village, dann spürst du eine stärkere Bindung zu den Menschen, weil sie weniger Geld haben. Es fühlt sich wieder mehr wie New York an. Du siehst mich, ich sehe dich, wir erkennen uns gegenseitig an. In gentrifizierten Gegenden fragt man sich: Leben diese Menschen? Oder sind das Zombies?«

Mir ist, als hätte Jeremiah eine Frage beantwortet, die sich uns die ganze Reise über gestellt hat: Warum gehen die Menschen in verschiedenen Vierteln so verschieden mit uns um, wo wir doch immer dieselben Menschen sind? Und im Nachhinein betrachtet war es tatsächlich so: In den reichsten Vierteln, Dumbo, Chelsea oder der Upper West Side, hatten wir bisher die wenigsten sozialen Interaktionen auf der Straße. In den ärmeren Gegenden war es genau umgekehrt. Mit einer Ausnahme: Chinatown. Das Viertel ist nicht reich, aber als weiße Langnasen bleiben wir dort außen vor, trotz Kindergarten und täglichen Besuchen. Das Unter-sich-Bleiben ist für die chinesische Community eine wichtige Überlebensmaßnahme – und die Sprache eine große Barriere, kein kultureller Kleber wie in afrikanischen, afroamerikanischen oder lateinamerikanischen Vierteln, wo die große Mehrheit Englisch als Muttersprache oder wichtigste Fremdsprache spricht.

Als Jeremiah und seine Partnerin gerade zum Gehen ansetzen, klopft es zum zweiten Mal an diesem Abend an unserer Wohnungstür. Draußen steht ein Mann mit einer ganzen Gruppe junger Frauen. Wieder ein Partygänger, der sich verirrt hat? »Hi, ich bin Nimitt, der Freund von Suketu, der mit den Green Angels. Wir sind eigentlich auf dem Weg zu einer Party, aber ich musste einfach vorbeikommen.« Er stürmt in die Wohnung und grüßt in die Runde. In Ermangelung von Alternativen hockt er sich genau auf den roten Sitzball, den die Green Angels hinterlassen haben. Seine Begleiterinnen machen es sich auf Kommoden und Yogamatten bequem. Sein Gesicht strahlt. »Dieses Apartment!«, ruft er. »Ich habe schon soooo viel darüber gehört.«

Nimitt, stellt sich heraus, ist nicht nur Filmemacher, sondern auch der Wegbereiter in die Öffentlichkeit für die Story der Angels. Er stellte Honey seinem Freund Suketu vor, der die Reportage schrieb. Er selbst lernte die Anführerin vor zwei Jahren auf einer Party kennen. »So eine Modelparty. Eine feierte ihren Abschied aus New York. Ich war Single. Natürlich bin ich hin. Und da spricht mich dieses 1,80 Meter große, blonde, blauäugige Mädchen in crazy Vintageklamotten an. ›Rauchst du Gras?‹ ›Gelegentlich‹, sage ich. ›Lass uns rausgehen, einen rauchen‹, sagt sie. Natürlich bin ich mit. Und sie erzählt mir von diesem Marihuanalieferservice von Freundinnen von ihr. Ich war selbst Kunde bei einem Lieferservice zu dieser Zeit, aber es war immer seltsam, irgendwelche unheimlichen Typen mit Baseballkappen vor meiner Tür, ich wusste nie, was als Nächstes passieren würde. Also probierte ich die Empfehlung von Honey aus. Und plötzlich tauchen bei mir, einem narzisstischen Mann in mittlerem Alter, diese hübschen Frauen auf. Sie klopften höflich an der Tür, lächelten, hatten gute Laune, zogen die Schuhe aus, bevor sie reinkamen. Ich fühlte mich sofort sicher, ich fühlte mich wie ein Gentleman. Ich zahlte das Doppelte im Vergleich zu früher, einfach weil die so charmant waren. Das ging zwei Jahre lang so. Honey und ich sahen uns weiter gelegentlich, wir hatten gemeinsame Freunde, und sie fragte immer ganz beiläufig, wie ich den Lieferservice fand. Bis dann, eines Tages, eine SMS mit der Frage kam, ob sie bei mir vorbeikommen könnte. Sie wollte eine ernste Unterhaltung führen, schrieb sie. Ich wusste nicht genau, was ich von ihr halten sollte, sie war sehr schlau, aber auch komplett verrückt, redete immer in acht Richtungen gleichzeitig.

Als sie dann mein Apartment betrat, nahm sie erst mal mein Handy und steckte es in die Mikrowelle. Dann nahm sie meine iPads und sperrte sie weg. Da habe ich gecheckt, wie ernst es ihr war. Todernst. Sie setzte sich hin und packte aus. Dass nicht irgendwelche Freundinnen diesen Service gestartet haben, sondern sie. Dass es ihre Story ist. Dass sie mit 13 als Model entdeckt wurde, als sie noch bei ihrer depressiven Mutter lebte, als Teil einer großen Mormonenfamilie in Salt Lake City. Dass sie es durch das Modeln raus schaffte, bis auf die Cover asiatischer Magazine. Und dass sie dann, mit 19, merkte, dass sie es nicht ganz nach oben schaffen würde, und in New York ins Grasgeschäft einstieg. Sie war sehr stolz darauf, wie weit sie es damit gebracht hatte. Niemand aus ihrem Umfeld hatte den Hauch einer Idee, dass sie dahintersteckte. Und sie hatte mich ausgewählt, das zu ändern. Sie wollte, dass die Geschichte rauskommt, und hatte deshalb den Kontakt zu mir gehalten, im Nachhinein wirkte alles lange vorbereitet. Ich stellte ihr Suketu vor, er schrieb die Reportage und ich begann, mit den Filmrechten zu handeln. Wir hatten am Ende sieben Angebote und entschieden uns für Sony. Wir hatten eine mörderische Liste an Schauspielerinnen, die interessiert waren. Amber Heard sagte: ›Du verstehst das nicht. Honey ist exakt so wie ich war, als ich fünfzehn war.‹ Wahrscheinlich wird jetzt Dakota Johnson Honey spielen.«

Noch einmal versuche ich mir vorzustellen, wie sie alle hier saßen, wo wir jetzt sitzen, zwischen unzähligen verschweißten Päckchen voll Gras und Hunderttausenden von Dollars in cash, mit Dutzenden Handys und Listen, mit Kisten voller Karamellen, der große Fernseher liefert den Hintergrundlärm. Auf dem roten Sitzball, auf dem Nimitt jetzt sitzt, saß Honey, ganz bestimmt, und dirigierte alles. Wo ist sie jetzt?

»Als sie sich das letzte Mal bei mir gemeldet hat, war sie mit ihrem Kind an einem geheimen Ort. Das Geld hat sie an mehreren Orten versteckt. Sie nimmt das Muttersein sehr ernst. Ich glaube, deswegen wollte sie aufhören. Es gab eine Menge Ärger wegen des Artikels, die Preise in der Stadt gingen nach oben, viele Kunden hatten Angst, belangt zu werden. Alles nur für einen GQ-Artikel, sagten viele, sie hat uns alle nur dafür in Gefahr gebracht. Aber Honey hat nicht von dem Artikel profitiert, sie ist auch nicht in den Film involviert. Es ist schlichtweg unmöglich, sie überhaupt zu erreichen. Sie ist nicht auf Social Media und hat kein internetfähiges Handy.« Nimitt seufzt. »Ich bin gespannt, ob wir den Film hinbekommen. Ich habe Sorgen, dass er heruntergekocht wird zu einem B-Movie. Die Geschichte, die ich eigentlich erzählen will, ist die einer Frau, die die Geschlechterrollen im Drogenhandel auf den Kopf gestellt hat. Die vielen anderen Frauen geholfen hat, ihre Ausbildung zu finanzieren. Und das alles von hier. Hier war ihr letztes Hauptquartier.« Er sieht sich noch einmal um. Er lächelt. »Ich bin so froh, hier zu sein.«

Das Geheimnis der Underdogs
Hamilton Ave, St. George, Staten Island

Christina

Eines Abends nach dem Kindergarten gehen wir mit Emma nicht wie sonst so oft auf den Spielplatz um die Ecke in China- town, wo ihre Lieblingsfreunde weiter toben, sondern nehmen einen Bus an die Südspitze Manhattans. Staten Island Ferry steht in Großbuchstaben auf dem Fähranlegergebäude, und am Hori- zont erhebt sich die Insel auch schon aus dem Hafen von New York.

Seit Monaten schieben wir Staten Island vor uns her, und ein Grund dafür ist genau diese bullige gelbe Fähre, die wir nun be- steigen. »Ein Boot, ein Boot«, jubelt Emma fröhlich. Aber dieses Boot ist die einzige Verbindung zwischen Staten Island und Manhattan. Ansonsten gibt es von der Insel nur Brücken nach Brooklyn und in den Nachbarbundesstaat New Jersey und end- los zockelnde Busverbindungen. Die gelbe Fähre legt zwar rund um die Uhr alle halbe Stunde ab und ist kostenlos, aber sie braucht eben auch eine halbe Stunde von Küste zu Küste und lässt uns die Pendelei zu Kindergarten und Büro als anstrengen- de und täglich zeitraubende Abenteuerexpeditionen erscheinen.

Dazu kommt, dass Staten Island sich uns bisher als Untermietwüste präsentiert hat – keine Angebote im *Listings Project*-Newsletter und nur eine Handvoll angestaubt aussehender, überteuerter Wohnungen auf Airbnb. Also schoben wir es immer weiter vor uns her.

Aber jetzt sind wir auf der Zielgeraden unseres Projekts: In vier New Yorker Stadtbezirken haben wir schon gewohnt, Staten Island ist der fünfte und letzte, der uns noch fehlt. Wir haben uns also gezwungenermaßen doch immer wieder durch Airbnb geklickt, die einzige Wohnplattform, die hier überhaupt ein paar Angebote auflistet, und schließlich die Wohnung eines gewissen Pauls gefunden. Ein bezahlbares Apartment mit gleich drei Schlafzimmern ganz in der Nähe des Fähranlegers – eine weitere Voraussetzung, denn auf der Insel selbst ist die Anbindung mit öffentlichen Verkehrsmitteln noch schlechter als zur Insel hin. Die meisten Menschen dort haben ein Auto, wir nicht. In Manhattan und in großen Teilen von Brooklyn, Queens und der Bronx ist das überflüssiger Luxus.

Wir setzen uns zwischen die vielen Touristen auf die Plastiksitze im Außenbereich der Fähre und lassen die Freiheitsstatue an uns vorbeiziehen. Vom Wasser her weht eine leichte Brise. Um uns herum werden Handys gezückt und unzählige Selfies vor der immer kleiner werdenden Skyline von Manhattan und der Freiheitsstatue geknipst. Als wir gerade frisch nach New York gezogen waren, standen wir auch so an der Reling mit dem Handy in der Hand. Inzwischen bleiben wir sitzen. Die Fähre ist für Touristen ein Muss, auch die meisten unserer Gäste haben wir darauf geschleppt – um dann in Staten Island noch im Fährterminal wieder umzudrehen und die Fähre zurück nach Manhattan zu nehmen. Von der Insel selbst haben wir bisher nur wenig gesehen.

Felix lehnt sich zurück, seine Gesichtszüge entspannen sich. »Irgendwie gar nicht so übel, so eine Fährfahrt nach einem langen Arbeitstag. Ganz anders als U-Bahn oder Bus«, sagt er. »Frische Luft, Meeresbrise – man kommt ein bisschen runter.« Emma versucht, ihren rechten Arm hochzuhalten wie die Freiheitsstatue. Ich strecke meine Beine aus und halte mein Gesicht in die Brise. »Fast wie eine kleine Auszeit, ein Kurzurlaub.« Dann tönt es auch schon aus den Lautsprechern. »Diese Fähre wird gleich anlegen. Bitte begeben Sie sich zum Ausgang.«

In Staten Island schieben wir Emma im Kinderwagen einen steilen Hügel direkt hinter dem Fähranleger hoch und stehen vor Pauls grauem und überraschend großem Haus mit Garten. »Da seid ihr ja«, begrüßt uns fröhlich ein etwa fünfzig Jahre alter, rundlicher, braunhäutiger Mann. »Ich bin Paul und komme aus Antigua, dem Land der Strände.«
Ein melodiöser Akzent im Englischen verrät seine karibische Herkunft, die Is werden zu As: »A'm from the Asland«, sagt Paul. Ich komme von der Insel. Antigua meint er, aber inzwischen ist Staten Island, die Insel im Hafen von New York, seine Heimat. »Schon als ich zwölf war, bin ich mit meiner Familie hierhergekommen. Inzwischen arbeite ich seit 25 Jahren bei derselben Rechtsanwaltskanzlei in Manhattan und habe mir vor einigen Jahren dieses Haus hier gekauft – genau gegenüber von meiner Highschool, seht ihr sie da drüben?« Paul zeigt auf ein klotziges gelbliches Gebäude auf der anderen Straßenseite und lacht. »Früher hat hier ein Arzt gewohnt und schon als kleiner Junge bin ich zu ihm hin und habe ihm gesagt, dass ich mal sein Haus kaufen werde. Er hat mich ausgelacht. Aber ich bin einfach ein sehr beständiger Typ, ich mache gerne immer das Gleiche. Viele Leute

machen sich deswegen über mich lustig.«Er winkt uns in seinen Garten, der terrassenförmig wie eine Art Amphitheater angelegt ist und von dem aus man zwischen den Häusern auf der anderen Straßenseite hindurch in der Ferne das Meer und Teile der Skyline von Manhattan glitzern sehen kann.»Hier will ich mal Filme zeigen, hier hinten habe ich schon meine eigene Bar gebaut, und hier ist die Beleuchtung.« Paul legt einen Schalter um, und der Garten wird in der Dämmerung plötzlich von Dutzenden Lichterketten erhellt.»Die können zwischen zwanzig verschiedenen Farben wechseln.« Ein stolzes Grinsen legt sich über sein Gesicht. Dann verschwindet es abrupt wieder.»Ständig schmeiße ich Partys in meinem Garten und lade alle meine Freunde aus Manhattan ein. Einmal hatte ich sogar eine achtköpfige Band, die zu den besten der Stadt gehört – aber meine Freunde kommen einfach nicht rüber. Ich kann auch keine Frau hierherbringen, die wollen alle nicht nach Staten Island. Ich nehme das persönlich, das beleidigt mich. Aber ich habe es inzwischen aufgegeben. Die Menschen in Manhattan wissen doch gar nicht, was sie hier verpassen.«

Durch den Garten führt Paul uns ins Haus, dessen Erdgeschoss wir mieten wollen. Küche, Wohnzimmer, drei Schlafzimmer, zwei Badezimmer – für New York unglaublich viel Platz. Emma fängt sofort an, auf den dicken Federkernmatratzen herumzuspringen. Ursprünglich habe seine alte Mutter bis zu ihrem Tod hier gewohnt, erzählt Paul. Dann habe er die Wohnung ein Jahr lang aufwendig mit Freunden renoviert. Sein Geschmack scheint dem eines Hip-Hop-Moguls zu ähneln: dicke Ledermöbel, Samtvorhänge, ein riesiger Fernseher, Küchenschränke voller Cocktailgläser. Als wir ihm das sagen, muss er lachen.»Ich schmeiße einfach gerne Partys. Aber eines Tages werde ich mich in Antigua zur Ruhe setzen, ein kleines Restaurant am Strand eröffnen und jeden Tag angeln.«

Wir sagen zu. In diesem Inselparadies wollen wir wohnen. Staten Island habe sich sehr verändert, seitdem er als Junge hierhergezogen sei, erzählt Paul, während er uns zur Tür bringt. »Diese Gegend hier heißt St. George, und als wir kamen, war es ganz furchtbar. Drogen, Kriminalität – alles. Aber wir konnten uns nichts anderes leisten. Ich habe Zeitungen ausgetragen, um mir etwas Geld dazuzuverdienen, und die Hälfte der Zeit waren die Zeitungen geklaut, bevor ich sie austragen konnte. So oft ist uns schon versprochen worden, dass sich das alles ändern wird, aber bisher bessert sich die Lage nur in ganz langsamen Schritten. Inzwischen kann ich spüren, dass sich etwas tut. Es gibt weniger Kriminalität, viele Bauprojekte, gerade unten am Hafen, und der Wert meines Hauses ist schon stark gestiegen, ständig klopfen Leute an die Tür, weil sie es kaufen wollen. Ich sage es euch ganz ehrlich: Ich will, dass es sich hier entwickelt, ich unterstütze das. Ich will ganz unterschiedliche Menschen hier haben; wenn ich immer nur dieselben Menschen sehen will, dann gehe ich zurück in mein Dorf auf meiner Insel. Ich hoffe, es wird neue Restaurants geben. Es muss ja nicht übertrieben sein – ich will hier keinen Trump Tower. Ich will nur abends weggehen können, ohne dafür nach Brooklyn fahren zu müssen. Ich würde mir natürlich auch einen Whole-Foods-Supermarkt wünschen, allerdings könnten es sich viele Menschen dann wahrscheinlich bald nicht mehr leisten, hier zu wohnen. Es gibt aber auch immer noch Menschen, die Staten Island nie verlassen, die Angst vor dem Rest der Stadt haben. Schon als ich vor dreißig Jahren hergezogen bin, haben diese Menschen gesagt: ›Wie gut, dass es keinen Zug nach Brooklyn gibt, sonst kämen die falschen Leute.‹ Sie wollen nicht, dass das Viertel sich verändert.«

Über Pauls Redeschwall ist Emma in ihrem Kinderwagen eingeschlafen. Der Himmel über Staten Island ist mittlerweile dunkel. Wir verabschieden uns. »Euer Umzugsprojekt ist so eine großartige Idee«, sagt Paul. »Ich wünschte, ich würde mich so etwas trauen. Ich bin richtig neidisch. Aber wenn ihr als Erstes hierhergekommen wäret, dann wäret ihr auch nirgendwo anders mehr hingegangen.« Paul lacht, wohl wissend, dass das

Wunschdenken ist. »Wie auch immer, ihr gehört jetzt zur Familie und könnt jederzeit vorbeikommen. Die Tür ist immer offen, und der Schlüssel steckt.«

Völlig überwältigt von so viel karibischer Gastfreundlichkeit auf Staten Island schieben Felix und ich den Kinderwagen mit der schlafenden Emma den steilen Hügel wieder runter zur Fähre nach Manhattan. »Diese ersten Besuche bei unseren potenziellen Vermietern sind wirklich immer wieder etwas ganz Besonderes«, sagt Felix. »Ich weiß auch nicht genau, warum. Aus irgendeinem Grund schütten sie einem beim ersten Treffen und wenn sie von unserem Projekt hören ihr Herz aus – über sich und über ihre Leidenschaft für ihr Viertel. Jedes Mal.« Ich nicke. »Paul war aber wirklich außergewöhnlich nett und mitteilungsbedürftig, so extrem haben wir das noch nicht erlebt.« Als wir auf der Fähre zurück nach Manhattan schaukeln, fallen uns beiden die Augen zu.

Ein paar Tage später packen wir zwei Koffer, eine Tasche und Emmas Kiste mit Spielsachen in ein Mietauto und fahren vom East Village aus über Brooklyn nach Staten Island. Die Verrazano-Narrows-Brücke, einst die längste Hängebrücke der Welt, überqueren wir in strömendem Regen. Siebzehn Dollar Mautgebühr kostet das, was die zuständige Republikanerin im Abgeordnetenhaus des Bundesstaats New York, Nicole Malliotakis, einmal als »völlig wahnsinnig« bezeichnet hat. »Meine Kollegen fragen: ›Was ist denn da auf Staten Island? Verschenken sie da auf der Straße Gold? Ist das ein Traumland?‹« Die hohe Gebühr schreckt jedenfalls erst mal von einem Besuch auf der Insel ab, genau wie die Fähre.

Aber viele Menschen in Staten Island, das etwa so viele Einwohner hat wie Felix' Heimatstadt Nürnberg und etwa ab Mitte des 19. Jahrhunderts erst von deutschen und dann von italienischen Einwanderern dominiert wurde, sind gar nicht so unzufrieden darüber – wie wir in den kommenden Wochen lernen werden. Sie teilen ihr Leben in einen Zeitraum vor dem Bau der

Verrazano-Narrows-Brücke 1964 – BB (Before Bridge) – und einen Zeitraum danach ein, AB (After Bridge). Sie sind gerne die Underdogs, die Außenseiter, die teils mit großem Reichtum abgeschieden vom Chaos der Metropole in Ruhe auf ihrer Insel leben, wo die Kriminalitätsrate deutlich niedriger ist als in den vier anderen Bezirken. Sie freuen sich, dass die vielen Sehenswürdigkeiten der Insel – Strände, Museen, Bauernmärkte, ein Zoo, das Haus der Fotografin Alice Austen mit kostenlosen Yogastunden auf der Wiese davor oder die guten Pizzaläden – noch weitgehend unentdeckt und deswegen auch nicht überlaufen sind. Und sie unterscheiden sich in vielen Dingen fundamental von ihren Nachbarn in den anderen vier Bezirken – sie besitzen ihr Haus, anstelle es zu mieten, sie haben mindestens ein Auto, und sie haben mehrheitlich für US-Präsident Donald Trump gestimmt. Als »fifth and forgotten« bezeichnen sie ihr Viertel, das fünfte und vergessene Rad am Wagen – aber nicht ohne einen gewissen ironischen Stolz. Eine Brauerei auf der Insel wirbt mit dem Spruch: »Unvergessliches Bier aus dem vergessenen Viertel.«

Aber es gibt auch eine andere Seite von Staten Island, und dorthin hat es uns verschlagen: St. George. Die Enklave rund um die Fähranlegestelle ist die am dichtesten und von den unterschiedlichsten Menschen besiedelte Gegend der Insel – und die einzige, die bei der Präsidentschaftswahl mehrheitlich für Hillary Clinton und nicht für Donald Trump stimmte. »Egal woher du stammst, wir sind froh, dass du unser Nachbar bist«, steht auf Englisch, Spanisch und Arabisch auf einem Schild in einem Garten in unserer Straße. Die Restaurants im Viertel machen zwar abends deutlich früher zu als im Rest der Stadt, aber servieren Essen aus Jamaika, Indien, Mexiko oder Sri Lanka. Ein ganz besonderes, die Enoteca Maria, hat sich diese ethnische Vielfalt sogar zum Programm gemacht und lässt jeden Abend eine Oma aus einem anderen Land aufkochen.

Von St. George geht auch die Gentrifizierung der Insel aus. Mit unserem Mietauto fahren wir die Nordküste entlang und halten an einem neuen klotzigen Glasgebäude. »Urby« ist so passgenau an das Klischee des urbanen Hipsters angebiedert, dass es fast schmerzt: guter Kaffee, Avocadotoast, schnelles Internet, angenehme Arbeitsplätze, Wohnungen mit Blick auf die Skyline von Manhattan, Pool, Dachgarten und eine Wiese am Wasser mit kostenlosem Yoga. Bislang steht der Glaskasten noch wie ein Ufo an der Küste von Staten Island, aber weitere werden wohl landen. »Die Nordküste von Staten Island kommt«, prophezeit uns eine Mitarbeiterin der Maklerfirma Cassandra Properties, in deren Büro in St. George wir vorbeischauen. »Viel ist schon gebaut worden, viel Geld ist schon investiert worden, und wenn wir erst mal die Touristen reinholen können, dann wird sich hier alles verändern. Am Ufer soll das größte Riesenrad der Welt gebaut werden, und auch wenn das Projekt sich immer wieder verzögert, das wird kommen. Die Hausbesitzer haben die Mieten schon extrem angehoben, denn sie denken, dass die Investoren jetzt kommen.«

Unser Freund Peter – vor unserem Projekt der einzige Mensch, den wir auf Staten Island kannten – sieht das auch so. Er stammt aus Texas, kam als Tontechniker schon vor Jahrzehnten nach New York, wohnte erst in Manhattan, dann in Brooklyn und inzwischen schon seit langer Zeit in Staten Island, momentan nur ein paar Straßenblöcke von uns entfernt. Vom Wohnzimmerfenster seines Holzhauses aus schaut man auf die Verrazano-Narrows-Brücke, was einen gefühlt sofort nach San Francisco versetzt. Im Keller baut sich Peter gerade sein eigenes Ruderboot, komplett alleine, mit Anleitungen aus dem Internet. »Ich habe Staten Island damals über das Segeln entdeckt«, erzählt er uns, als wir eines Abends zum Grillen in seinen Garten eingeladen sind. »Der New Yorker Yacht-Club war hier. Noch heute segle und rudere ich rund um die Insel, es gibt immer Wind. Das Image von Staten Island erinnert mich an das von Brooklyn vor dreißig oder vierzig Jahren, als ich in die Stadt kam. Die Menschen werden Staten Island entdecken, es ist schließlich nur eine Fährfahrt weit weg – und auf der Fähre gibt es eine Bar mit günstigem Alkohol.«

Am amerikanischen Nationalfeiertag, dem 4. Juli, gehen wir mit Freunden, die sich erst sperren, aber dann doch zu einer Fährfahrt überreden lassen, zum Baseball. Die Tickets für die Staten Island Yankees sind deutlich günstiger als für ihre großen Brüder, die New York Yankees in der Bronx, und das Stadion bietet in der Ferne, hinter dem mäßig spannenden Geschehen auf dem Platz, Panoramablicke über die Skyline von Manhattan und die Freiheitsstatue. Nach Sonnenuntergang explodieren über dem East River, dem Hudson River und über dem Baseballstadion gleichzeitig die Feuerwerke, und wir haben die Logenplätze.

Hach, Staten Island, denke ich, als ich am nächsten Morgen auf der Fähre nach Manhattan sitze. Ich muss früher als sonst zur Arbeit, deswegen nehmen Felix und Emma eine spätere Fähre. Selbst die Touristen sind anscheinend noch nicht aufgestanden, um mich herum daddeln alle auf ihren Handys herum, aber niemand steht auf, um die Freiheitsstatue und die Skyline im glitzernden Morgenlicht zu fotografieren. Der Mann neben mir zückt seine Aktentasche und zieht eine *New York Times* heraus, wie ich. »Wie schön, einen Gleichgesinnten zu treffen«, sagt er und nickt mir freundlich zu, bevor er die Zeitung aufschlägt. Die Adresse meines Abonnements für den Monat nach Staten Island zu verlagern, was in den anderen Vierteln mit ein paar Klicks erledigt war, hat mich zwar viele lange Telefonate mit dem *New York Times*-Kundenservice gekostet, aber gegen Ende unseres Aufenthalts hat es dann doch geklappt. »Hach, Staten Island.« Jeden Morgen schauen wir aufs Meer und können kaum glauben, dass wir immer noch in New York sind. Das Gefühl vom Kurzurlaub werden wir nicht mehr los.

Wie kommt es, dass genau die Viertel, die wir am längsten vor uns hergeschoben und von denen wir uns am wenigsten erwartet haben, uns am meisten gepackt und nicht mehr losgelassen haben? Die Bronx zum Beispiel und jetzt Staten Island. Viel mehr als die angeblich so hippen Viertel wie Dumbo. Sicher liegt es an den geringen Erwartungen, die dann eigentlich nur positiv übertroffen werden können. Vielleicht hat es aber auch mit dem Verlassen der eigenen Komfortzone zu tun: nicht immer nur dort zu bleiben, wo man sich sowieso schon auskennt und wohlfühlt. Denn das wirklich Spannende passiert außerhalb. Und sicherlich ist unser gesamtes Umzugsprojekt ein Verlassen der Komfortzone, aber die Viertel in Manhattan, Queens und Brooklyn, in denen wir in den letzten Monaten gewohnt haben, waren zwar alle unterschiedlich, aber doch in vielen Dingen denen ähnlich, wo wir vor dem Beginn unseres Projekts gewohnt hatten. Unsere Komfortzone für Staten Island und die Bronx zu verlassen kostete viel Überwindung, immer wieder neu, und führte natürlich nicht immer nur zu schönen Erlebnissen – aber wenn, dann sind sie richtig schön. So wie Staten Island.

In Teufels Küche

West 47th St, Hells Kitchen, Manhattan

Felix

»Die Sommerzeit ist eine gute Zeit, um New York neu zu untersuchen und das Geschenk der Privatsphäre, das Juwel der Einsamkeit wieder in Händen zu halten. Im Sommer besteht die City nur aus den zähesten Kämpfern und authentischsten Charakteren. Die lässigen, sonst überall verstreuten Stadtmenschen fehlen komplett. Nur noch der harte Kern ist übrig. Die Stadt atmet eine gewisse Entspanntheit, und man kann in Unterwäsche im Bett liegen, nach der heißen Luft schnappen und sich an Dinge erinnern.«

So beschreibt der Journalist und Autor E. B. White 1949 in seinem Essay *Here Is New York* den Sommer in der Stadt. Als ich über ein halbes Jahrhundert später auf unserer Dachterrasse liege, im Rücken eine andalusische Alhambra, vor mir, zwischen Palmenblättern hindurch, das goldene Glitzern der Glastürme von Manhattan, die die untergehende Sonne spiegeln, und im Gesicht die heiße Luft eines ausgehenden Juliabends spüre, kann ich genau dieses Gefühl nachvollziehen. Sommer in New York heißt übrig zu bleiben; es heißt aber auch, ein wenig mehr der flimmernden Luft für sich zu haben.

Unsere Reise durch die Stadt neigt sich dem Ende zu. Und wir haben so viel Glück gehabt. Wir haben alle drei, mit ein paar Schrammen, viel gewonnen. Die Stadt hat uns mit offenen Armen aufgenommen, auch als wir auf der Straße standen. Die Menschen haben uns unterstützt, nicht ausgelacht. Sie haben Platz frei gemacht, anstatt ihr Handtuch über den Stuhl zu werfen, auf den wir uns setzen wollten. Sie haben mit uns Geld verdient, aber waren selten gierig. Sie haben uns leben lassen. So sind wir sogar übers Ziel hinausgeschossen und schon an Station Nummer 13 angekommen, hoch über den Dächern der 47. Straße in Hell's Kitchen, dem Viertel mit dem seltsamsten Namen der Stadt, frei übersetzt: in Teufels Küche.

Die Bonusstation rührt daher, dass mich das deutsche Generalkonsulat vor ein paar Wochen einlud, einen Vortrag über die Zukunft der Medien vor europäischen Diplomaten zu halten. Das führte dazu, dass einige Diplomaten mich daraufhin zu ihren Empfängen einluden. Als Nichtdiplomat hatte ich dort wenig zu tun und genoss umso mehr, dass bei diesen Empfängen nur das Beste der jeweiligen Landesküche an die Gäste verfüttert wird (nur die Deutschen reichen schamhaft Wiener Schnitzelchen).

Bei einem griechischen Festmahl mit viel Blätterteig und Wein lernte ich Anna kennen. Sie, belgische Vizekonsulin, hatte schon von unserem Projekt gehört. »Bei mir war es genau umgekehrt«, erzählte sie. »Ich habe in der ganzen Stadt Wohnungen besichtigt, monatelang, bis ich mich festgelegt habe. Insgesamt über sechzig Stück! Es war ein Albtraum. Dann habe ich endlich, endlich unsere jetzige gefunden. Sucht ihr noch was für den Sommer? Mein Mann und ich werden bald ein paar Wochen wegfahren, und ich würde euch gerne unterstützen.«

Ich nickte fleißig, und ein paar Tage und E-Mails später betrat ich zum ersten Mal das Haus, in dem wir nun leben: 521 W 47th St, mitten in Hell's Kitchen, in direkter Nachbarschaft von Times Square und Broadway. Das Gebäude wirkte wie ein Fels inmitten des Blocks, hoch, grau und wuchtig. Anna hatte erwähnt, dass sie in einer ehemaligen Backfabrik wohne.

Trotz der vielen Stockwerke fand ich keinen Aufzug, sondern nur ein breites, für Lasten geschmiedetes, eisernes Treppenhaus, das über hohe Stufen hinauf in die fünfte Etage führte. Anna empfing mich in einem gigantisch hohen Wohnzimmer mit Wohnküche, das unbewohnt wirkte, aufgestellt wie für einen Katalog. »Das ist die repräsentative Etage. Hier veranstalte ich Dinner und Empfänge. Aber wir leben hauptsächlich oben.« Ich folgte ihr über eine weiß getünchte, gemauerte Wendeltreppe hinauf ins Obergeschoss.

Als Erstes sah ich die Decke, ein Kunstwerk aus Holzbalken, wie in einem Schweizer Chalet. Oben fanden wir uns in einer perfekt gemütlichen Schreibnische an einem hohen Fenster wieder – »hier arbeitet Kampon, mein Mann, er ist Übersetzer«. Links verlief sich ein Flur, mit Terrakottafliesen ausgelegt. Und direkt geradeaus lud eine offene Glastür ein, hinauszutreten auf eine ausladende Dachterrasse mit Blick über die Stadt.

Anna stellte mich ihrem Mann vor, der dort beim Feierabendbier mit zwei durchreisenden Diplomaten auf hölzernen Stühlen saß. Dann führte sie mich weiter. Wir betraten ein Bad, vom Boden bis zur Decke mit wunderschön gelb-blau gemusterten andalusischen Fliesen ausgelegt, die Armaturen vergoldet. Vom Bad führte eine zweite Tür in ein minimalistisch eingerichtetes Schlafzimmer. Ein simples Bettgestell aus Tropenholz, davor ein großer Vorhang. Anna zog den Vorhang zur Seite, und vor uns lag ein großes Kaminzimmer mit riesigem Fenster und offener Feuerstelle, getüncht in derselben weichen und mediterran-weißen Art wie das ganze Stockwerk. »Die Ausstattung hier stammt von unserem Vermieter, er ist ziemlich extravagant«, sagte Anna. »Ihr könnt das alles hier gerne nutzen – nur das Schlafzimmer nicht, das hätten wir gerne im Urzustand wieder.«

Die Mischung aus Chalet, andalusischer Villa und Penthouse wollte mir nicht in den Kopf. Nichts hier passte zusammen, war aber mit so viel Liebe zum Detail gestaltet, dass ich sofort bleiben wollte. Annas Apartment war keine Wohnung, wie ich sie kannte – vielmehr eine Alhambra in den Wolken. »Wir haben zuletzt in Thailand gelebt, und es war schwer für mich, hier etwas zu finden. Deswegen habe ich mir sechzig Wohnungen angesehen«, meinte Anna zum Abschied. »Hier fühlte ich mich sofort wohl. Es kostet mehr, als ich Wohngeld bekomme«, sie betonte das mit einem Seufzen, »deswegen bezahle ich die Differenz persönlich.« Ich stellte mir vor, wie man als Diplomat ein klein bisschen Geld für eine solche Burg bezahlte, und sagte nichts. Anna war längst am Organisieren. Schlafen sollten wir im Gästezimmer, den Schlüssel für die Wohnung bekämen wir von einer Freundin von ihr, und wir sollten auf keinen Fall die Blumen vergessen. »Die sind für Kampon das Ein und Alles! Er arbeitet von hier und übersetzt den ganzen Tag. Wenn er nicht schreibt, gärtnert er auf der Terrasse. Das hilft ihm mit seinem Heimweh.«

Nachdem ich die Alhambra verlassen hatte, fiel mir auf, dass wir gar nicht über die Miete gesprochen hatten, und schrieb Anna noch einmal. Es sei ihr eigentlich gar nicht erlaubt unterzuvermieten, schrieb sie zurück, und wegen des Geldes sollten wir dann mal sehen. Wir einigten uns auf zwei Wochen Wohnzeit, ein kurzer Zwischenstopp. Wenige Tage nach meinem Besuch zogen wir zum ersten Mal in eine Wohnung ein, ohne zu wissen, was sie uns kosten würde.

Staten Island zu verlassen tat weh. Als wir durch den Tunnel von Brooklyn nach Manhattan fuhren, meldete sich Emma von hinten mit einem leider nur zu vertrauten Husten. Sie hatte zu konzentriert ihre Lieblingsserie *Peppa Wutz* auf dem iPad gekuckt und dabei alle Kurven und Höhenunterschiede um sie herum ignoriert. Wir konnten im Tunnel nicht anhalten, und innerhalb von Sekunden kippte Emmas Gleichgewichtssinn ihren Mageninhalt über unser Gepäck und das Interieur des Mietwagens. Beim Stopp auf der anderen Seite tröstete ich uns damit, dass wir in Hell's Kitchen zum ersten Mal seit Monaten eine eigene Waschmaschine haben würden.

Als wir auf der 47. Straße ankamen, parkte ich das Auto zwischen einer Taxiwerkstatt, vor der eine Schlange gelber Autos stand, und einem Sammellager für Food Carts, aus dem kantige Typen die noch kantigeren, schweren Karren herauszerrten, um sie an eine der vielen Straßenecken in Midtown zu bringen, die rund um die Uhr Halal-Food anbieten. Ich warf einen Blick die Straße hinunter auf den dröhnenden West Side Highway. Beim ersten Besuch war mir gar nicht aufgefallen, wie nah die Stadtautobahn an der Wohnung lag. Wir schleiften das Gepäck die vielen Treppen hinauf und gingen schließlich zu dritt die geschwungene Wendeltreppe hinauf ins Penthouse. Die ganze Alhambra nur für uns! Was für ein Geschenk.

So viel Platz, so eine Aussicht, so eine Pracht. Emma und Christina strahlten. Christina warf erst mal die Waschmaschine an, Emma griff sich den Gartenschlauch und goss die Blumen, und ich zerrte die Matratze aus dem winzigen Gästezimmer hinauf in das Kaminzimmer. Von Anfang an wollte ich oben schlafen, bei offener Terrassentür, auch wenn das bedeutet, oft Wadenwickel mit Eiswasser anlegen zu müssen. Die Temperaturen im Penthouse steigern sich täglich ins Unerträgliche und lassen nachts kaum nach, wir leben quasi in einem Wok, aber die Skyline ist es wert. Man macht hier oben am bes-

ten kaum etwas anderes, als die Augen über die Palmen und den grünen Hinterhof hinweg immer höher und weiter wandern zu lassen, bis zum im Sonnenuntergang golden glänzenden Dach des World Plaza, einem der ikonischen Wolkenkratzer in der Gegend um den Times Square. Bald verfärben sich sämtliche weitere Glasfassaden in Blutorange. Ein atemberaubender Anblick. Die rötliche Sonne spiegelt sich so stark in den Fassaden, dass sogar hier, mit Blick nach Osten, die Abendsonne die Gesichter auf der Terrasse aufhellt. Das magische Licht, das so typisch ist für New York und Fotografen so sehr schätzen: Es entsteht auch durch die unendlich vielen, riesenhaften Spiegel, die in der vertikalen Stadt verteilt sind.

Die Temperaturen haben uns auch dazu gebracht, noch einmal in unsere Garage in den Rockaways zu fahren, um Wintergegen Sommerklamotten zu tauschen. In einer Ecke fanden wir dabei ein fast vergessenes Utensil: unser Planschbecken! Vor knapp einem Jahr für die illegale Terrasse in Chinatown gekauft, kommt es jetzt wieder zum Einsatz. In einem Fahrradladen durfte ich den Luftdruckschlauch an die Plastikrollen des Planschbeckens anstöpseln. Zwei Minuten später war der Laden voll; das aufgeblasene Ungetüm versperrte den Eingang, blockierte den Tresen und die ausgestellten Fahrräder gleich mit. Mit Mühe zerrte ich die Plastikwurst wieder durch die Tür hinaus und gemeinsam mit Emma und Christina über die Straße und durch das Treppenhaus hinauf bis auf die Terrasse, wo wir es seither auch als Kühlungsbecken für die Blumen verwenden. Die Tage sind so heiß, dass der Asphalt aufweicht – wie sollen wir da bloß Kampons Garten am Leben halten?

Wir schaffen es in den zwei Wochen im Wesentlichen nur zu drei Orten in der Nachbarschaft: morgens zum Café Jolly Goat, das circa fünfzehn Meter Luftlinie vom Hauseingang entfernt eiskalten Latte verkauft; abends zum Donut-Store Underwest, der die Straße hinunter im Inneren einer 24-Stunden-Autowaschanlage herrlich duftende Donuts anbietet; und am

Wochenende über den West Side Highway hinweg ans Ufer des Hudson, wo wir uns in Springbrunnen abkühlen, Tangotänzer und Yogajünger bewundern und auf eine Brise hoffen. Die Bewohner des Viertels, die uns in der schwülen Hitze begegnen, scheinen vor allem aus einer Szene zu stammen: LGBTQ. Manchmal glaube ich, wir sind die einzigen Heterosexuellen mit Kind, die überhaupt auf unserer Straße wohnen.

Ein Neighborhood-Dinner haben wir in der Hitze von Hell's Kitchen nicht geschafft. Wir haben beinahe niemanden hier kennengelernt, wir wissen fast gar nichts über des Teufels Küche. Noch nicht einmal, woher das Viertel diesen seltsamen Namen hat. Die Wirklichkeit New Yorks holt mich nur dann ein, wenn ich mich wie jetzt über das Geländer der Terrasse beuge. Dort unten, zwanzig Meter in der Tiefe, leuchten auf dem

Dach der Autowerkstatt Dutzende gelber Taxiteile. Kotflügel, Motorhauben, Auspuffstangen, ganze Türen. Es sind Ersatzteile für den rastlosen Maschinenraum der Stadt, das schnaufende, ratternde Ungetüm, das dafür sorgt, dass sich alles immer weiterdreht und nie zusammenbricht. Die Menschen da unten, unter dem Dach, reparieren New York in Echtzeit – schrauben an Taxen, biegen U-Bahn-Schienen, flicken Wasserleitungen –, damit jeden Morgen wieder alle acht Millionen aufstehen, duschen und zur Arbeit kommen können.

In seinem Essay behauptet E. B. White, es gäbe drei New Yorks: Das der hier Geborenen, das der Pendler und das der Immigranten. Letzteres macht er für die eigentliche Power der Stadt verantwortlich. Die Pendler, so sagt er, kriegen eigentlich gar nichts mit, geben der Insel aber ihre gezeitenartige Unruhe; die Einheimischen seien für das solide, kontinuierliche Element verantwortlich; und die Immigranten aus allen Ecken der Welt brächten die Leidenschaft in die Stadt.

Wir sind auf unserer Wohnreise inzwischen durch alle drei dieser Stadien gegangen. Zu Beginn waren wir die Immigranten, die mit frischem Blick, viel Naivität und grenzenloser Liebe in die Viertel drängten. Dann verloren wir unsere innere und äußere Mitte, wir wurden zu rastlosen Pendlern, die aus Bushwick, Harlem, Staten Island oder der Bronx versuchten, um Emmas Kindergarten in Chinatown herum so etwas wie eine Routine aufzubauen. Gleichzeitig waren wir gezwungen, auf viele Momente des Innehaltens, des Erlebens der eigentlichen Stadt zu verzichten. Und nun, gegen Ende unseres Wohnexperiments, in der sommerlich dampfenden Stille über den Dächern von Hell's Kitchen, vor der Silhouette der gläsernen Zahnstocher von Midtown, kommen wir zur Ruhe, spüren wir das Angekommensein, dürfen wir die Eingeborenen sein, die wir vielleicht immer sein wollten. Wir sind hier *pieces of the rock*, wir gehören zum Felsen, wenigstens für den Moment. Wir sind Teil der realen Utopie, die zu unseren Füßen Menschen aus allen Ländern der Erde versammelt, alle Konflikte dieser Welt aufeinander und übereinander stapelt – und uns dabei doch alle mit ungeheurer Toleranz miteinander leben und Geschäfte treiben lässt. Ich habe mich damit abgefunden, unseren Wohnort, unsere Liebe für New York nie ganz verstehen zu können. Aber was ich in diesem Moment auf der heißen Dachterrasse vor der nächtlichen Skyline, in diesem Augenblick sommerlichen Innehaltens, was ich jetzt gerade ganz sicher weiß, ist, dass uns diese Stadt dorthin bringt, wohin sie selbst jeden Tag drängt – einfach weil es keine andere Richtung gibt: höher hinaus.

Kurz vor dem Auszug schreibe ich Anna noch einmal: Wir hätten ihre Alhambra sehr genossen und die Pflanzen durch die Hitzewelle retten können. Und was sie denn nun an Miete im

Sinn hätte. Sie antwortet: »Ich freue mich, dass alles glatt lief und ihr euren Aufenthalt genossen habt. Beste Grüße, Anna.«

Die Enklave der Verrückten

Surf Ave, Sea Gate, Brooklyn

Christina

Die Wellen rauschen rhythmisch ans Ufer und rollen dann auf dem in der Sonne golden glitzernden Sandstrand aus. In der Ferne krächzen Möwen, eine Boje bimmelt. Es riecht nach Salz, und eine leichte Brise weht. Hin und wieder schaukelt am Horizont auf dem Meer eine Fähre vorbei oder ein Containerschiff, ab und zu auch ein riesiges Kreuzfahrtschiff – eine kleine Erinnerung daran, dass das hier zwar der Atlantik, aber immer noch der Hafen von New York ist, auch wenn es sich anfühlt wie Urlaub. Faul drehe ich mich auf meinem Handtuch unter dem Sonnenschirm um und sehe Felix und Emma zu, die einen kleinen Fußball hin und her kicken. »Schau mal, Mami«, ruft Emma und tritt fest gegen den Ball, »I'm doing it!«

Was sich anfühlt wie Urlaub, ist in Wirklichkeit der vierzehnte und, nach den zwei Wochen in Hell's Kitchen, nun wirklich letzte Stopp unseres Umzugsprojekts: Sea Gate, eine abgeschlossene und bewachte Wohnsiedlung mit rund 800 Häusern. Ganz an der südwestlichen Spitze von Brooklyn, aber immer noch Teil von New York City, auch wenn selbst viele Einheimische von dem Viertel noch nie etwas gehört haben. Als wir nach New York zogen, wussten wir noch nicht einmal, dass die Stadt überhaupt Strände hat – mehr als zwanzig Kilometer in allen Bezirken außer Manhattan, wie wir dann nach und nach gelernt haben. Viele davon sind ganz einfach mit U-Bahn oder Bus zu erreichen: Der Orchard Beach in der Bronx, auch die Bronx Riviera genannt, die Rockaways in Queens, die South Shore in Staten Island oder Coney Island und Brighton Beach in Brooklyn. Traumstrände mit Palmen, türkisfarbenem Wasser und weißem Sand sind das alles nicht, aber saubere und kostenlose Stadtstrände, wo jeder hinkommen kann.

Sea Gate ist anders. Um auf die eingemauerte Halbinsel westlich von Coney Island zu kommen, muss man eines von zwei Toren passieren, und das geht nur, wenn man dort lebt oder jemanden kennt, der dort lebt und dessen Namen und Adresse angeben kann. Um auf den Strand zu gelangen, muss man einen nicht ganz günstigen »Beach Pass« kaufen. Einmal waren Felix und ich ganz zu Anfang unserer Zeit in New York, damals noch ohne Emma, mit der U-Bahn bis Coney Island gefahren, bis zum westlichen Ende des hölzernen Boardwalk gelaufen und dann abrupt von der Mauer um Sea Gate gestoppt worden. Eines Tages, hatten wir uns damals geschworen, eines Tages kommen wir da rein.

Und eines Tages kam dann wirklich eine E-Mail. »Ich lebe in einem mystischen, magischen Land namens Sea Gate«, schrieb eine gewisse Patricia. »Ich wohne im obersten Stockwerk eines viktorianischen Holzhauses, das angeblich von dem berühmten Architekten Stanford White gebaut wurde. Hier könnt ihr die Meeresbrise, einen Privatstrand, Monarchfalter auf ihren Wanderungen, Cocktails auf der Terrasse, atemberaubende Sonnenuntergänge über dem Wasser und Grillfeste im Garten mit Hängematte genießen!« Felix rief mich sofort an, als er die E-Mail sah.

»Wir haben eine Wohnung in Sea Gate angeboten bekommen! Ist das zu fassen?«, schallte es aufgeregt aus dem Handy. Ich erinnerte mich, wie wir einst von der Mauer um Sea Gate gestoppt wurden, und sah uns schon den heißen New Yorker Sommer entspannt am Strand ver-

bringen. »Das klingt wie der perfekte Abschluss für unser Projekt, wie das Sahnehäubchen. Das machen wir.«

Einige Tage später holen wir Emma abends in Chinatown vom Kindergarten ab, fahren mit der U-Bahn nach Coney Island und von dort mit dem Bus bis vor die Tore von Sea Gate. »Wir wollen zu Patricia«, sagt Felix zu dem Polizisten, der aus einem kleinen Häuschen heraus Ein- und Ausfahrt bewacht. Auf seiner Jacke steht nicht NYPD, sondern SGPD, Sea Gate Police Department. »Alles klar«, sagt der Polizist gelangweilt und winkt uns durch. Wir sind drin. Wir haben es tatsächlich hinter die Mauern von Sea Gate geschafft. Und es war erstaunlich einfach, zumindest mit Patricias Namen als Zauberwort.

Bewachte Wohnanlagen gelten als schick und luxuriös. Sea Gate vermittelt auf den ersten Blick genau den gegenteiligen Eindruck. Hinter dem Tor ist links das klapprige Hauptquartier des SGPD, rechts ein bröckelnder geschlossener Sportclub. An der Mauer sind einige verquollene weiße Holzbalken angebracht, von denen die Farbe abblättert. »Sea Gate Community Bulletin Board« steht in großen schwarzen Buchstaben darüber, aber auf dem Schwarzen Brett des Viertels kleben nur noch alte Zettelreste.

Wir schieben Emma im Kinderwagen die Surf Avenue hinunter, vorbei an den unterschiedlichsten Häusern – manche groß und schick, manche wie Bungalows, manche zerfallend. Ein paar Autos fahren an uns vorbei, aber den Bürgersteig haben wir für uns alleine, was in Manhattan egal zu welcher Tag- oder Nachtzeit nicht vorkommt. »Schau mal, hoffentlich ist es das Haus«, sage ich zu Felix und zeige auf eine verwunschen aussehende dreistöckige braune Holzvilla mit Veranda, Türmchen und hohen Bäumen im Garten. Felix öffnet Google Maps und vergleicht die Adressen. »Das ist es.« Am mit Muscheln und Treibholz verzierten Seiteneingang drücken wir auf die Klingel mit der Aufschrift »Apt. 3« und hören kurz danach eine Stimme von oben rufen. »Hi! Kommt hoch!«

Patricia ist blond, kräftig und ansteckend fröhlich. »Habt ihr gut hierher gefunden? Ist das nicht das un-new-yorkigste Haus aller Zeiten? Ich wohne schon seit elf Jahren hier. Davor habe ich zwanzig Jahre in Park Slope gewohnt, aber dann hat mein Vermieter die Miete drastisch erhöht, und ich musste raus. Danach habe ich mir unendlich viele schreckliche Wohnungen angeschaut. Irgendwann habe ich dann »Meer« bei Craigslist eingegeben, und das hier ist angezeigt worden. Ich bin hergefahren, sah das Haus und dachte nur: Bitte, lass es dieses sein.« Felix und ich schauen uns an und müssen grinsen. »Das kommt uns bekannt vor«, sagt Felix.

Patricia zeigt uns die Wohnung, die das gesamte oberste Stockwerk des Holzhauses einnimmt: Zwei Schlafzimmer, ein Bad mit weißer Wanne auf Löwenfüßen, eine große Küche mit Holzbalkon, Liegestuhl und Blick in den Garten. Überall Fenster, durch die die letzten Sonnenstrahlen des Tages fallen. Plüschiger Teppichboden und auch hier an den Wänden und auf den Möbeln überall Muscheln, Treibholz und andere Meeresfundstücke. Und dann der Höhepunkt: ein rundes Turmzimmer mit Sofa, vielen Kissen und aus dem Fenster Blick auf das Meer, den Leuchtturm von Sea Gate und die Verrazano-Narrows-Brücke mit der untergehenden Sonne dahinter. Wenn man sich auf die Kissen legt und ganz leise ist, kann man das Meer sogar rauschen hören. »Wow«, sage ich. »Das ist der gemütlichste Raum, in dem ich je war.« Patricia lacht. »Ja, es ist wie in einem Kokon. Wahnsinnig gemütlich, vor allem im Winter, wenn draußen die Stürme hereinrollen. Dann ist es meditativ, fast wie Therapie. Ich habe Freunde, die rufen mich an und sagen: ›Ich muss mal wieder in dein rundes Zimmer.‹ Und ich sage dann: ›Das verstehe ich, komm rüber!‹«

Sie stamme ursprünglich aus Pennsylvania, arbeite als Schwimmlehrerin und am Set von Film- oder Fotoshoots, wo sie sich um die beteiligten Babys und Kinder kümmere, erzählt uns Patricia. Vor allem aber sei sie leidenschaftliche Freiwasserschwimmerin und Meeresaktivistin. »Da draußen, das ist mein Trainingsgebiet. Gerade gestern habe ich mich wieder für ein Zehn-Meilen-Schwimmen angemeldet. Ich schwimme das ganze

Jahr über im Meer. Vor einigen Jahren bin ich im Beagle-Kanal zwischen Argentinien und Chile hin- und zurückgeschwommen, das hatte vor mir noch nie jemand gemacht. Es war ganz schön kalt. Als ich nach Sea Gate gezogen bin, waren die Strände hier alle noch ekelhaft dreckig, voller zerbrochenem Glas und Spritzen und voller Menschen, die getrunken und gegrillt haben. Niemand hat kontrolliert. Heute sind die Strände sauber – und das Wasser ist auch viel sauberer, sodass sogar die Meerestiere zurückgekommen sind. Um darauf aufmerksam zu machen und ihren Schutz zu fordern, bin ich von hier nach New Jersey geschwommen, das hatte vor mir auch noch nie jemand gemacht. Und dann bin ich wirklich einem Buckelwal begegnet! Ich habe ihn leider nicht gesehen, aber die Leute auf meinem Begleitboot haben zu mir rübergeschrien. Mir war schon klar, dass ich mich im Revier großer Tiere befinde, es gibt hier in den Gewässern Wale und auch Haie. Ich konnte die Köderfische schmecken.«
Felix und ich starren Patricia wie gebannt an und bekommen unsere Münder vor Staunen kaum wieder zu. Nur Emma schaut unbeeindruckt auf meinem Handy ihre Lieblingscartoonserie weiter.

»Wie auch immer«, fährt Patricia fröhlich fort, »das alles ist ziemlich anstrengend, und im Sommer brauche ich mal eine Pause. Ich weiß noch gar nicht genau, was ich machen werde, wahrscheinlich Freunde besuchen, aber auf jeden Fall bin ich weg, und ihr könnt die Wohnung haben. Es wird euch gefallen, im Sommer ist es hier immer ein bisschen kühler als in Manhattan und sehr angenehm – grün, ruhig, aber trotzdem noch in Brooklyn.« Mir war vor unserem Besuch schon klar, dass ich in Sea Gate wohnen will, aber jetzt bin ich völlig begeistert und sehe Felix an, dass es ihm genauso geht. »Wir sind dabei!«

»Wenn man in Sea Gate wohnt, muss man allerdings immer ein bisschen planen, vor allem wenn man kein Auto hat«, sagt Patricia. »Innerhalb der Mauer gibt es keinerlei Infrastruktur. Es gab wohl mal eine Fähre nach Manhattan und eine Straßenbahn, aber das ist alles lang vorbei. Es gibt auch keinerlei Läden mehr in Sea Gate, kein einziges Geschäft. Manche Restaurants liefern hierhin, aber das dauert ewig. Draußen vor den Toren gibt es dafür alles – einen Supermarkt, die beste Pizza New Yorks bei Totonno's und einen großartigen Laden für Alkohol, zu dem ich jetzt sowieso gleich noch fahren wollte, ich habe nämlich keinen Wein mehr da. Soll ich euch gleich mitnehmen und bei der U-Bahn-Haltestelle absetzen?« Auch wenn wir nur ungern das gemütliche runde Zimmer verlassen, stimmen wir zu.

»Sea Gate ist eine ziemlich merkwürdige, bewachte Wohnanlage«, erzählt Patricia weiter, während wir uns auf den Weg machen. »Es gibt zwar eine Gemeindeversammlung, die Regeln aufsetzt, aber die werden nur sehr locker befolgt. Es kann jeder hierhin ziehen, da braucht man keine Genehmigung. Auch das mit der Sicherheit ist ein bisschen albern und vorgetäuscht. Klar, es gibt einen Zaun und Mauern rundum, aber am Strand beispielsweise ist der Sand wegen der Erosion längst höher als der Zaun, und man kann einfach drüberspazieren, das merkt keiner. Viele Menschen hier sind komplett verrückt, ihr werdet mehr Exzentriker treffen als irgendwo sonst auf der Welt, das garantiere ich euch. Und mir gefällt das. Meine Vermieter zum Beispiel, Billie und Bob. Sie leben im Erdgeschoss und verdienen Geld, indem sie bunte Perlen herstellen. Sie sind völlig verrückt, aber auch wahnsinnig nett.« Wir steigen in Patricias Auto ein und fahren durch das Tor wieder aus Sea Gate heraus. »Ich sage gerne, dass ich aus Sea Gate bin, aber ich kann das nur außerhalb der Tore sagen – für die Menschen in Sea Gate ist man nur dann ein echter Sea Gater, wenn man auch dort geboren ist. In die Gegend hier, nach Coney Island und Sea Gate, ist in den vergangenen Jahren ziemlich viel Geld geflossen, aber Gentrifizierung ist das noch lange nicht. Gerade der an Sea Gate grenzende Teil von Coney Island ist immer noch ziemlich arm und auch nicht ganz ungefährlich. Hipster gibt es hier definitiv noch keine.« An der U-Bahn-Haltestelle in Coney Island setzt Patricia uns ab. Wir kaufen Emma an einer Strandbude noch einen Hotdog und machen uns auf den langen Weg zurück nach Manhattan, völlig überfrachtet von Eindrücken, wie so oft nach einem ersten Besuch bei einem unserer Gastgeber.

Einige Wochen später, nach dem Zwischenstopp im heißen Hell's Kitchen, beginnt unser Sea-Gate-Sommer. Nach langem Überlegen haben wir für die Zeit ein Auto gemietet – wir haben zu viel Respekt davor, komplett abgeschottet zu sein. Meine Cousine Caro und ihr Freund Nico haben ihren Besuch angekündigt und ziehen in das zweite Schlafzimmer. Nico und Emma spielen vor dem bröckelnden Sportclub Basketball, wir verbringen die Vormittage auf dem Holzbalkon, die Nachmittage nach  der Arbeit am Strand und fahren nur nach Manhattan, wenn es absolut notwendig ist. Emma hat Kindergartenferien. Wir laufen über den Boardwalk nach Coney Island und machen Yoga am Meer, wir fahren Achterbahn im Freizeitpark von Coney Island, spazieren die wenigen Straßen von Sea Gate ab, und Emma testet die zwei kleinen Spielplätze des Viertels. Wir treffen auf orthodoxe Juden, die uns ignorieren, und Russen, die uns automatisch auf Russisch ansprechen und verwundert schauen, wenn wir nicht antworten können. Wir fahren morgens zehn Minuten mit dem Mietauto zum Starbucks nach Coney Island, weil es dort den einzigen Cappuccino weit und breit gibt, und essen abends vor allem bei Totonno's. Wir schwelgen in Salzgeruch vom Meer, angenehmen Temperaturen und frischer Brise und können kaum glauben, wie gut es uns geht, im »mystischen und magischen Land namens Sea Gate«, wo der Hochsommer, der im Rest von New York schwül-heiß, drückend und anstrengend ist, ein einziger Urlaubsgenuss zu sein scheint.

In all das Wohlfühlen hinein drängt sich von Tag zu Tag stärker ein anderes Gefühl: Nostalgie. dreizehn Monate, vierzehn Stadtviertel, eine Achterbahnfahrt durch New York, eine Schnapsidee, die zum Herzensprojekt wurde, steht kurz vor dem Ende, und der letzte Abend kommt wie immer schneller als gedacht. Morgen fliegen wir nach Deutschland, ein Monat Pause, Sammeln, Nachdenken. Aber für den letzten Abend haben wir noch mal ein allerletztes Neighborhood-Dinner angesetzt, und in unserer großen Küchenoase wird es voll.

»Ich wollte schon immer mal nach Sea Gate«, sagt unsere Freundin Yelena. Sie ist in Brighton Beach aufgewachsen, auf der anderen Seite von Coney Island. »Das ist eine eigene kleine verrückte, russische Welt. Zusammen mit meiner Mutter bin ich von dort aus immer über den Boardwalk bis zur Mauer von Sea Gate gelaufen. ›Das Leben muss gut sein, dort auf der anderen Seite‹, haben wir dann immer gesagt. ›Schau dir die bunten Zelte am Strand an, die haben es richtig gut.‹ Aber rein konnten wir natürlich nie, wir sind dann umgedreht und zurückgelaufen.«

Billie, die grau gelockte Besitzerin unseres Hauses, lacht schallend auf. »Ja, das denkt man von außen! Aber jetzt, wo du hier bist, siehst du ja, wie es wirklich ist – alles andere als schick. Das war hier mal ein edles Seebad, so wie die Hamptons auf Long Island es jetzt sind. 1899 wurde Sea Gate zur bewachten Wohnanlage, es gab einen Yacht Club, einen Eissalon. Reiche Familien hatten hier ihre Sommerhäuser und sind per Fähre nach Manhattan gefahren. Es kamen auch viele Künstler. Im Nachbarhaus ist George Gershwin aufgetreten, im Gemeindezentrum Pete Seeger. Es war Avantgarde! Das war wahrscheinlich die beste Zeit hier in Sea Gate, damals gab es auch noch einen Gemeinschaftssinn, danach ging alles den Bach runter.« Billies Ehemann Bob fällt ihr ins Wort. »Heute leben hier vor allem Russen und zwei verschiedene und miteinander verfeindete Sekten orthodoxer Juden. Viele bekommen Sozialhilfe – es entspricht also wirklich überhaupt nicht dem Klischee der schicken bewachten Wohnanlage. Die orthodoxen Juden versuchen immer wieder, hier die Kontrolle zu übernehmen, sie wollen beispielsweise ihren eigenen Strand oder dass hier niemand samstags Auto fahren darf. Aber sie scheitern immer wieder vor Gericht.« Billie unterbricht und spinnt den Faden ihres Mannes weiter. »Ansonsten passiert hier sehr wenig, auch die Kriminalitätsrate ist sehr gering. Ein bisschen was gibt es schon, vielleicht auch mal einen Mord – es ist schließlich immer noch New York.« Billie hält kurz inne, dann lacht sie wieder schallend. »Aber an Regeln halten sich die Menschen hier viel weniger als draußen, in der echten Welt. Das würde man von einer bewachten Wohnanlage nicht denken, ich weiß. Aber die Menschen hier kennen die paar Polizisten von Sea Gate eben persönlich, und die schauen dann auch schnell mal weg, wenn man beispielsweise falsch parkt oder die Häufchen von seinem Hund nicht wegmacht.«

Das 1889 gebaute verwunschene Holzhaus haben Billies aus Russland eingewanderte Urgroßeltern einst einem Richter abgekauft. »Sie haben dann lange hier gewohnt, zusammen mit zwei Brüdern meines Urgroßvaters. Jeder hatte ein Stockwerk. Bob und ich haben uns in den Achtzigern am Whitney Museum kennengelernt, wir haben beide Kunst studiert. Am Wochenende haben wir zusammen meinen Großvater in Sea Gate besucht. Er starb 1987 und hat mir und meinen zwei Schwestern das Haus vererbt. Bob und ich sind dann hier eingezogen. Wir lieben es hier, man ist am Meer und in der Natur, aber trotzdem in der Großstadt. Am liebsten gehen wir mitten auf der Straße spazieren – einfach, weil wir es hier können. Aber es ist nicht immer einfach. Neben den normalen Steuern muss man auch Sea-Gate-Steuern bezahlen, das können wir uns nur leisten, weil wir die zwei oberen Stockwerke unseres Hauses vermieten. Und wir sind natürlich nah am Meer – im Hurrikangebiet. Sandy, der Wirbelsturm 2012, hat das Viertel schwer beschädigt. Wir hatten Glück, dass wir nur im Keller Wasser hatten, nicht in der Wohnung, aber wir hatten auch monatelang keine Heizung und keinen Strom. Viele hier haben jetzt neu gebaut und sich teuer versichert. Der nächste Hurrikan kommt auf jeden Fall. Die Zukunft sieht nicht rosig aus für kleine Strandorte wie Sea Gate.«

Ihr Hippieleben finanzieren sich Billie und Bob neben den Mieteinnahmen durch den Verkauf selbst gemachter bunter und glitzernder Perlen und Objekte, wie Sparschweine, Weihnachtsbaumanhänger oder Herzen. »Das machen wir alles aus Fimo – kennt ihr das?«, fragt Bob, und als er uns verwundert nicken sieht, sagt er: »Stimmt, das kommt ja auch aus Deutschland.

281

Ich wollte schon immer mal nach Deutschland reisen und sehen, wo Fimo hergestellt wird. Es gibt auch eine amerikanische Version, aber die ist zu weich.« Die kleinen, in ihrer Wohnung in Sea Gate hergestellten Fimo-Kunstwerke verkaufen Billie und Bob in die ganze Welt und bei so edlen Kaufhäusern wie Barneys an der Madison Avenue in Manhattan. »Wir leben und arbeiten seit Jahrzehnten zusammen hier unten in der Wohnung«, sagt Billie.

»Glücklicherweise verstehen wir uns sehr gut. Die meisten Menschen könnten das wahrscheinlich so nicht.« Bob ist währenddessen kurz verschwunden und taucht mit ein paar bunten Glitzerperlen wieder auf. »Sucht euch alle eine aus«, sagt er und reicht die Perlen herum. »Jetzt haben wir auch Partygeschenke für die Gäste«, jubelt Billie und bricht wieder in ihr schallendes Lachen aus. »Jetzt ist es eine richtige Party.« Mit Bier von der Brauerei in Coney Island stoßen wir ein letztes Mal alle zusammen an. »Auf euch«, sagt Billie, »auf euer großartiges Projekt, auf euren letzten Abend und auf viele neue großartige Projekte! Und auf Sea Gate – wo die Mauern dazu da sind, damit Verrückte wie wir nicht rauskommen!«

Vierzehnmal umziehen – und dann?

West 78th St, Upper West Side, Manhattan

Christina & Felix

Es ist der Tag nach dem Dinner in Sea Gate, wir sitzen im Flugzeug nach Deutschland, und uns brummt der Kopf – vom Coney-Island-Bier, aber vor allem von diesem Wirbelsturmjahr, das nun hinter uns liegt. Dreizehn Monate, vierzehn Stadtviertel – alle mit ihren ganz eigenen Farben und ihrem ganz eigenen Sound, Dutzende Menschen, die wir kennengelernt haben und die uns ans Herz gewachsen sind, ein neuer Kindergarten und damit auch eine ganz neue chinesische Alltagswelt und unendlich viele Eindrücke, Erfahrungen, Erkenntnisse und Erlebnisse. Eine Mischung aus Erschöpfung, Stolz und Freude darüber, es allen Warnungen von Familie und Freunden in Deutschland zum Trotz geschafft zu haben, aus einer Schnapsidee ein Erfolgsprojekt zu machen. Nostalgie, dass es vorbei ist, und Unsicherheit darüber, was nun als Nächstes kommt. Vierzehn Mal umziehen – und dann? Wie verarbeiten wir so ein Jahr? Wo werden wir landen? Und was bleibt von dem Projekt? All diese Fragen schwirren in unseren Köpfen herum, während uns das Flugzeug über dem Atlantik in den Schlaf schaukelt. Erst mal ausruhen, erst mal ein bisschen Deutschland mit Familie und Freunden genießen, Urlaub machen, Perspektive gewinnen, Kraft tanken.

Ein bisschen ungewohnt fühlt es sich an, nur mit dem Nötigsten in unseren Koffern und so ganz ohne New Yorker Wohnung in Deutschland zu sein – aber irgendwie auch befreiend. Und wir sparen Geld, denn zum ersten Mal stecken wir während eines Deutschlandaufenthalts nicht in einem teuren New Yorker Mietvertrag. Überhaupt: Zeit für einen Kassensturz! Alles begann schließlich mit einer Mieterhöhung über 400 Dollar, die wir nicht akzeptierten und damit aus der Wohnung in Park Slope flogen. Aber haben wir durch unser Umzugsjahr Geld gespart? Oder haben uns die vielen attraktiven Wohnungsangebote dazu verleitet, am Ende doch mehr auszugeben? Gute Buchhalter waren wir beide noch nie, und auf unseren Konten war – vielleicht auch deshalb – auch noch nie besonders viel. Aber unsere materiellen Ansprüche waren eben auch noch nie besonders hoch. Hauptsache das Geld reicht, neben allem was sein muss, um nicht knauserig zu sein – gegenüber anderen und uns selbst. Während des Umziehens blieb uns meist gar keine Zeit fürs Buchhalten. Die größte Sorge war, an jedem Monatsersten, am nächsten Monatsersten wieder ein Dach über dem Kopf zu haben. Dabei lernten wir, dass Kurzzeitwohnen, sogar in angeblich weniger attraktiven Stadtteilen New Yorks, stets teurer ist als eine längerfristge Miete. Aber wir wohnten eben auch für Monate umsonst: bei Amol in Long Island City und bei Anna in Hell's Kitchen. Als wir die Summen nun überschlagen, stellt sich heraus: Insgesamt haben wir ungefähr genau so viel bezahlt, als wären wir in Park Slope geblieben – ohne Mieterhöhung. Ein bisschen war es, als hätten wir nach dem berühmten Spruch von Karl Lagerfeld gelebt: »Man muss das Geld zum Fenster hinauswerfen, damit es zur Tür wieder reinkommt.«

Schritt für Schritt versuchen wir nun, unser Leben neu zu ordnen. Für den Herbst ergibt sich schneller als gedacht eine

Übergangslösung. Kate, unsere Vermieterin aus dem East Village, bietet uns noch einmal an, in ihre Wohnung dort zurückzukehren – am liebsten langfristig. Das wollen wir nicht zusagen, so schnell sind wir noch nicht wieder bereit, uns fest zu binden. Wir einigen uns auf eine monatlich kündbare Regelung. Die Wohnung ist zwar nach wie vor ein bisschen schrottig und vollgestopft, aber die Lage, fünfzehn Minuten zu Fuß vom Kindergarten entfernt, ist schwer schlagbar. Und es ist ein großes Geschenk, sich nicht gleich wieder für ein Jahr festlegen zu müssen. Gleichzeitig trudeln immer mehr Anfragen von Medien ein. Eine Fernsehproduktionsfirma möchte gar, dass wir weiter umziehen und uns dabei begleiten. Nach wie vor überrascht uns das große Interesse an unserer Schnapsidee – aber gleichzeitig auch unsere eigene Naivität: Dass wir als ausgebildete Journalisten lange selbst nicht erkannt haben, dass unser Stadtnomadentum und das dabei Erlebte medial so interessant sein könnten. In den vielen Interviews tauchen immer wieder dieselben zwei Fragen auf: Wo hat es euch am besten gefallen? Und: Was habt ihr gelernt? Auf beides hatten wir lange nicht wirklich eine Antwort. Aber die vielen Fragen zwingen uns schließlich, die Gedanken in unseren brummenden Köpfen zu ordnen, zu diskutieren und in eine Handvoll Lektionen zu sortieren:

1. Sei bereit, dich zu trennen!

Ob unsere Betten, kistenweise Küchenutensilien oder bergeweise Klamotten – es hat uns selbst überrascht, wie gut es sich anfühlt, Dinge loszuwerden. Radikales Ausmisten ist wunderbar befreiend. Auf das Nötigste zu reduzieren war für uns ein langer Prozess, aber am Ende des Jahres zogen wir wirklich nur noch mit drei Koffern und Emmas Spielzeugkiste um. Darin hauptsächlich: die wichtigsten persönlichen Dokumente, Laptop sowie einige Basisklamotten und ein Paar Schuhe. Sicher gab es Tage, an denen wir uns das ein oder andere Kleidungsstück mehr gewünscht hätten und von dem immer gleichen Paar Schuhe gelangweilt waren – aber meistens überwog schlicht die Freude über die einfachen Entscheidungen morgens beim Anziehen.

Minimalismus ist sicher nichts für jeden – aber mal zu überlegen, was man in seiner Wohnung eigentlich wirklich braucht und benutzt und was vielleicht doch nur rumsteht und wegkann, tut gut.»Für jemand, der vierzig Jahre im selben Haus wohnt, ist das so eigentlich nicht denkbar«, sagt Felix' Mutter, als wir sie darauf ansprechen.»Aber dass es geht, sieht man ja, und dass es gut geht, sieht man auch. Ich habe es zweimal vor Ort mit euch miterlebt, mit wie wenig Gepäck man auskommt, dass man eben nicht sieben Kleiderkoffer mitnehmen muss, sondern dass einer reicht, und dass ein Spielzeugkistchen fürs Kind auch reicht.«

2. Mach es dir schön!

Allem Minimalismus zum Trotz: Glücksmomente, auch materielle, müssen sein! Für uns war das zum Beispiel die Zeitung am Morgen, geliefert in fast alle vierzehn Stadtteile (an Sea Gate verzweifelte der Aboservice der *New York Times* schließlich). Frische Blumen auf dem gemieteten Küchentisch. Der Roman, der einen im Buchladen anlacht – und anders als früher nach dem Lesen gleich verschenkt und nicht auf ewiges Verstauben ins Regal gestellt wird. Oder auch mal ein neues Paar Schuhe. Dafür fliegt dann vielleicht das alte aus dem Koffer raus – und das bringt auch wieder einen Glücksmoment mit sich.

3. Kenne deinen Wohntyp!

All das Umziehen durch möblierte Wohnungen von fremden Menschen hatte für uns auch viel mit Befriedigung von Neugier und Voyeurismus zu tun – gerade in einer Stadt, in der man so unterschiedlich wohnen kann wie in New York. Von»real estate porn«, Immobilienpornos, sprechen die Menschen hier gerne, und das trifft es ziemlich genau. Nach all der Umzieherei glauben wir, eine Art ganz grobe Grunddichotomie des Wohnens herausgefiltert zu haben: nach drinnen oder nach draußen. Die Menschen, die sich gerne mit vielen Dingen umgeben, die Geborgenheit vermitteln, von Kissen über Bilder bis hin zu Mandalas, die eher die Vorhänge zulassen und Ruhe suchen, nannten wir Nach-drinnen-Wohner. Zu den Nach-draußen-Wohnern zählten wir die, die Leben vor den großen Fenstern wollen, die viel Licht hereinlassen, wenig Möbel und Dekoration schätzen, die nicht so gerne alleine sind und Lärm und Gäste um sich brauchen. Wir verstanden, dass wir zu Letzteren gehören und dass wir uns in den Wohnungen der anderen immer ein wenig gehemmt fühlen. Damit die eigene Wohnung eine echte Oase ist, was gerade in einer oft lauten und anstrengenden Stadt wie New York – auch das eine schmerzhaft gelernte Lektion – extrem wichtig sein kann, muss man seinen Wohntyp kennen und leben. Dann kann man sich auch in einer fremden Wohnung sofort zu Hause fühlen und nicht nur dort, wo man von Dingen umgeben ist, die man kennt und die einem vertraut sind.

4. Sprich mit den Menschen um dich herum!

Die Neighborhood-Dinner waren die vielleicht beste Idee unserer Wohnreise durch die Stadt. Ohne diese Einladungen wäre viel nicht passiert: Wir hätten zum Beispiel vielleicht immer noch keinen Kindergarten für Emma und wir hätten definitiv viele Menschen, die uns seitdem eng ans Herz gewachsen sind, nicht kennengelernt. All die Nachbarn und Menschen aus den Vierteln, die – oft ohne uns vorher zu kennen – vorbeikamen und uns ihr Herz ausschütteten wie Debbie und Ed aus dem Chelsea Hotel, Noëlle mit ihrem Buchladenprojekt in der Bronx oder Ula und Peter aus dem kleinen Häuschen in Dumbo. Wir stellten zu Beginn immer nur eine Frage: »What's your neighborhood story?« Der Rest lief von selbst, die Abende wurden lang und oft hoch emotional. Nachbarn und Menschen, die in der Gegend wohnen, einfach mal einzuladen, mag erst mal Überwindung kosten, wirkt aber Wunder. Frage sie nach ihrer Geschichte – und die Stimmung in deinem Haus und auf deiner Straße wird sich verändern. Die Emotionalität unserer so entstandenen Begegnungen hatte immer auch viel mit der Gentrifizierung zu tun: dem rapiden Wandel von arm zu reich, der so viele Städte weltweit erfasst hat und Gutes und Schlechtes mit sich bringt. Wir wussten anfangs nicht viel darüber, stießen dann aber in jedem Viertel wieder auf das Thema, jeweils in einer anderen Version und Geschwindigkeit. In einigen Vierteln, in denen wir lebten, sorgt die Gentrifizierung für viel Leid: Arme Menschen und Minderheiten werden aus ihrem Wohnraum verdrängt, häufig mies betrogen und gewaltsam versetzt. Rechte haben sie kaum, und die Gerichte kommen mit der Bearbeitung der unzähligen Klagen nicht nach. Die Mieten steigen bei all dem unerbittlich weiter an. In anderen Vierteln, in denen wir unterkamen, wurde uns bewusst, dass diese heute viel sicherer, schöner und besser öffentlich angebunden sind als noch vor ein paar Jahren. Dass wir uns so wohlfühlen dort, genau weil sie gentrifiziert sind. Sind wir dadurch nun selbst zu Gentrifizierern geworden? Oder waren wir es vielleicht sowieso schon immer? Das Ganze ist ein komplexes Thema, und kein Stadtbewohner kommt heute darum herum, sich damit zu beschäftigen. Vielleicht ist deswegen ein guter Weg, mit dem rapiden Wandel des eigenen Viertels umzugehen, mit allen Nachbarn immer wieder zu reden – und wenn es sein muss, auch zu streiten.

5. Verlasse deine Komfortzone!

Schön war jedes Viertel auf seine eigene Weise. Die Upper West Side mit dem Central Park oder Dumbo mit seiner dramatischen Aussicht über zwei Brücken auf das Hochhauspanorama der Südspitze Manhattans sind natürlich beide wahnsinnig beeindruckend. Aber um das zu lernen, muss man nicht vierzehnmal umziehen.

Welches war also am schönsten? Am tiefsten ins Gedächtnis eingegraben haben sich uns vor allem die Viertel, die uns am meisten überrascht haben. Die wir vorher kaum kannten, für eher abgelegen und weniger schön hielten und wo wir eigentlich nicht unbedingt wohnen wollten. Die Bronx und Staten Island schoben wir zum Beispiel monatelang vor uns her – und wollten dann kaum mehr weg. Auch in New York bleiben die meisten Menschen gerne in ihren Komfortzonen, aber das wirklich Spannende passiert außerhalb davon. Um die Komfortzone zu verlassen, muss man natürlich nicht gleich umziehen, man kann auch viel kleiner anfangen: Jedes Lokal und jeden Laden auf der eigenen Straße einmal ausprobieren vielleicht? Oder einfach mal eine Woche lang jeden Tag einen anderen Weg von der Arbeit nach Hause nehmen? Die Komfortzone zu verlassen kostet immer Überwindung und führt natürlich nicht immer nur zu schönen Erlebnissen – aber wenn, dann sind sie so richtig schön.

6. Folge deinen Schnapsideen!

Nach dreizehn Monaten in vierzehn Stadtvierteln ist das für uns die wahrscheinlich wichtigste Lektion: einfach machen. Natürlich war die Idee kompletter Irrsinn, und natürlich gab es viele Leute, die uns das immer wieder gesagt haben – und selbstverständlich recht hatten. Aber für uns hat sich die Idee trotzdem von Anfang an irgendwie richtig angefühlt, und das ist es, was zählt. Wenn man von etwas, aus was für einem Grund auch immer, wirklich überzeugt ist, dann sollte man an sich und seine Idee glauben und es einfach machen – oder ausprobieren. Scheitern ist immer möglich, aber dann hat man es zumindest versucht. Natürlich haben wir leicht reden. Wir haben ja eine feste Homebase mit unseren Familien in Deutschland und wissen, dass wir im Notfall jederzeit darauf zurückfallen könnten. Und auf unseren Konten ist nie viel Geld, aber für ein paar Nächte im Hotel oder einen kleinen Roadtrip würde es notfalls immer reichen. Das ist ein Privileg, für das wir jeden Tag dankbar sind – und wer weiß, ob wir das Projekt ohne dieses Sicherheitsnetz überhaupt angefangen hätten. Als deutsche Expats unterscheidet uns viel von den Amerikanern in New York. Wir haben wenig bis gar keine Schulden von unserer Ausbildung, wir haben eine Krankenversicherung, um deren Absicherung wir keine Angst haben müssen, und wir kommen aus einem der reichsten und sattesten Länder der Welt. Wir haben immer einen Plan B in der Hinterhand, können das Leben immer ein wenig leichter angehen. Umso erstaunlicher ist, wie viele amerikanische Freunde uns mit derart großem Enthusiasmus unterstützt und immer wieder ermutigt haben. Deutsche, so wirkt es manchmal, sorgen sich vor allem darum, etwas zu verlieren – Amerikaner schauen vor allem, wie sie etwas dazugewinnen können. Deutsche scheuen das Risiko, Amerikaner lieben es – für sich selbst, aber sehen auch gerne, wenn andere neues Territorium betreten und dabei erfolgreich sind. Anstelle von Neid bedeutet der Erfolg von anderen: Das kann ich (vielleicht) auch! Der Ausdruck »good for you« hat im Deutschen, »schön für dich«, nicht ohne Grund eine deutlich negativere Konnotation.

Aber egal von welcher Ausgangslage man startet: Einen ersten Schritt kann jeder machen. In unserem Fall wurden unsere größten deutschen Kritiker – unsere Eltern – schließlich zu unseren begeistertsten Unterstützern. »Was ich nach und nach besser verstanden habe, ist der Kommunikationsaspekt, den habe ich am Anfang gar nicht gesehen«, sagt Christinas Vater als wir unsere Eltern zum Abschluss des Projekts noch einmal ausgiebig zu ihrem Fazit befragen. »Vor allem die Idee dieser Neighborhood-Dinners, die finde ich großartig.« Felix' Mutter fällt ihm ins Wort. »Ja, das zu erleben war für mich auch toll – ich war ja bei dem sehr politischen und diskussionsfreudigen Essen in der

Bronx dabei, und das fand ich spannend und eigentlich auch nachahmenswert.« Das ganze Projekt sei ein »work in progress« gewesen, vermutet Christinas Mutter. »Vielleicht habt ihr auch genau diesen Prozess lieb gewonnen, und das hat euch dann entschädigt für andere Dinge, die ihr billigend in Kauf genommen habt. Ich konnte mir nicht vorstellen, dass man einen Ort, an dem man lebt, besser kennenlernt, indem man ständig umzieht. Aber ihr kennt jetzt Dinge von New York, die haben wir in unseren ganzen drei Jahren dort nie gesehen. Und wir haben ja auch davon profitiert, was ihr erlebt habt.« Christinas Vater nickt und ergänzt lachend. »Klar, wir laufen jetzt natürlich stolz durch Berlin und erzählen, was wir für Kinder haben.«

Von manchen Freunden und Bekannten hören wir, dass sie sich von unserer Schnapsidee haben inspirieren lassen. »Ich wohne jetzt seit fünf Jahren in derselben Bude und kenne meinen Weg zur Arbeit mit dem Fahrrad in- und auswendig, das langweilt mich«, erzählt beispielsweise eine Bekannte. »Als ich von eurem Projekt gehört habe, habe ich mir überlegt, im Sommer für drei Wochen in die Wohnung einer Freundin zu ziehen, wenn sie selbst im Urlaub ist.« Eine andere Bekannte will drei Wochen Urlaub in New York machen und mietet sich, nachdem sie von unseren Umzügen gehört hat, jeweils für ein paar Tage in eine andere Bleibe in einem anderen Stadtteil ein. Und als wir auf einer Party in New York von unserer Umzieherei berichten, fragt eine Frau: »Wo kann man das buchen? Ich bin gerade nach New York gezogen und will das auch machen!« Unsere Schnapsidee, so stellt sich immer öfter heraus, war vielleicht die beste, die wir je hatten.

Nachdem wir all das für uns sortiert haben, herrscht in unseren Köpfen wieder ein bisschen mehr Ordnung. Und eines ist uns definitiv klar geworden: Ob in Koffern oder mit einem festen Mietvertrag – diese Stadt ist für uns eine Reise, die nie zu Ende geht. Aber jetzt müssen wir auch noch Ordnung in unseren Alltag bringen, und dabei wollen wir all das, was wir gelernt haben, über uns selbst und über die Stadt, in unserem Leben behalten. Das stellt sich als gar nicht so einfach heraus.

Die Wohnung im East Village geht uns zunehmend auf die Nerven; eigentlich immer dann, wenn wir uns nicht gerade darüber freuen, wie nah es zum Kindergarten ist. Sie ist alt, eng, vollgestopft und nicht wirklich etwas für Nach-draußen-Wohner. Außerdem wird es Winter, und die Heizung funktioniert nicht wirklich. Als Christina nach Weihnachten erst mal alleine zurück nach New York kommt – Felix und Emma sind noch ein bisschen bei der Familie in Deutschland geblieben –, ist es in der Wohnung so kalt, dass sogar die Zahnpasta in der Tube gefroren ist. Schlafen geht nur in sämtlichen Klamotten aus dem Koffer und mit allen Decken der Wohnung, bis die lahme Elektroheizung nach Tagen endlich etwas Wärme verbreitet hat. So kann es nicht weitergehen, entscheiden wir – und fangen wieder an, intensiv unseren Lieblingsimmobilien-Newsletter zu studieren. Eigentlich gefällt uns die Gegend rund um das East Village, die Lower East Side und Chinatown gut, aber alles, was wir sehen, ist viel zu teuer.

Schließlich entdecken wir ein Angebot auf der Upper West Side: Zwei Schlafzimmer, zwei Badezimmer, Dachterrasse mit Blick auf die Skyline von Midtown, die Fotos sehen unglaublich aus. Felix reagiert sofort, und noch am selben Abend stehen wir auf der Dachterrasse auf der Upper West Side und schauen zu, wie die Spitze des Empire State Buildings ihre Farben wechselt. »Ist es nicht wahnsinnig schön hier oben?«, fragt Charlotte, die momentan noch in der Wohnung lebt. »Ich war immer so gerne hier, und ich will eigentlich gar nicht weg, aber ich muss. Ich habe meinen Job verloren und muss zurück nach Los Angeles.« Felix wendet seinen Blick kurz von dem Lichtermeer vor uns ab und Charlotte zu. »Was arbeitest du denn?« Sie sei Fernsehautorin, antwortet Charlotte. »Cool, kann man denn gerade etwas von deiner Arbeit ansehen?« Charlotte schaut ein bisschen verschüchtert. »Ach, so eine Show namens *House of Cards*.« *House of Cards*? Wir schauen Charlotte mit weit aufgerissenen Augen an, dann dämmert es uns langsam. #MeToo! Die berühmte und auch in Deutschland erfolgreiche Politserie *House of Cards* musste abgesetzt werden, weil Vorwürfe der sexuellen Belästigung gegen den Hauptdarsteller Kevin Spacey erhoben wurden. Später gab es doch noch eine letzte Staffel, ohne Spacey, aber in dem Chaos rundherum verloren viele Beteiligte zumindest vorübergehend ihre Jobs – und Charlotte ist eine von ihnen. Sie selbst habe Spacey nie getroffen, sagt Charlotte. Der erste gemeinsame Termin mit ihm, ein sogenanntes Table Read, bei dem die Schauspieler in verteilten Rollen den Text lesen, um Autoren und Produzenten ein Gefühl für das Material zu geben, sei gerade angesetzt gewesen, als die News hereinbrach. Und natürlich unterstütze sie die #MeToo-Debatte, aber es sei auch der bislang beste Job ihres Lebens gewesen – und sie habe sich in New York und dieser Wohnung sehr wohlgefühlt.

Wir müssen uns erst mal verabschieden, weil wir Theaterkarten haben. Aber auf das Stück können wir uns nicht konzentrieren. Zu sehr spukt die Wahnsinnswohnung, die wir gerade gesehen haben, in unseren Köpfen herum. Sollen wir das wirklich machen? Wollen wir wieder einen festen Mietvertrag, auch wenn man den in New York ja sowieso immer nur befristet auf ein Jahr bekommt? Die Miete liegt definitiv am oberen Rand unseres Budgets, wenn nicht sogar darüber. Jeden Tag zum Kindergarten nach Chinatown pendeln, wollen wir uns das antun? Und überhaupt: die Upper West Side! Ist es da nicht zwar wahnsinnig schön, aber auch ein bisschen langweilig? Sind wir wirklich vierzehn Mal umgezogen, um am Ende auf der anderen Seite des Central Parks zu landen, genau gegenüber von der Wohnung auf der Upper East Side, wo wir einst gestartet sind? Wie ironisch ist das denn? Stundenlang diskutieren wir pro und contra nach dem Theater in einer Bar hin und her, aber am Ende sind wir uns einig. Wir machen das jetzt einfach. Warum nicht? Das Projekt hat es uns doch beigebracht: Einfach machen, wenn es sich richtig anfühlt. Und dann weitersehen, es wird ja nicht für immer sein, das emotionale Binden an eine Wohnung haben wir uns abgewöhnt. Außerdem hat uns der Blick von der Dachterrasse über die Skyline keine andere Wahl gelassen, dazu können wir einfach nicht Nein sagen. Wir schreiben Charlotte und sagen zu, noch bevor jemand anderes das Apartment überhaupt anschauen kann. #MeToo hat uns gerade eine Wohnung verschafft.

Charlotte hinterlässt uns die Wohnung kurioserweise fast völlig möbliert. Das meiste stamme sowieso noch von ihrem Vormieter, sagt sie – und fliegt nach Los Angeles. Der Vormieter war Deutscher und hatte anscheinend keinen schlechten Geschmack. Wir misten ein bisschen aus und leben dann erst mal mit seinen Möbeln, das kennen wir ja schon. Die Fahrt zu unseren eigenen Sachen in die Rockaways schieben wir immer weiter vor uns her, aber irgendwann überwinden wir uns doch. Was noch von uns in Amols Garage steht und nicht von Eichhörnchen zerfressen wurde, füllt einen halben Kleintransporter. Wir schleppen die Sachen in unsere neue Wohnung hinauf, fangen an auszupacken – und sind entsetzt. Fast nichts davon haben wir die ganze Zeit über vermisst. Wir finden Babyklamotten, die Emma längst zu klein sind, Schuhe, die wir eigentlich sowieso nie angezogen haben, abgelaufene Dosen mit Mais und geschälten Tomaten und eine zerfetzte Packung Schokostreusel. Wie konnten wir von all diesem Zeug denken, es sei unser wertvollster Besitz? Wir stopfen die noch verwertbaren Sachen gleich wieder in Ikea-Taschen und bringen sie zu Housing Works.

Nur über das Wiederentdecken von ganz wenigen Dingen freuen wir uns: unser blaues Sofa, zum Beispiel, einst günstig aus zweiter Hand bei Housing Works erworben. Über das viele Umziehen haben wir gemerkt, wie wichtig für uns ein gemütliches Sofa in der Wohnung ist – zum Lesen, Arbeiten, Essen, für Mittagsschlaf und zum Familienkuscheln. Es ist für uns viel wichtiger als jedes andere Möbelstück: Es ist der Mittelpunkt unseres Alltags. Es ist Ankunftsort, Rückzugsort, Ort des Zusammenseins, Ruhekissen, Schlafgelegenheit. Über unser Wohnjahr hinweg lagen wir auf großen, nachhaltig hergestellten Seegrascouches und windschiefen, durchgesessenen, von Katzen zerkratzten Billigantiquitäten. Jedes Mal beeinflusste das Sofa unsere Einstellung zur Wohnung, und nichts machte das Nachhausekommen so angenehm wie die Gewissheit, sich bequem ausstrecken zu können. Unser großes, blaues Sofa ist fast das einzige Möbelstück aus unserer allerersten Wohnung, das wir behalten haben – und über das wir uns jetzt jeden Tag freuen.

Mit der Sesshaftigkeit kommen aber auch die Zweifel daran zurück.»Ihr seid doch sicher erleichtert, endlich wieder in einer festen Wohnung zu sein!«, hören wir immer wieder. Aber wir sind uns da nicht so sicher. Natürlich ist es angenehm, seinen Koffer mal wieder richtig auspacken zu können und nicht darüber nachdenken zu müssen, wohin man nächsten Monat zieht. Aber sofort sammelt sich auch wieder Zeug an, verschwindet in Ecken und Schränken und verstopft den Wohnraum. Wir stemmen uns dagegen und beschließen: Für jedes Ding, das ins Haus kommt, muss ein anderes gehen. Kaum zu schaffen, aber ein Versuch.

Außerdem sind wir jetzt wieder für alles selbst verantwortlich. Wenn in einer der Wohnungen, die wir untergemietet haben, etwas nicht funktionierte, konnten wir den Besitzern Bescheid sagen; wenn uns etwas nicht gefiel, konnten wir es ignorieren. Wir behandelten die Wohnungen natürlich gut und hinterließen sie sauber, aber die Verantwortung lag trotzdem letztendlich nie bei uns, und das war angenehm. Jetzt müssen wir uns wieder kümmern, staubsaugen, reparieren. Gleichzeitig bemerken wir, wie schnell sich frühere Routinen wieder einschleichen: nicht mehr so oft Freunde und Bekannte oder Fremde zu uns einladen und aus Bequemlichkeit jeden Morgen beim gleichen Bäcker einkaufen, anstatt etwas Neues auszuprobieren. Argh!

Andere Aspekte des Projekts bleiben uns aber auch erhalten. Unsere PO Box wollen wir zum Beispiel nicht aufgeben, denn wer weiß? Und natürlich die Menschen. Seth aus der Bronx lädt uns zu einer Veranstaltung in einem Museum ein, bei der er alte Dias aus seiner Zeit in den wilden Achtzigerjahren im East Village zeigt. Noëlle hält uns über den Fortschritt ihres Buchladens auf dem Laufenden. In Chelsea besuchen wir Ted, der seine Nächte nach wie vor im Eingang der koreanischen Kirche auf der 7th Avenue verbringt. Cynthia und Valentino aus Chinatown zeigen uns ihr Lieblingsrestaurant auf der Mott Street. Neal und Daniel aus Harlem kommen auf ein Bier zu uns auf die Dachterrasse und fragen uns über Berlin aus, wo sie demnächst

Urlaub machen wollen. Und auf der Upper West Side begegnen wir nun regelmäßig Charlie, der sein altes Leben auf der 69th Street wieder aufgenommen hat.

Unser New Yorker Umzugsprojekt ist erst mal vorbei, aber die Erkenntnisse daraus werden uns wohl nie so richtig loslassen. Als wir vor ein paar Tagen durchs East Village spazieren, beschließen wir spontan, die 4th Street zu nehmen und bei unserer ehemaligen Model-Gras-Bude vorbeizuschauen. Vor dem weißen Tenement Building streckt Emma den Finger aus: »Neue Hause!« Wir müssen grinsen. »Wie fandest du das, als wir jeden Monat umgezogen sind?«, fragt Felix. Emmas Antwort kommt prompt: »Noch mal machen!«

Danksagung

Dreizehn Monate, vierzehn Neighborhoods, ein Buch – und unendlich viele Menschen, die uns dabei geholfen haben!

Nichts wäre möglich gewesen ohne unsere Gastgeber: Amol, Ursula, Pascal und Lila in Long Island City, Ana in Chinatown, Maxim in Harlem, Steffi & Borahm in Williamsburg, Caroline in Bushwick, Hilary & Mark in Dumbo, Charlie auf der Upper West Side, Katja in Chelsea, Kurt, Camilla & Adam in Washington Heights, Seth & Nicole in der Bronx, Kate im East Village, Paul in Staten Island, Anna & Kampon in Hells Kitchen und Patricia, Billie & Bob in Sea Gate.

Alles wäre deutlich weniger spaßig und spannend gewesen ohne die wunderbaren Gäste bei unseren Neighborhood-Dinners: Kelsey & Eli, Jacob, Arielle, Lizzie & Will, Francis & Karyn in Long Island City; Marina & Paul, Cynthia & Valentino, Jess & Kevonte und Sokio in Chinatown; Maxim & Thaís, Neal & Daniel und Carlijn & Scott in Harlem; Alex & Viva, Ena & Rod, Eric, Hakan und Johannes in Williamsburg; Ula & Peter, Anna & Tim in Dumbo; Anne-Marie & Ed, Margot, Christina und Marianne auf der Upper West Side; Paul & Eleanor, Dirk & Isabella, Debbie & Ed, Diana und Ted in Chelsea; Camilla & Kurt, Nicole & Seth, Nelson,

Sebastian, Evelyn und Mokie in Washington Heights; Noëlle, Libertad & Monxo, Nicole & Sebastian, Grand und die zwei Maxims in der Bronx; Jeremiah, Nikitt, Chinyere & Lars im East Village; Peter, Paul, Alice & Nicholas, Linda & Nicholas, Angie & Daniel in Staten Island und Billie & Bob, Caro & Nico, Yelena, Louisa & Ramon, Rachel & David und Lola Star in Sea Gate. Und fast jedes Mal dabei: Christian.

Die Idee mit den Fotos auf den Sofas stammt von unserem Freund und Fotografen Roderick. Ausgeführt hat er sie, wie alles, was er macht, mit beeindruckender Akribie und Kreativität. Auch dafür, dass er lange vor uns erkannt hat, dass dieses Projekt ohne Fotos gar keinen Sinn gemacht hätte, sind wir ihm ewig dankbar. Zu Ende gebracht hat die Fotos dann die nicht weniger großartige Louisa.

Ohne Victoria Children's Group hätten wir das Jahr nicht überstanden. So viele Menschen kümmern sich dort jeden Tag um Emma, und wir könnten gar nicht dankbarer sein. Stellvertretend seien an dieser Stelle Mr. und Mrs. P, Ms. Anna, Ms. Amy und Ms. Zerlina genannt. Emma kann zwar noch nicht richtig schreiben und lesen, würde es uns aber nicht verzeihen, wenn wir an dieser Stelle nicht ihren besten Kindergartenfreund Jack erwähnten.

Ohne unsere kritischen Testleser – unsere Eltern, Berti, Christoph, Diana und Mario – hätten wir vieles übersehen. Danke für euren Einsatz!

Und ohne die wunderbaren Gila und Adam von der Literarischen Agentur Simon und das grandiose Dream-Team Charlotte, Katrin und Regina von Benevento, das mit so viel Engagement, Expertise und Spaß arbeitet, wäre aus unserer Schnapsidee kein Buch geworden.